台中
台湾
南方澳
与那国島
石垣島
台南
西表島
先島諸島
高雄
台東
太平洋
澎湖列島
バタン諸島
バタン島
フィリピン
ルソン島
N
0
200km

沖縄処分　台湾引揚者の悲哀

津田邦宏◉著

高文研

沖縄処分　台湾引揚者の悲哀――目次

●目次

第六章　沖縄本島の引揚げは遅れる……235

●目次

カバーデザイン　藤森瑞樹
ＤＴＰ組版　えびす堂グラフィックデザイン

はじめに

一九四五年八月一五日、日本の敗戦によって第二次世界大戦は終わり、アジア各地からは邦人の引揚げが始まった。日本が一九世紀末の日清戦争後に清朝から割譲させた台湾も五〇年の植民地支配が終わり、台湾に暮らしていた日本人はその生活の拠り所を失った。四〇万以上の軍人、軍属、民間人の台湾からの帰国は四五年末から始まり、厚生省援護局の七七年の「引揚げと援護三十年の歩み」は「戦争地域中最も平静に引揚げを完了した地区である」と記録する。平静な引揚げはしかし、沖縄の人たちが日本人ではなく琉球人として故郷に帰るという痛みを伴ったものだった。

沖縄の人たちはなぜ琉球人として帰らなければならなかったのか。

「琉球人」は日本が敗れた後の沖縄の地に、中国と米国が琉球王朝時代の「琉球」という名称を復活させたことで生まれる。両国の戦後体制への思惑は、中国が台湾に続く沖縄を版図に加えたいと目論む一方で米国は安全保障上の拠点を築くことにあり、同時に日本の影響が東アジアの要衝に残ることを防ぐ狙いもあった。

日本の「沖縄県」は消え、沖縄に生まれた、あるいは沖縄に暮らす人たちは琉球人になった。台湾の沖縄出身者もまた「日本人」として引揚げる道を閉ざされる。敗戦国・日本はこうした状況を暗黙のうちに追認するだけだった。

中国と米国の思惑はどのような経緯をたどったのか。

戦時中から戦後にかけての中国は、孫文が一九一一年に建国した中華民国の実権を握った中国国民党・蒋介石の国民政府が日本軍と交戦、連合国の一員として大戦終結を迎える。日本軍撤退後、毛沢東率いる中国共産党との内戦に直面するが、国共内戦時も国際社会における中国はあくまで国民政府だった。

国民政府軍（国民党軍）は、戦後直ちに連合国軍を代表する形で台湾に進駐、中国固有の領土だとして祖国復帰（光復）を宣言、「台湾省」という行政機構を置く。中国歴代王朝への朝貢の歴史を持つ琉球（沖縄）も中国に帰属すると考え、琉球人を日本人とは異なる民族とみなした。

「日本人送還」はこの基本政策に沿って実施され、日本軍から台湾人、朝鮮人と同様に沖縄県出身将兵を引き離し、一般の沖縄出身者は琉球人として扱った。台湾の軍事警察を統括した警備総司令部が四六年四月に作成した「軍事接収総報告」は、日本軍部隊の「沖縄島人」を約一五〇〇人と記《しる》し、台湾省政府による省議会での「施政報告」もまた、日本人の送還は四月二十六日をもって完了したが、沖縄本島琉球人一万余人は沖縄本島の家屋損壊、食糧欠乏という米軍声明によって半年は期待できないとした。この一万余人には大戦中の国策によって台湾に疎開させられた老人、女性、子どもらも含まれていた。

米軍は四五年春に沖縄を占領、琉球として軍政を開始していた。大戦末期から東太平洋の「キーストーン」とする意向を持っていた米軍にとっては、日本に属さない「琉球」という新しい概念は都合がよく、台湾居住沖縄人についても琉球人として対応した。沖縄本島への引揚げが遅れた理由は「家屋損壊、食糧欠乏」とするには十分な根拠に欠け、わずかに米軍政下の沖縄民政府知事日記が、米軍内における陸軍（東京）と海軍（那覇）の反目が背景にあったのでは、とうかがわせるだけだ。連合国軍最高司令部（ＧＨＱ）指令には、本土在住者の「本島送還」を「軍事的必要性」によって一時不許可とする二文書があったが、台湾引揚者には言及していない。

日本の対応はどうだったのだろうか。

敗戦までの日本と沖縄、そして台湾の関係を琉球王国の時代からたどってみる。日本が明治維新によって近代国家として歩み始めた時、沖縄は鹿児島・島津藩が実質支配していたとはいえまだ琉球王朝の治世下にあった。一八七一（明治四）年、王朝への年貢を納めた宮古島の役人らが帰島途中で遭難、漂着先の台湾南部で先住民に殺害される事件が起きる。七二（明治五）年に琉球王朝を琉球藩と改めさせた明治政府は、宮古島民殺害を契機に清朝から「中国にとっては化外の地」という言質を引き出し、二年後には台湾出兵に踏み切る。派兵部隊は台湾各地の地勢、社会状況も調査、この時すでに台湾植民地化の野望を顕在化させていた。政府は七九（明治一二）年には琉球藩を解体、日本の一部であることを明確にさせた沖縄県設置という「琉球処分」を断行する。

日本の台湾領有は思わぬ形で実現する。九四（明治二七）年、朝鮮半島の支配権をめぐって起きた日清戦争は日本の勝利に終わり、翌年の講和条約（下関条約）で清朝に台湾割譲を認めさせた。以後、五〇年にわたる「植民地・台湾」の時代が続くことになる。九州を一回り小さくしたほどの台湾にそれまで、統一国家は存在しなかった。清朝は台湾西部に影響を与えただけであり、欧米列強も触手を伸ばさなかった。台湾全島をその手中に収めた国は日本が最初だった。

一九四五年の敗戦は「植民地・台湾」を失っただけではなく、琉球処分後の「沖縄」をも放棄する結果をもたらした。

四五（昭和二〇）年九月、台湾総督府は沖縄への早期引揚げを希望する人たちについて東京に打診するが、公電への回答は米軍の意向を最優先するとして自らの判断を避けた。台湾の戦後処理にあたった台湾総督府残務整理事務所が四六年四月にまとめた「台湾統治終末報告書」も「総勢四十余万人の計画輸送を完了した」とするだけで、台湾に残されたままの沖縄県人一万余人についてはー言も触れていない。日本政府は敗戦直後から彼らの引揚げにはほとんど関わらず、台湾に近い先島諸島の人たちは地元自治体などが手配した漁船などで独自に帰国する。先島諸島は石垣島、西表島、与那国島などの八重山諸島と宮古島を主島とする宮古諸島の総称だ。

台湾総督府、日本政府が日本人から沖縄県人を外したことをどう捉《とら》えればいいのか。米軍の沖縄占領によって日本の関与する余地がなくなったという理由があったとしても、台湾統治終末報告書の結論は「琉球処分」によって日本人・沖縄県人に組み入れた人たちを再び琉球人として突き放すという棄民政策であり「沖縄処分」に他ならなかった。

日本と沖縄の関係はいまも解き難い難問として残っている。沖縄県は日本の一行政区でありながらなお、沖縄は琉球なのか、という問いが発せられる根源にあるものは何か。その一端を「沖縄処分」が垣間見せる。

本書では敗戦後の台湾に「日本人ではない琉球人」が生まれ、その琉球人の引揚げが遅れたという事実と背景を七章に分けて追った。台湾と日本本土、沖縄との交流の歴史をたどり、中国が大戦終結前に沖縄を「琉球」とするまでの動き、米国の大戦後の狙いを探り、さらに日本政府が「琉球と琉球人」に異を唱えなかったことを考えた。

一章は台湾東部の港町、南方澳《なんほうおう》を歩くことから始めた。台湾と沖縄の漁民が共に舫《もや》いをつないだ港から北東一一〇キロ先にある与那国島を思いながら二つの地域の往来を振り返った。石垣島で二一世紀になって発見された旧石器時代の人骨は台湾から黒潮に乗ってきた人たちがいたことを示唆させ、交流の細く浅かった時代を経た後に日本が台湾を植民地とすると両者の距離は一挙に縮まった。台湾と先島諸島との間に広がる海は「内海」となり、多くの沖縄人が教員として、警察官として、あるいは商売の場を求めて移住していった。台湾人もまた、西表島の炭坑夫、石垣島のパイン農園開拓民として海を渡ってきた。

二章では台湾全島に広がった沖縄移住者の足跡をたどり「一等国民」である本土出身日本人に次ぐ「二等国民」としての沖縄人の生活をみた。日本の敗色が濃厚になっていくなかで、台湾の沖縄人社会は「疎開」という名目で故郷を後にしなければならなかった老人らを迎えることになる。彼らが移り住んだ台湾に戦場となる可能性はなかったのか。日本軍が沖縄からの精鋭部隊の台湾転出など「疎開地・台湾」を決戦の場とする方針に傾いていくとき、米軍は沖縄戦へと舵を切っていた。

三章は台湾の戦時体制下の社会と敗戦直後も変わらない人々の日常生活を眺めた。台湾は「台湾一家」の名の元に米軍の上陸に備えたが、米軍が沖縄本島を襲ったことで戦禍を免れる。台湾総督府は国民政府への降伏式典である一〇月二五日の光復節に臨むまで「治安維持」などの名目で統治を続け、戦前と同じように発行された「官報」は、裁判所の判決、鉄道拾得物の連絡など敗戦後も台湾に留まれるのではという日本人の思いを裏書きするかのような内容を掲載した。戦争に負けても変わらなかった支配体制は台湾人の一部に芽生えかけた独立への動きに少なからず影響を与えた。

台湾人の多くは大陸から進駐してきた国民党軍を歓迎、植民地から解放された喜びに浸るが、物価高騰、官吏腐敗など国民政府への失望と不満は広がり、四七年の台湾人虐殺をもたらした二・二八事件へとつながっていく。

四章は国民政府の琉球政策、台湾省における具体的な施策について述べた。国民政府は大戦末期から琉球問題の検討に着手、国防最高委員会の国際問題討論会は大陸王朝への朝貢国だった琉球王朝の流れから琉球は中国に帰属するとした。蒋介石は米国との摩擦を恐れ、戦後処理を話し合ったカイロ会談の席上、琉球（沖縄）問題を議題にはしなかったが、台湾在住日本人は「日本人」と「琉球人」に分けられ、国民政府軍は光復節に先立って、日本軍（第一〇方面軍・台湾軍）からの沖縄出身将兵分離を命令する。

五章では日本軍の一員として本土出身日本人の引揚げ業務に最後まで携わった沖縄出身将兵に焦点を当てた。「日本軍人としての誇り」を持って「任務」に臨んだ人たちの胸中はどのようなものだったのか。そして台湾に残された沖縄県人は状況をどう打開していったのか。戦前から「内海」を自由に行き来していた先島諸島の人たちは国の救済を当てにはしなかった。自治体はいち早く引揚船を案配、基隆、南方澳の港は帰島を待ち望む人たちで溢れた。つてを持たない沖縄本島の人たちは帰国の目途すら立たないまま窮状生活を余儀なくされ、沖縄の郷土意識が生き延びる支えとなった。

国民政府が帰属を主張した琉球には奄美群島も含まれていた。奄美の人たちの引揚げは沖縄県人と同じく「琉球人」だったが、一九五三（昭和二八）年の日本復帰は彼らをまた日本人に戻した。「身分」変更の度に彼らの生活も大きく変わった。

台湾にも朝鮮人が暮らしていた。国民政府は朝鮮半島については「戦後の独立」を支持しており、台湾にいた朝鮮人将兵、一般人らへの対応もまた日本人とは異なるものになった。

六章は沖縄本島出身者の引揚げが遅れた理由をみる。GHQと国民政府の公文書には、遅れの具体的な理由を明示するものはなく、台湾省政府が省議会報告で触れた「米軍声明」は確認できなかった。限られた資料は、米陸軍のマッカーサー元帥と米海軍のニミッツ提督との確執によってもたらされた可能性を示唆するだけで、物理的な要因はなかったと推測させた。日本政府の動きは鈍く、台湾に技術援助などで残された人の世話にあたった旧総督府職員が沖縄本島人の救済を求めた「留台日僑報告書」にも反応はなかった。日本政府が、引揚船の手配などでより積極的に動けば、その後の展開はまた違ったものになったかもしれない。

終章では沖縄に引揚げてきた人たちの気持ちの揺れを見つめ、台湾に生まれた沖縄の中国帰属待望論と戦後の国民政府の琉球政策、沖縄で琉球政府主席を務めた大田政作、屋良朝苗の歩みへと話を進めた。台湾に同じ時期渡った二人は、沖縄と日本についてどのように考え、生きてきたのか。台湾でいまなお真相究明が続く二・二八事件が沖縄人犠牲者を出したことにも頁を割いた。犠牲者には与那国島出身者がいた。かつて沖縄の人、台湾の人の往来で賑わい、台湾人集落もあったこの島は、朝鮮の難波船員が暮らし、朝鮮人慰安婦が葬られた島でもあった。

与那国島からは気象条件が良ければ台湾の山並みが見える。西端の西崎岬に立って台湾との近さを思った。島の南側では陸上自衛隊沿岸監視隊が国境警備にあたっている。駐屯地前の道路沿いに続く断崖がそのまま海に落ちていた。道端《みちばた》の岩に座りながら遠くなった台湾のことを思った。

◇

引用した文書、新聞などのカナ入り文、旧仮名遣いはそのまま原文通りとした。表現上あるいは文法上間違いと思われる個所については「ママ」の但し書きを添えた。不明の文字は「□□」

といった表記にした。

各種データ、取り上げた人たちの肩書等は取材当時のものとし、参考にした書籍等の著者も含めて敬称を略した。お許し頂きたい。

第一章

沖縄は植民地・台湾に近づいた

1. 南方澳は沖縄漁民の港になった

先住民の集落は天然の良港だった

台湾東部は峻険な中央山脈が海岸に迫り良港が少ない。東海岸の真ん中に位置する蘇澳《そおう》湾は蘇澳港とも総称される数少ない天然の港だ。北の北方澳《ほっぽうおう》、中央の蘇澳港、南の南方澳《なんほうおう》の三港に分かれ、北方澳は軍港として機能し、中央の港は貿易港になっている。南方澳だけが漁港としての体裁をいまに残していた。

南方澳は最も古い第一漁港と奥まって第二漁港があり、いずれも方形に仕切られた船溜まりを持つ。蘇澳湾側には第三漁港ができている。第一漁港の最奥部には南天宮が建立され、廟前が町の中心だ。台湾鉄道の蘇澳駅からバスで一五分もあれば、この廟の前に着く。

初夏の南方澳を歩いたことがある。

旧暦端午の節句が過ぎた六月中旬、夜明け前の風は思いのほか柔らかく、心地良かった。第一漁港の船溜まりは漁船が左舷も右舷も隣の船と船体を合わせるように停泊していた。デッキには漁船員らの服が干してあった。いくつかの船に灯りが灯っている。早朝の出港準備だろうか、船室の窓越しに人の気配を感じた。

南方澳漁港。手前右に第２漁港。奥に蘇澳湾口が望めた

岸壁の先端にある魚市場は、むき出しのコンクリートに船倉からワイヤーで釣り上げられた体長三メートルほどのクロマグロが一頭運び込まれ、先端の槍《やり》を切り落とされたカジキマグロ（旗魚《チーイー》）も競りを待っていた。サメは無造作にリヤカーに乗せられていた。やがて始まったセリ人と買い手とのやり取りは、台湾南部のマグロ漁港として知られる東港に比べ少しばかり寂しかった。水揚げの少ない一日だったのかもしれない。

サバは船溜まりを挟んで対岸の南寧魚市場で見かける。小売り中心の商売は午後からだった。いくつものトロ箱を前に観光客が足元の水を気にしながら値段の交渉をしていた。商いを終えたばかりの女将らが売り上げを数えたり、翌日に備えた小エビの皮をむく作業をしたりと、忙しそうだった。夏の日差しが弱くなるほどに、港の動きは気怠《けだる》くなっていった。

漁港の入口には南方澳大橋が架かっている。その下を漁を終えた漁船が次々に通る。第一漁港か第二漁港に帰るのだろう。動き出した一隻のエンジン音が夕闇に聞こえてきた。カジキマグロを船上からモリで狙う旗魚船だ。舳《へさき》の先には船員がモリを投げ込む突き出た板が拵《あつら》えてあった。

大橋から見下ろす航路の左に沿って豆腐岬《ドウフジィア》が続き、造船所が何隻かの漁船を陸に上げていた。岬には海抜一〇〇メートル弱の筆架山《ビージィアシャン》の小山が三つあり、南側の内埤海灘《ネイビーハイタン》と呼ばれる砂州とともに船溜まりを太平洋からの強風から守っていた。

第一漁港の右岸は海鮮レストラン、釣具店などが軒を連ね、反対側には海産物を扱う土産店に挟まれて台湾基督長老教会南方澳教会が少しばかり場違いのようにあった。土産店などの裏は雑貨店、小吃店《シャオチー》、カラオケ店などの生活道路になっている。簡単な料理を出す小吃店には客足が途絶えることはなかった。町に入ってくるバス道の両脇は野菜、魚、雑貨などの屋台、路地売りが並び、果物はスイカ、バナナ、パイナップル、グァバ、ライチなどが甘美さを競っていた。露店が途切れると、南天宮は目の前だった。二〇〇キロの純金でできた媽祖像で知られ、「金媽祖」詣での信者らの線香が絶えることはなく、廟前のコンビニもまた人で溢れていた。バス停はタクシー乗り場を兼ね、乗客、客待ちのタクシー運転手、漁を終えた漁船員、商店主らが寄合所にしていた。他愛もない話の内に時間が過ぎていった。

南方澳は元々、台湾北部の平野部に暮らしていた先住民平埔《へいほ》族の猴猴《こうこう》社（集落）があった。日本が日清戦争後に台湾を植民地とした翌年の一八九六（明治二九）年にこの地方を調査した伊能《いのう》嘉矩《かのり》は、南方澳への道程の苦難を『伊能嘉矩の台湾踏査日記』（伊能嘉矩原著、森口雄稔編著、台湾風物雑誌社、一九九二年）に記録する。

猴猴社に行くには山越えか湾内を舟で行くしかない。蘇澳から帰る蛮人について海岸道を行くとしばらくは砂浜だがやがて巨岩の海に突き出たところに出る。浅瀬を渡渉しながら、最後は岩石の連なる丘陵を越えてようやくたどり着いたと書く。

伊能はまた、南方墺の前に立ち寄った宜蘭で、一〇〇年以上も前に「琉球」から来た人たちがいたことを知り、その地がどの方向かと尋ねても分かる人はいなかったと伝える。台湾は元々「小琉球」とも呼ばれ、南部には小琉球という島もある。彼の聞いた「琉球」が現在の沖縄かは不明だが、一九〇六年発行の「台湾協会報九十三号」には、基隆から宜蘭の海岸で先住民とテングサ採りをする「琉球人」の話がある。彼等は採集場所から沖縄の漁民だったと思われる。

南方澳はそのころを境に、次第に台湾漁民と沖縄漁民、さらには本土から来た日本人の生活の場へと変わっていき、先住民は海辺から消えていく。沖縄人は海草採りだけでなく、船の舳先から長さ一・五メートル以上の銛で突くカジキ漁を得意としていた。銛突きはその頃の台湾人には難しい技術だった。本土の漁業関係者らには近海のカツオが脂肪質が少なく漁場が近いことなどから鰹節の生産地として魅力的だった。

沖縄・先島諸島の人たちにとって基隆から南方澳にかけての海岸部は勝手知った土地だった。

多くは芋だけしかとれない畑に家族を残しての出稼ぎで、鰹節も製品は本土に送り、自分たちは頭だけを食べてしのぐという生活だった。毎日の稼ぎを酒代に充てて、仕送りはほとんどしない人もいた。島には家族がなんとか食べるだけの田畑があるから、必要な時だけ送るという漁師も少なくなかった。彼らにとって身近な台湾の海と港は、故郷を遠く離れてきた本土の漁民と違って、特段の感傷に浸るほどの意味を持った場所ではなかった。

台湾総督府が漁港を整備する

日本が台湾を支配してから一七年が過ぎた一九一二年、時代は明治から大正へと変わる。植民地統治は着実に成果を挙げていき、台湾総督府は東海岸に数少ないこの良港に着目する。「台湾統治概要」は蘇澳漁港設備概況を次のように述べる。

蘇澳港ハ本島北部ノ漁港トシテ好適ノ位置ヲ占ムルヲ以テ国庫予算約六十六万円大正十年度（一九二一年度＝筆者注）ヨリ二箇年継続事業トシテ漁港修築ニ着手シ（二回繰越）同十三年度ニ竣功セリ其ノ施設ノ概要左ノ如シ

一、船溜面積七万六千三十平方米水深干潮面下一米八乃至二米七

二、荷揚場石垣延長千二百二十九米

台湾総督府の肝いりで南方澳漁港（第１漁港）が完成する（南方澳文史工作室）

三、護岸延長港口東側百八十二米港口西側百四十米

右漁港施設ノ外当港ニ対シテハ台北州ガ大正十四年度州費約一万五千円ヲ以港内ノ暗礁ヲ取除キ繋船浮標一個ヲ設置セリ

台湾総督府は港湾開設から二年後に蘇澳魚市場を整えさせ、同時に民間資本の蘇澳水産株式会社も生まれる。現在の蘇澳区漁会の前身である蘇澳漁業組合は共同出資金四万円でスタートする。

造船所は「中島兄弟」「福島」「南海」「蘇澳」などができ、鉄工所は日本人経営の「蘇澳鉄工所」が最も早く、続いて台湾人経営の「雨林鉄工所」が開設された。漁船に取り付ける二〇馬力か二五馬力の「焼玉式」エンジンの普及に合わせてエンジンオイルを扱う「横井油販売店」がオープン、製氷場、漁具店など漁港には欠かせない店も次々にできた。

開港から六年後には、漁港を中心に役場、郵便局、消防署、市場、信用組合、医院、商店、理髪店などが揃い、料亭、倶楽部には沖縄の人が経営する「浜之屋」という割烹まであった。一家で移住して来る漁師たちは、高知、愛媛などの本土組は第一漁港近くに家を建て、沖縄人は第二漁港周辺に集まって生活した。出稼ぎ組も多くが一年半以上は留まり、彼らを当て込んだ簡易宿舎、食堂、屋台などが立ち並んだ。

毎年恒例の「旗魚祭」には若い衆らが神輿をかついで港後方の砲台山につくられた金刀比羅神社まで上がった。戦争末期には造船学校に通う子も多く、台湾人が日本語を学習する国語講習所は年齢に係らずだれでも入ることができた。

一九四四(昭和一九)年夏に南方澳を調査した国分良一は港に暮らす沖縄の人たちを同年の「民俗台湾四巻一二号」にまとめる。報告は『台湾の民俗』(岩崎美術社、一九六八年)に紹介されている。

沖縄系漁民は非常に早い時代から遠洋に漁労し、遠国に移民している。蘇澳郡南方にも三〇数年前に来たという漁民がいる。もちろん自由移民である。それから比較的近年、総督府のはからいでなされた官営的移民もあるのである。前者と後者では別々の聚落をつくっている。われわれが採訪したのは自由移民村である

この村の二〇数戸の人たちは(中略)中頭郡、島尻郡、宮古、八重山、那覇、与那国と各地方から若干戸ずつ集まっている。そして大体において似通った年中行事をもっているという。

正月前の恒例は豚を屠《ほふ》って料理をつくることだった。豆腐、塩、酒と共にまず釜の神に捧げ、次いで仏壇と床の間に祀ってある波上《なみのうえ》神社に同様の捧げものを供え、ユタ（巫女）に祝詞をあげてもらう。ユタは那覇の南にある小禄村出身だった。老婆は日本の標準語はわからないので会っても仕方がないと引揚げたが心残りだったと振り返っている。波上神社は那覇港を見下ろす高台にある波上宮のことだろうか。

日本の敗戦は南方澳を沖縄に帰る人たちの引揚港へと変える。与那国島までわずか一〇〇キロ余りの港は台湾脱出の最も早いルートだった。狭い港町は台湾各地から列車を乗り継いできた人たちが引揚げ後の生活物資を調達したり密航船を捜し求めたりする喧騒の地になった。一方で、沖縄漁民と共に漁を続けてきた台湾の人たちが、台湾省政府に彼らの台湾在住を願い出たこともあった。

サバ祭りが港に活気を呼ぶ

南方澳の最盛期は戦後になってからだ。サバの水揚げ量は台湾一になり、カジキマグロも一日に二〇〇頭から三〇〇頭を数えたときもあった。一〇〇〇隻以上の漁船が狭い港に集まり、競りは午前四時ごろから始めないとその日には終わらないとまでいわれた。

毎年秋のサバ祭り（鯖魚節）。若い衆が張り子のサバを担いで練り歩く

サバは乱獲が祟《たた》ったのか年々少なくなり、四〇センチ以上は普通だった体長もいまでは一五センチほどに小さくなったという。二〇〇九年に六万九六二トンを記録した水揚げはその後は三万トンから四万トン前後で推移している。二月から三月にかけてのサバの産卵期は漁を中止して資源保護に当たるべきだという声もあるが、台湾だけ漁を止めても日本の漁船が獲っていくから意味がないという意見もあってまとまらない。

古老たちは「カジキマグロがずらっと並んでいたこともあったが、いまではもうほとんど獲れない。岸壁に溢れたサバも少なくなった」と話し、林《りん》怡《い》廷《てい》は輝いた時代を「鯖魚的故郷　南方澳九十年」（『Taiwan　Panorama』二〇一四年三月）に描く。

面積わずか二平方キロの猫の額に、一時は二万人以上が暮らし、人口密度は世界一だった。二十坪に満たない木造平屋建てに七、八世帯がひしめき合い二、三十人がすし詰めになって住んでいた。

当時の南方澳は不夜城である。バーやビリヤード場、喫茶室が林立し、漁村一つに映画館が三軒あった。他所の人は「モーター回せば金万両」と南方澳の富裕さを形容した。春節（旧正月＝筆者注）にはどの家も麻雀卓を運び出して、港沿いで露天麻雀が繰り広げられ、停泊している漁船と面白い対照を成した。

港町のかつての賑わいを思い起こさせる祭りが一〇月にある。鯖《チン》魚《イー》節《ジィエ》（サバ祭り）だ。一九九七年、宜蘭県が台湾流の一村一品運動を奨励、南方澳も漁の中心であるサバ漁にちなんだ祭りを年に二日、あるいは三日間にわたって開くようになった。蘇澳区漁会の蔡《さい》源《げん》龍《りゅう》理事長は「サバ漁で生きて来た南方澳の歴史をいかに後世に伝えていくかが大事だ」と祭りの意義について熱っぽかった。

祭りが始まって二〇年目にあたる二〇一七年の鯖魚節に再び港を訪れた。秋の気配は色濃く、海も山も深みを増していた。時折降る時雨は冬が近いことを告げていた。大型漁船が停泊する第三漁港前の広場には魚介物などを売る出店が立ち、訪れた人たちを誘っていた。祭りの主役は細い鉄棒の骨組みでできたサバの張り子だ。長さ七メートルの「サバ」は青く光り、神輿のような担ぎ棒がついていた。

この「サバ」を担いだ若い衆が船溜まり沿いにつくられた道路を練り歩く。先陣は「祝大漁」「鯖魚節」と染め抜かれた二〇本以上もの幟《のぼり》だ。狭い路地いっぱいに海産物、野菜、果物が並べられた商店街もこの日ばかりはいつにも増して元気がよかった。観光客に新鮮な魚料理を勧めるレストランの店員らの声にも張りがあった。漁に出ない漁船の甲板からはフィリピン人船員らが好奇の目でパレードを追っていた。彼らのほとんどは船上生活なのだろう。多い時は二〇〇〇人以上いたという外国人漁船員も漁獲量の減少と共に半分以下になったという。

サバの張り子は一六年までは祭りの終わりに内埤海灘に繰り出して燃やされた。華やかなセレモニーだったが、「サバ」が炎に包まれることを漁獲量の減少に結び付ける人もいて、この年から中止になった。

勢いよく火中に跳ねる「サバ」の写真を、南方澳商圏発展協会の寥大慶《りょうたいけい》理事長が見せてくれた。無数の白い斑が粉雪のように映っていた。雪の日の撮影ではなく、サバの精霊が躍っているのだと説明してくれた。日々の営みを自然に託して生きる人たちの想いが伝わってきた。

港に迫る山を上がり台湾東部の幹線である省道九号に出た。南の花蓮方向に車を回すと港を見下ろせる展望台がある。向かって右に内埤海灘が見えた。地引網で獲れたイワシの日干し作業が行われた浜は静かだった。海はイルカに追われたイワシが固まって真っ赤に染まったという。第二漁港、第一漁港、豆腐岬、第三漁港が順に並び、蘇澳湾口はその奥だった。岬の筆架山を越えた先には与那国など先島諸島の島々があるはずだ。平坦な地形の島々は、そのわずかな島影さえも見せてはくれなかった。

2. 台湾と先島諸島を「内海」がつなぐ

石垣島に旧石器時代の人骨が見つかる

台湾と沖縄の付き合いはいつの時代から始まり、どのようなものだったのだろうか。

台湾東部と先島諸島は約七万年から一万年前とされる最終氷期の低い海面下でも陸続きになることはなく、激しい流れを伴った海によって分断されていた。この時代にすでに人の移動があったのではと推測させる遺跡が見つかっている。石垣市白保の新石垣空港建設に先立つ調査で見つかった白保《しらほ》竿根田原洞穴《さおねたばるどうけつ》遺跡だ。洞穴は海岸から八〇〇メートルほど入った標高三、四〇メートルの地点に分布しており、周辺を含めた約二五〇〇平方メートルが新空港北西側に保存されている。

遺跡からは少なくとも一九体分の一〇〇〇点を超す人骨が発見され、国内最古の二万七〇〇〇年前の旧石器時代の全身骨格が確認された。ＤＮＡ調査では縄文時代から日本にあって現在の沖縄の人たちに受け継がれているものと、東南アジア、中国大陸南部に起源を持つものがあった。

国立科学博物館人類研究部の篠田健一は沖縄県立埋蔵文化財センターが二〇一三年に主催した講演会の資料「白保竿根田原洞穴遺跡講演会資料集2013―2014」に「白保の人々は恐らく東南アジアから海を渡って北上してきたグループの一員だったのだと考えられます」と書く。

洞穴遺跡の発掘調査は続けられ、同センター講演会から四年たった一七年一〇月一九日付けの朝日新聞科学面は「旧石器時代 日本人の顔に迫る 石垣島 最古の全身骨格 分析進む」という記事の中で、篠田らのコメントとして、白保人の骨の一部のDNAを解析したところ東南アジアや中国南部に特徴的な遺伝子型を持っていたことがわかった、と伝える。

先島諸島に渡ってきた人たちは台湾から黒潮の激しい流れを横切ってきたのか。あるいはもっと南から黒潮に乗ってきたのか。

台湾・中央研究院民族学研究所の黄智慧《こうちえ》は「与那国島とその周辺との関連性を示すものは多い」と話す。民俗資料などを通じた類似性を指摘、台湾東部沖から先島諸島にかけての海に「東台湾海」という言葉を用いる。「『東台湾海』文化圏の視点から見た与那国の島際関係史」(与那国町史(本巻) 第二巻民俗編『黒潮源流が刻んだ島・どぅなん国境の西を限る世界の、生と死の位相』所収・与那国町史編纂委員会、二〇一〇年)をみる。

私が注目したのは、与那国島で昔から伝えられてきた、全島挙げて行われる冬祭りである。近代では「玉祭」と書かれることもあるが、土地の言葉では「タマハティ」と呼び慣わしてきた。（中略）玉の形は琉球列島から北へよくみられる曲玉ではなく、直径一センチもない小さいガラスビーズのような玉であり、実際に近年まで祭りのクライマックスシーンで、それをもつ家の女性が頭に巻いたり、首にかけたりして神々しく踊ったのだった。そのような玉の使い方は、やはり台湾やバタン島（フィリピン・ルソン島の北に位置するバタン諸島の一つで、バシー海峡を挟んだ先に台湾がある＝筆者注）の史料に、そして現在でも共通性をもつ習俗が見出せるのである。

谷川健一もまた同町史に台湾との関連性について述べる。

与那国島が台湾ともつながりをもっていることは沖縄の家の食膳にのぼるスルル（ウルメイワシ科キビナゴ）を台湾の紅頭嶼でも同じスルルと呼んでいることで分かる。更に八重山ではネズミをザカと呼ぶがフィリピンのマニラではダカと呼んでいる。これなども偶然の一致とは考えられないのである。

沖縄は南太平洋とつながりが深いといわれ、例証の一つとして共に唄と踊りが生活の中心にあったと指摘されている。台湾の先住民は文字を持っていなかっただけでなく楽器もなかったが、暮らしの中での唄の比重は大きかった。先住民と沖縄の歌謡との共通性はあったのだろうか。

二つの地域は歴史時代に入って一つの文化、生活圏を構成することはなかった。与那国島出身の池間栄三は『与那国の歴史』（琉球新報社、一九五七年）で、一五世紀末に島を統治していたと伝えられる女酋長サンアイ・イソバにまつわる話などを紹介しているが、台湾との行き来についての資料は提示していない。わずかに随書列伝に収録されている「琉求国伝」について、以下のように触れるだけだ。

この琉求国については、多くの史家によって幾度も論ぜられ、現在の琉球ではないと説かれている。併《しか》し本伝に記録されている風習の中に、琉球の南境に在る与那国島の古来の風習に似通うもののあることは、たとえ本伝の琉求が台湾を指すにせよ、琉球及び与那国島の上代の風俗を連想するのに、最も適切な書であると思われる。

与那国島と海外との交流を示すものとしては、李氏朝鮮時代の「成宗実録一〇五巻」がある。『よなぐに 与那国町勢要覧』によれば、一四七七年に済州島の船が都に向かう途中、嵐にあって難破、乗組員三人が与那国島の漁船に助けられ、半年ほど逗留後、西表島、宮古島、那覇を経て二年後に朝鮮に帰ることができたという。

琉球王朝は中国への朝貢外交によって海洋王国として栄え、東南アジアのタイ、マラッカなどには多くの琉球船が出入りしていた。地理的に最も近い台湾は貿易相手となる王朝なりが存在していなかったこともあり、素通りしていた。当時、琉球は台湾の「小琉球」と区別する形で「大琉球」と呼ばれていた。土地の広さには関係なく、中国との付き合いの深さから生まれた言葉だ。首里の都人にとって、台湾のことは話題にもならなかったかもしれない。

江戸時代に琉球を支配下に置いた島津藩も一六一一年、与那国島を含む先島諸島の測量調査を行っているが、与那国島の先にある台湾までは足を延ばさなかった。

台湾と沖縄の歴史的な遭遇は王朝末期の一九世紀中頃、宮古島民が遭難して台湾に漂着、六〇人が先住民に殺されたことをきっかけに「台湾出兵」が起るという「不幸な出会い」から始まったともいえる。日本は事件を奇貨として清朝から「化外の地」という言質を取り出兵の口実としたが、琉球王朝にとっても台湾は「化外の地」だった。

植民地に沖縄人が殺到する

日本が台湾を植民地とすると、沖縄にとってこの南の島は限りなく身近な存在になった。そして「東台湾海」は日本の内海となった。

明治政府は一八九六(明治二九)年に早くも本土から沖縄を経由して台湾に向かう航路開設に着手する。卞鳳奎《べんほうけい》・国立台湾海洋大学海洋文化研究所副教授の「日治時期在基隆之沖縄県人(一八九五—一九四三)」によれば、同年四月から大阪商船会社に補助金六万円を支給して定期航

突き棒でマグロを追う漁船（与那国町老人クラブ連合会創立25周年記念誌）

海を行うよう命じている。航路についても神戸を出発、長崎、鹿児島に立ち寄り、奄美大島、沖縄本島、八重山を経て基隆に入るルートと、神戸発鹿児島、奄美大島、沖縄本島経由で基隆に向かう航路を規定した。八重山―基隆間を行き来する船客には通常料金の一割を引くという措置までとっている。

航路の開設は旱魃による食糧不足、飢饉などに苦しめられていた貧しい沖縄から「新天地」として飛躍が約束されていた台湾への人の流れを飛躍的に高め、政府、総督府もまた開発のための労働力を沖縄に求めた。

沖縄人の最初の渡航者には食堂、遊郭で働く女性たちがいた。『台北市志』（台北市文献委員会、一九六二年）は「日女初来台」として航路開設と同年の三月「琉球女四五名」が無許可のまま基隆に上陸、淡水経由で台北に潜入したと伝え、二年後の九八（明治三一）年六月一五日付けの「琉球新報」は、台南からの通信として「沖縄婦人十二三人琉球楼に在りて醜業を営み居る」と書いている。

商売のために台湾に渡る人たちも多かった。沖縄人の経営する商店は台北、基隆などに二〇軒近く生まれ、沖縄漆器、反物などが店先に並べられた。日用雑貨、魚介類などを商う露天商もまた少なくなかった。行商の女性たちは琉装に結髪《けっぱつ》姿で裸足の場合が多かった。台湾の人は顔形の違い、あるいは手の甲指のハジチ（刺青）などから本土の人と区別することができた。

「台湾人」は清朝時代に主に福建省から移住して来た中国人の子孫、先祖は先住民との混血、そして純粋の先住民に分けられ、一般的には先住民を除いた人たちを指す場合が多い。平野部の先住民はほとんどが中国人社会に同化しており、台湾総督府は高地に暮らす先住民を「高砂族」と総称した。

一九〇〇（明治三三）年五月二三日の「琉球新報」は「高砂国雑記」で「台北停車場より北門を通りて城内に入らば一大の街路あり之を北門街といふ（中略）漆器類大安売の看板あり我が沖縄県人の商店にして金城某之を営む、□□□五六軒を越さば横町の角に多く婦人の集会する所あり反布の取引をなすが如し一見以て人も物も共に我が県の産物なるを認め得べし」と伝える。

台湾全島にはこのころすでに八〇〇人ほどの沖縄人が移り住んでいた。朱徳蘭《しゅとくらん》は「基隆社寮島の沖縄人集落（一八九五―一九四五）」で、一九〇五（明治三八）年当時の沖縄人は七七九人にのぼり、台北、基隆などの北部地域が六〇パーセント、台中を中心とした中部が七パーセント、台南、高雄などが二四パーセント、開発の遅れていた台東、宜蘭などの東部地域は二パーセント、他に澎湖列島が六パーセントとしている。

移住者の職業は商売人のほか警察官、教師、鉄道、道路工事、病院、学校建設などのインフラ整備に携わる土木作業員らなど多岐にわたった。山地に住む先住民の襲撃に備えて組織された「隘勇《あいゆう》」に入り、「隘勇線」という境界の警備にあたる人たちもいた。

警察官の確保は台湾人らの散発的な抵抗に対処して社会の治安を維持するという緊急性があった。植民地開始と同時に国内各地の募集に応じた現職、元職などの警察官が軍用船などで台湾に向かい、沖縄からもまず八人が選抜された。二二（大正一一）年、共産党幹部の渡辺政之輔が上海から帰国途中の基隆港で官憲と争って絶命するが、彼を誰何《すいか》した警察官も沖縄出身者だった。先住民と接触する山地などに派遣されることも稀ではなく、三〇（昭和五）年に中部地方で起きた先住民の武装蜂起、霧社事件の事後処理には五人が派遣された。

教師は琉球処分で沖縄県が設置された時の経験を買われ、台湾人の皇民化政策に重宝される。沖縄人教師が教鞭をとる学校は主に台湾人、朝鮮人の子どもたちが通う公学校だった。公学校は四一（昭和一六）年に小学校と併せて国民学校に統合される。

二四（大正一三）年四月一三日付けの「沖縄朝日新聞」には「台湾教育界に活動する本県人その大多数は公学校職員」という見出しの記事が載る。

沖縄人は普通□政官吏は極めて尠ないが之れに反して教育家は非常に多い。それも初等教育者

戦前の台北・日本人街の中心地、西門町はいまは若者の街になった

で中等教育家としては台中高等女学校教諭大城ツルサン一人で初等教育者は□谷公学校長照屋久八氏を古参株として（中略）二十八名の初等教育家中小学教育に従つてる人は四人だけあとは公学校教員である

民間に於ける沖縄県人成功者は余り耳にせぬ勿論台中在住者は商人多くそれも行商が主で中位下の人々が多数占めてる故に我こそは沖縄県人なりと宴会の席上などへ顔をツン出す者は無い否民間ばかりぢやなくどしたものか沖縄人は卑屈で沖縄に生れた事を自ら恥のやうに考へて年に一度でも同郷人が相集つて名産の泡盛を痛飲し□国訛りを丸出しにして騒いだと云ふ事をトント聞かぬ故に裏面は兎に角表面は団結して沖縄閥を作って□ら無い模様だ

台北は大都会だった

台湾の発展は一九二六年に大正時代が終わり昭和に入ってからも続いた。台北はネオンサインが輝き、デパートにはエレベーターが登場するなど沖縄とは比較にならないほどの都会になっていく。国立の大学、専門学校など充実した教育機関は勉学に意欲的な若者を刺激、石垣島の地元紙には難関の台北帝大に合格した八重山郡出身者が囲み記事になるほどだった。

先島諸島の若い女性にとっては気楽に行ける出稼ぎの場だった。親類、友人らを頼って女中奉公などの職を見つけ、ほどほどの貯金ができると帰郷して都会の話を周囲に話し、それを聞いた人たちがまた台湾に向かった。トップモードを着る機会の多い台湾での暮らしは洗練された女性へと変身させ、人々は「台湾さがり」と持て囃した。

彼女たちは出身地域ごとに集まって雇用条件などを話し合うなど情報交換を続け、少しでも給料の良いところへと移っていくという例は少なくなかった。三〇（昭和五）年八月二三日付けの「先島朝日新聞」は理由の一つとして、実家からことあるごとに送金を催促してくる親元もいて、五〇銭でも一円でも高いところに行くと伝える。女中奉公に出かけたものが、親元の知らない間に料理屋の酌婦などに商売替えしたり、各地の遊郭に身を沈める人も多かった。

『沖縄における台湾引揚者の生活史』（琉球大学法文学部社会学研究室、二〇〇二年）は、一一歳で親類の住む台湾に渡った八重山出身の女性の話を伝える。女性は女中、子守りの仕事を経て六年後にバス車掌の職を見つける。月給は女中の二円から三円、五円と上がり、バス車掌は二二円だった。最初は国営バス勤務だったが、仕事場が近く通勤費のかからない市営バスに移る。経費を切り詰め、できるだけ多く仕送りに回す。市営バスは国営に比べて沖縄人が多かったが、本土の人からは「琉球人」とよく呼ばれて嫌な顔をされたという。

三一（昭和六）年六月二八日付けの「先島朝日新聞」は台湾に出稼ぎに行った八重山出身女性八四三人の職業別、都市別、出身町村別の詳細を伝える。

職業別では「普通下女」が五一八人と圧倒的に多く、以下「旅館女中」九四人、「奉職」五二人、「料理屋飲食店雇人」四一人と続く。ほかに「就学中」二三人、「芸妓娼妓」二二人、「その他」九三人とある。都市別では台北の四六九人、基隆の二五二人と二都市に集中している。出身町村は石垣三二七人、竹富二八〇人、与那国一七六人となっている。

定期航路の充実は生活物資の往来を確実に増加させていった。特に慢性的な米不足に悩まされていた沖縄にとって、台湾から米を容易に購入できるようになったことは朗報だった。台湾は総督府の肝いりで現地米の稲作改良が進み、産出米に「蓬莱米」といったブランド名が付けられるほど美味しくなっていた。台湾統治から二〇年たった一五（大正四）年の「台湾時報六四号」によると、台湾から沖縄への米の移出は月二回の船便で一か月に一万石以上になったという。沖縄の年間需要は二〇万石とみられ、半分は沖縄で産出されるものの残りは台湾から運び込まれた計算だ。台湾側も本土産米の「代用米」として本土に出荷するのではなく、沖縄に回す業者が増えていった。

物流は米以外に大豆、果物、嗜好品などの食料品から石油、ガラス、傘、文房具などの日用品まで幅広く、明治末期の基隆港及び蘇澳港と先島諸島、那覇、日本本土を結ぶ船舶の荷物運賃表には、枕木、セメント、瓦、レンガ、畳、マッチ、ビール、洋酒、味噌、紡績糸、人力車、洋釘、板ガラスなどが細かく取り決められていた。台湾特産品の運賃は移出奨励のために半減とされ、一方で同種物品の本土から台湾への持ち込みは定額の二倍とするなどの優遇策もとられた。

台湾バナナの優良苗、台湾茶の種子などは沖縄県が率先して移入、栽培農家に試植させた。幹の太い台湾サトウキビ導入は官民が協力して苗の梱包等に細心の注意を払った。パナマ帽に近い台湾特産の林投帽子開発のために林投樹（アダン）の沖縄移入を試みる人もいた。

二八（昭和三）年の那覇港、先島港の沖縄県外輸移入主要貨物をみると、台湾米が那覇港で七七万五〇一二円、先島港で二七万六一三二円の取引があった。「先島港」は存在せず、石垣港、宮古島の港など先島諸島の港を合わせて「先島港」としたと思われる。取引された木材は台湾の森林開発がまだ進んでいないことも手伝って台湾側の入超だった。沖縄からの移入は三一万五八四一円に達し、日本全体からの移入の約七パーセントを占め、そのほとんどは石垣島などの「八重山」だった。同年の台湾と沖縄との一般貿易取引総額は台湾からの移出が一一九万二九二六円、移入が五一万五八九〇円と圧倒的に台湾の出超だったが、先島港に限ると移出が五二万三〇〇七円、移入が四九万六五六一円とほぼ同額になっていた。

台湾に最も近い与那国島の台湾からの移入品は大豆、落花生の農産物、機械油、漁船用具、灯油、小麦粉、マッチ、石鹸、ラジオなど生活必需品の大部分を占め、子どもたちの修学旅行先もまた台湾だった。農業を支えていた良質な米も安価な台湾米によって生産高が減少、代わって漁業が盛んになる。漁船は一本の木をくり抜いてつくる刳舟《くりぶね》から発動機付きへと変わり、馬力も五馬力前後から二〇馬力まで進歩する。漁場は広がり、多くの漁船が台湾北部の基隆はじめ南部の高雄などにも進出するようになった。

三三（昭和八）年五月一五日付けの「八重山新報」は台湾の「一地域」になっていく実情を「基隆港と与那国波多港は数隻の発動機船に依り交易開かれ　基隆よりは機械油を初め日用一切の雑貨を移入し与那国村よりは鰹節　豚等を移出して居る　与那国村民の台湾各地に出稼するもの男女数百数名に及び　台湾銀行券は同村には取引上何等の制限なく通用し、総ての文化は台湾より盛んに移入せられ　経済上台湾と不離の関係にあり」と詳細だ。

その台湾銀行券もあまりに多く出回ったため八年後には禁止命令が出る。石垣島で発行されていた「海南時報」は四一（昭和一六）年一〇月二三日、「台湾札に放逐命令」という見出しで「台湾銀行発行の紙幣がドシ〳〵流れこみ日本銀行兌換券よりは寧ろ台湾札が多く流通し現在のところ其の流通額は五　六万程度と言はれ之で税金も納めれば一切の売買もすると言ふ塩梅で日本銀行発行の紙幣同様に流通され宛《あたか》も植民地台湾の一離島であるかの観を呈してゐたが（中略）来る十一月一日からは村内に於て一切台湾札の流通を禁止す」と伝える。

台湾総督府農林専門部の青木繁は三一（昭和六）年の「台湾時報（一期）」に「沖縄の森林と台湾」という一文を寄せている。沖縄から見た台湾の近さ、本土の遠さを示すエピソードだ。

面白い事には、同じ那覇の港を出る汽船のうち、大阪行きの方には岸壁との間に無数の紅白のテープが張られて、互に別れを涙で惜しむ光景を見るのであるが、一方基隆通ひには一本のテープさへも張られず、そこで私は見送りに来てくれた友人に、こちらも一本張らうかと冗談を云つて別れたことを思ひ出します。これ等の点から見ても、如何に沖縄の人が台湾を近所隣りの如く思つて居るかを知る事が出来る

3. 先島諸島に移住した台湾人もいた

西表島の炭坑に働く

沖縄人が台湾に新たな活躍の場を求めたと同じように、海を渡って先島諸島を訪れる台湾人もいた。初めは西表島への炭坑労働者だった。石垣島などへの農業移民、日用雑貨販売、食堂経営などが目的の人たちが続く。台湾人にとっての沖縄は、憧れの対象ではなかった。

萬骨碑は西表島・宇多良炭坑遺構などの「近代化産業遺産群」認定を期に建立された

台湾の坑夫たちが西表島の炭坑に入ったころは、日本が台湾の植民地経営に着手した時期に重なる。旧宇多良炭坑の「萬骨碑建立記念誌」（萬骨碑建立期成会、二〇一〇年）は、西表炭坑略年譜に「一九〇七年（明治四〇年）八重山炭坑、元成屋で採炭開始。坑夫従業員千三百人。この内、福州人百五十人、台湾人二百五十人。台湾、香港、上海に輸出」と記す。『聞書・西表炭坑』（三一書房、一九八二年）を著した三木健はいま少し前だったとみる。

実際に中国人労働者が西表炭坑で働くようになったのは、（中略）明治二八年の日清戦争によって台湾が日本の植民地として併合されてからではないか、というのが私の推測である。

炭鉱の歴史を「萬骨碑建立記念誌」と「西表島の炭鉱」（西表島炭鉱跡の保全・利用を考える検討委員会

編、竹富町商工観光課、二〇一一年）にみる。

西表島の石炭は琉球王朝時代の一八世紀末、「八重山島諸記帳」にある「燃石」の記述をもって発見とする説のほか、一九世紀中頃に琉球に寄港したペリー艦隊によって見つかったという説もある。産業化は一八八五（明治一八）年の三井物産会社西表西部の元成屋などによる石炭の試掘に始まる。三井物産、大倉組などが本格的な採炭事業に着手、九州各地、奄美、沖縄本島などから坑夫を募り、沖縄県内の囚人らも鉱山労働者として使われる。

炭層は島の西部地区に集中、本土の石炭が一キロ当たり五五〇〇から六〇〇〇キロカロリーの発熱量に対し、七〇〇〇キロカロリーと石炭化度が高かった。しかし、本土の炭田に比べて地表近くに薄く広がり、機械化が難しく効率は悪かった。坑夫は体を横にしながら採掘したという。落盤などの事故の多発に加え、マラリアにかかる人も多かった。マラリアを恐れた本土の坑夫らが引き揚げるなど炭坑経営にも影響を与える。

大正期に入ると重工業が発達、石炭の需要が増える。第一次大戦後の好景気も手伝って西表の炭鉱も全盛期を迎える。炭坑には坑夫の子弟の教育機関として小学校を設立するところもあった。

一九二一（大正一〇）年二月一三日付けの「沖縄日日新聞」は「八重山石炭廉価提供」の見出しで「石炭需要期が盛なる時之が欠乏を告げ不良石炭を販売せらるゝご需要家一般の苦痛とせらるゝ処ならん吾人深く之を遺憾とな□需要家各位の定評ある炭質良好なる八重山炭を提供するに決し（以下略）」と書く。

戦時体制下の増産態勢は敗戦まで続き、西表も例外ではなかった。人力に頼っての作業は坑夫たちの労働をさらに過酷なものにしていった。「人繰り」と呼ばれた労務管理者の監視を逃れても炭坑の周りには深い森が広がり、浜までたどり着いた先は海原だった。

台湾人坑夫の多くは台湾北部の炭鉱出身者だった。基隆港に近く、船に乗れば西表はすぐそこだった。『聞書・西表炭坑』には父親の坑内労働の手伝いなどをした台湾出身者の話が載っている。

　台湾の基隆港で募集人に募集されて、西表に行く人たちが船に乗り込むのを、よく見かけました。すると船に乗るとき検閲官が「おまえたちどこの炭坑に行くのか」ときく。「西表だ」というと「西表に行ったらおまえら帰れんぞ。行くな」とよく警告しよったです。

　台湾の淡水で炭坑の苦力頭をしていた人は「西表の炭坑にはじめて来たのは、昭和十二年だった。(中略)西表炭坑の評判が悪かったので、台湾で坑夫を募集しても、あまり集まって来なかった。そこで会社は坑夫を西表に連れて来るときには、運賃を会社が出していた。(中略)モーフィ(麻薬)をうつ人もいた。重労働なので会社が許可証を出して、モーフィの注射をうたしていた」と『聞書・西表炭坑』に記す。

宇多良炭坑は三三(昭和八)年、西表島の北部に開業する。二年前には満州事変が勃発している。当時としては近代的な設備を備え、医務室も用意されたが、増産態勢の強化と戦局の悪化に伴う景気後退によって次第に以前の環境と変わらなくなっていった。

宇多良炭坑跡地に立つ萬骨碑近くの上原港までは石垣港から高速艇で西に約四〇分ほどだ。四月初旬、船着き場からバスで浦内川河口に向かう。萬骨碑までは川沿いに林道が続いていた。赤茶けた粘着質の土が露出する道を少しでも踏み外せばそのまま、濃密な木々とシダの茂みに吸い込まれそうだった。

浦内川沿いを歩くのは二度目だった。最初はイリオモテヤマネコが発見されてまだ間もないころ、ヤマネコとの遭遇を半ば心待ちにしながら山道を登った。頭上からもたれかかるように降りてくる枝を払いながらその都度、足首、脛などにヒルの吸い付いた痕跡を探した。那覇で買った米軍のヒル防止液が少しばかり効果をあげていたのか、大量のヒルの襲来はなかった。日が落ち、島の東側に流れる仲間川との分水嶺近くで朽ち果てた小屋を見つけた。一夜を明かしたその時は小屋の由来についての知識はなかったが、いまにして振り返れば、炭坑で働いていた坑夫たちが使った小屋だったのかもしれない。

半世紀ほど前の山道を思い出す間もなく、林道は支流の宇多良川沿いに道を変え、ほどなくかつての貯炭場にたどりついた。

木道が一帯に整備され、トロッコレールを支えていた赤レンガの支柱はガジュマルに絡みつかれていた。台湾の台南を訪れた時、同じようにガジュマルがレンガの建物を絞め潰している姿を見たことがある。清朝時代の台湾に交易を求めた英国の宿舎跡だった。全く状況の異なる風景だったが、辺りに発散する木々の生命力に思いがいった。

木道のすぐ下まで川面が押し寄せていた。石炭運搬船のエンジンが透明な水の中に沈んでいる。川底に露出している石炭は妖しいまでに黒く光っていた。鳥の声が聞こえてくる。じめついた空気はほとんど動きを止めていた。

炭坑で命を落とした坑夫たちの霊を弔う萬骨碑は支柱の下にあり、高さが一・五メートルほどだった。木道から見る碑は思いの外小さく感じた。アップの写真を前に見ていたからだろうか。「過酷な労働とマラリアのため幾多の犠牲者を出した」と記された碑は、圧倒的な亜熱帯の森にあって辛うじて人間の尊厳を保っているかのように思えた。

パイン産業も移ってきた

石垣島に台湾の人たちが顔を見せるようになるのは、西表島の坑夫たちよりも二〇年ほど遅れる。西表信《いりおもてしん》の『南嶋昭和誌』（月桃舎、一九八二年）は、昭和初期に雑貨商をしていた劉福という男の話を紹介している。

台湾の基隆市に商売をしていたが、台湾の東方に小さな島が沢山あり、商売をする者が少いということを時々耳にしたので、昭和四年（一九二九年＝筆者注）、小船で東方洋上に浮ぶ与那国島へ商売を目的に単身で渡ったのであるが、その島は余りにも人口が少いので数日のうちに石垣島に渡り、石垣は人口も多く商売に適しそうなので石垣への移住を決意したようであるが、台湾出身者の石垣島への移住は彼が初めてであると語っていた。

先島諸島で商売を広げた人はその後も続いた。地元新聞の広告から拾う。

当地に初めての試み　台湾御料理　世界的に絶賛せらるる安くて味の好い支那式台湾料理を始めましたから是非一度御風味を願ひます　基隆楼

マッサージ並に針療治　私は台北に於て此の家業を致して居りましたが、今回都合により向ふ一ケ月間出張開業致します　山□医院隣山城四郎

出張撮影　写して好かつたと思つて頂ける台湾美術写真出張部愈々元旦より開写を扱ひます

土木建築請負　渡辺組八重山出張所　本店台湾基隆

台湾人の移住は商人だけでは限度があり、パイン栽培などに取り組む農業入植者が渡ってきた数年後から本格化する。

台湾中部でパイン会社を経営していた林発《りんぱつ》が入植の中心だった。台湾のパイン産業は当時乱立しており、台湾総督府が統合を指示していた。彼は新たな栽培地を石垣に求めることになる。石垣は台風と旱魃の被害に見舞われていたが、抵抗力の強いパインの栽培は可能だった。台湾からもたらされたパインの種苗は一〇万本にもなった。

栽培候補地は元々の島民が定住していない山間部に限られ、台湾人が入植した名蔵、嵩田地区は近くに産業道路が開通する計画があった。原野の開墾は山林の雑木を伐採、乾燥後に焼却して耕すというやり方だった。「ヤキー」と呼ばれていたマラリアと戦い、夜になると出没するイノシシを追い払う毎日が続いた。

林発は『沖縄パイン産業史』（沖縄パイン産業史刊行会、一九八四年）で、ヤキーの猛威について「当時のマラリア発生状況をみると、人口三五、三三二人に対し、一、二九八名の約四％がマラリア患者である。（中略）名蔵、嵩田等の開墾地帯にいたっては、百％がマラリア患者といった極限状態であった。（中略）マラリアを克服し開墾事業を完遂するには、何よりも先ず栄養分を充分に摂取し、抵抗力のある体力をつくる以外になかった。小作人及び職員達には、一家族当り山羊三頭以上、豚二頭以上、それに家畜類などを飼育させた」と述懐する。

台湾からの農業移民を悩ませた問題は開墾だけではなかった。伐採した雑木を薪として使いたい地元農民らは台湾からの水牛導入にも脅威を感じ、反発した。林発は「台友会」を結成、標準語、地元の民俗習慣などについての講習会を開き、親睦を深めることに腐心する。島民にとっても台湾の先進農業技術習得など得るところは多かった。

パイン栽培は地道に成果を挙げ缶詰の製品化にも成功するが、大戦の末期になると、パイン缶詰はぜいたく品だと見なされて製造禁止命令が出る。入植者らは苗を保存して将来に備える人、台湾に帰る道を選んだ人ら様々だった。

石垣市内で青果商を営む呉屋寛永の祖父も引揚げ組の一人だった。移住は林発と同じ頃だった。台湾中部の彰化地方から名蔵地区の奥に入り、荒れ地を一〇年かけてパイン農地にした。戦争中には水牛で畑を耕していた時に空襲に遭い、水牛の周りを回って身を隠したこともあった。日本が戦争に負けると一家で伝馬船に乗る。父親は結婚後、祖父母、妻と共に密航船で宮古を回って石垣にたどり着いた。呉屋は「石垣に再び戻るつもりだったのだろう。国が変わっても生活の場として土地を含めすべてを残していた」と話した。

パイン産業の復活はまた、新たな技術導入の担い手、缶詰工場の働き手として台湾人を先島諸島に呼び込んだ。

台湾の水牛が貢献する

日本の敗戦は台湾を中国に復帰させ、先島諸島に移住して来た台湾人の故郷は「外国」になった。米国統治の沖縄に暮らす台湾人の身分は永住権を保障する在留許可証だけだった。六三年に

名蔵ダム湖畔の台湾農業者入植顕彰碑。一帯の荒れ地が切り開かれた

なって国民政府からの要請で八重山華僑会がつくられ、ようやく新たなつながりができる。日本の敗戦から二〇年近くが経っていた。

八重山華僑会は七二年五月に沖縄が日本に復帰し、那覇に琉球華僑総会が設立されたことで同総会分会となる。同年九月、日本と中国（大陸、中華人民共和国）が国交を正常化させたことに伴い、国民政府（台湾、中華民国）は日本と断交する。先島諸島などの台湾人は身分が曖昧なものになり、国民政府が一種の救済措置として発行した国籍離脱証明書は、彼らの日本帰化を加速させる結果になった。

八重山地方の台湾系住民は現在、呉屋によれば約一〇〇世帯、六〇〇人ぐらいという。「いずれ台湾に戻ると言って帰化しない人は、いまでは一〇人以下ではないか」

西表島への旅の前にパイン入植者らの顕彰碑が立

つ名蔵ダムに立ち寄った。石垣の市街地から北に一〇キロほどだ。米軍の空襲を逃れた人たちにマラリア蚊が襲った山を抜けると整備されたマンゴー、パイナップル、サトウキビなどの畑が広がる。雨に当たると受粉しないマンゴーはビニールハウスの中に植えられていた。かつての原野の先に、沖縄最西端の名蔵ダムがあった。

二〇一二年一月、ダム南側駐車場に「臺灣農業入植顕頌碑《けんしょうひ》」が建立される。顕頌碑に寄り添って「パイナップル産業と水牛導入の功績を称える」と記された碑文と水牛の像が並ぶ。碑文には「台湾中部の台中や員林地方の大同パイングループは、一九三五年（昭和一〇年）、パイン生産の新たな活路を求め石垣島の名蔵、嵩田地区に入植しました。林発氏らを中心に大同拓殖株式会社を設立、六〇戸、三三〇人を呼び寄せ、幾多の苦難を乗り越え、パイン生産に成功し、一九三八年夏、缶詰を本土に出荷しました。（中略）水牛は一九三三年に台湾からの移民により農耕用に三〇頭が導入されたのが始まりです。これが繁殖して普及、八重山の農業生産の向上に大きく貢献しました」とあった。

ダムの周辺は八重山地方の固有種であるヤエヤマヤシの木々が勢いよく葉を広げ、繁茂するススキの間にアサガオが薄紫色の花をつけていた。ダム見学に来ていた人から、この地方のススキは三月から雨期に入る前のうりずん（若夏）の頃までだ、という話を聞いて少し戸惑った。デイゴの赤い花を探したが見つからなかった。

第二章　「戦地」台湾に疎開する

1. 台湾に沖縄人の足跡をたどる

基隆・社寮島で漁を教える

台湾に渡った沖縄の人たちは、一九三五（昭和一〇）年一二月末現在の「殖民地在住者調」（沖縄県史第七巻所収）に首里市の七九人ら計三九三〇人が記録されている。先島諸島（宮古郡、八重山郡）に限れば、六割近い二三五一人になった。那覇市は「目下調査中」として除かれているが、同年の国勢調査で首里市の約三倍の人口だったことから、二五〇〇人前後はいたのではと推測することはでき、合わせて四〇〇〇人を超える人たちが台湾で暮らしていたようだ。

又吉盛清は『台湾支配と日本人』（同時代社、一九九四年）で「台湾植民地支配の五十年余を通じて、沖縄人の渡台者については統計的な資料がなく、実数は定かではないが、一九一一年（明治四四）には約千人はいたと思われる。一九三二年（昭和七）には七千人を数えている」と書く。

移住者は旱魃、ソテツ地獄などに見舞われたことなどから増え続ける。水田憲志は台湾総督府編「台湾島要覧」から、一九四〇（昭和一五）年の数字として一万四六九五人を挙げている（「沖縄県から台湾への移住―第2次世界大戦前における八重山郡出身者を中心として―」関西大学文学部地理学教室『地理学の諸相―「実証」の地平―』所収、一九九八年）。敗戦当時も台湾の沖縄人は

和平島（旧社寮島）の市場。辺りはかつて沖縄漁民の生活の場だった

一万五〇〇〇人前後だったとみられる。

台湾には沖縄の人たちが寄り添うように暮らしていた街がいくつかあった。大戦から七〇年以上が過ぎたいま、往時を思い起こしてその匂いを感じることもまた、なにがしかの意味を持ってくるのではないかと思う。

基隆港に船が入る時、行く手左側に小さな島を見つけることができる。社寮島だ。日本統治時代につくられた基隆橋によって基隆市街地と結ばれた。島は戦後、和平島と改名され、基隆橋も基隆和平橋となった。

南方澳と共に沖縄漁民の生活拠点だった社寮島は、台湾鉄道基隆駅前からバスで港を左手に見ながら三〇分ほどだ。橋を越えて真直ぐに伸びる和平路の大通りは突き当たりが台湾国際造船会社基隆工場になっていた。工場から辺り一帯がかつて多くの沖

和平島の琉球漁民慰霊碑。浸食風化された奇岩の中に立つ碑を気に留める観光客は少なかった

縄漁民が暮らした地域だった。

大通りを歩きながら左右の路地に入り込む。小さな市場があった。天井は塞がってアーケード街を兼ねている。新鮮な野菜と果物だけが目に入る。魚の小売りは橋のたもとにあったことを思い出す。店の主人に沖縄漁民のことを尋ねたが、答えは予想通りで、知っている人は近くにもいなかった。狭い路地に両脇から三階建てのアパートが迫ってくる。どの家も窓際に、あるいは軒先に洗濯物が干してある。台北ではほとんど見かけなくなった光景に、なぜか心が和んだ。

島の東北部は和平公園として整備され、海岸に「琉球漁民慰霊碑」を見つける。碑文の上に立つウミンチュ（海人）像がたくましかった。二〇一二年に建立され、由来に「一九〇五年ごろから琉球人は基隆に移住しその後五百六十人もの集落を形成した。台湾人は琉球人に居住地を提供し対して琉球人は漁法・造船・漁具修理など漁業全般の技術を惜しみなく伝えた」とあった。

『日本植民地下の台湾と沖縄』（又吉盛清、沖縄あき書房、一九九〇年）によると、一九〇五年ごろから島に定住した久高島の漁民が最初に台湾人にモリで突く漁法、サバニ（沖縄地方で古くから漁に使われた小舟）の扱い方、海流の見方などを教えた。夏場のテングサ採りの時期になると先島諸島はもちろん沖縄本島からも漁民が押し寄せ、沖縄人経営の酒場なども店を構えるようになったという。しかし、漁獲量は少なく収穫したテングサも買い叩かれて、苦しい生活を送る人たちもいた。

鈴木民部の「基隆港に於ける一般海上生活者に対する社会的施設問題」（「台湾時報」一九三二年）からは漁村での最低限の暮らし振りが伝わってくる。

一九三〇（昭和五）年当時、社寮島には約一〇〇戸、三五〇人余の沖縄県人が暮らしていた。漁労を生業としている世帯が七〇戸と最も多く、他に雑貨店五戸、大工四戸、農業二戸、飲食店二戸、代書屋二戸があった。彼らの漁法はモリを持って潜るか餌を入れた籠を沈めてエビ、タコ、底魚などを獲るという沿岸部の小規模漁業であり、収入は限られていた。他には夏季に限ってのテングサ採りが加わる程度だった。税金、電気水道代に事欠く家庭は多く、病気や出産などのときでも満足に医者、助産婦に診てもらえないという状況だった。三九人もいた児童はほとんどが学校に通っていなかった。学費を払えないこともあったが、島から四キロほど離れた基隆市内の学校まで通学しなければならなかったことも大きかった。

和平島を離れ、基隆の市街地に戻る。

南北に細長く伸びる港と東側の小高い丘に挟まれた旧義重《ぎじゅう》町、天神町一帯は、いまでは台湾のどこにでもある普通の街並みだが、かつては商売、旅館業、土産物屋などを営む日本人が多く暮らしていた。丘の上にあった基隆神社は山裾の街から登ってくる在住老若男女で賑わったのかもしれない。通りに沿った一角に日清戦争後の台湾平定に赴いた北白川宮能久親王《きたしらかわのみやよしひさしんのう》の足跡を記した記念碑を見つける。碑文は削り取られて無残だった。戦後すぐに荒らされたのだろうか。

湾奥にさらに進むと、仁一路、仁二路と呼ばれる繁華街にぶつかり、観光客で賑わう廟前夜市があった。多くの台湾人に交じって「台湾菜」を楽しむ日本人の姿も目についた。

基隆神社があった丘は中正公園になり、港を一望に収めることができる。港に出入りした日本の船舶は昭和初期には年間七六九隻を数えた年もあったという。一日に二隻を超える人と物の頻繁《ひんぱん》な出入りはその都度、新たな活気を呼び込んでいった。

沖縄人は「二等国民」だったのか

日本との連絡船が停泊した西側埠頭は台湾鉄道基隆駅に接続していた。船を降りた沖縄の人

沖縄人が多く暮らしていた台北駅北側はひっそりとしていた

たちは汽車でまず台北に向かった。卞鳳奎《べんほうけい》は大戦末期の台北について、四三（昭和一八）年の「台北市民住所録・内地人ノ部」などから沖縄人が一〇人以上暮らしていた町を、建成町一〇四人、新富町四七人など二二町としている（「日治時期在台北的沖縄人〈一九三七－一九四三〉・聚集希望的城市」）。

台北駅の北側にあった建成町は住民の中で鉄道事業に係っていた人が二一人と最も多かった。鉄道工事現場などで働く人たちにとって駅の近くは仕事に便利だった。

路地に入ると、古びた雑居ビルが立ち並び、貿易会社、小吃店、代書屋などの看板が目立った。通りの両側にはオートバイが駐車して狭い道を一層狭くしていた。「沖縄」を伝えるものは何もなく、すべてが色あせて見える中にあって、壁の一角に据えられた教会の赤い十字架だけが異様な色彩を放っていた。平日の昼下がりに人通りはない。ひっそりと静まり返り、巨大な台北駅舎の喧騒からは程遠かった。

市街地の西にあった新富町も建成町と同様に鉄道関係の人が七人いたという。大陸の人たちが淡水河を遡り最初に住み着いた万華の繁華街と古刹、龍山寺が近かった。

寺から大通りを越えて淡水河までの界隈は遊郭だったころの佇《たたず》まいをいまに残している。二階建ての店の前には昼間から客待ちの女性が所在無げに屯《たむろ》している。沖縄、朝鮮半島からの女性も多く生活の場にしていたといわれ、最近は大陸からの出稼ぎが増えていると聞いた。立ち止まって店の二階窓を眺めていると遠巻きにしていた彼女たちが近づいてくる。龍山寺の参拝客が足を向ける姿もあるかもしれない。昔も今も聖と俗とが縺《もつ》れ絡まり合った世界が続いていく。

沖縄人は台湾でも自分たちの生活習慣を持ち込み、一年に一、二回の同郷会などで親睦を深めていた。一九三三（昭和八）年一月一八日付けの「先島朝日新聞」は台北八重山郡郷友会の新年宴会を「台北通信　総督府図書館の伊舎堂孫堅君と台北郵便局の大道孫安君の発起で去る八日午后一時より川端町新茶屋で八重山郷友会の家族慰安新年宴会を催した　参会者百五十名　詩と歌の島の産だけに民謡　手踊りの十八番披露があつて頗る賑はひ午后五時散会した」と伝えている。

台湾において沖縄人はどのような位置づけだったのだろうか。本土からの日本人の次に沖縄人があり、さらに朝鮮人、台湾人がいたのか、沖縄人が、朝鮮人、台湾人より下位だったのか。

理するとなると相場が決まっていた。本土からの日本人が沖縄の人たちを「琉球人は内地の生蕃（先住民）」と呼んで、最下層にランク付けしていたことも珍しくなかったという。沖縄の方言を理解できない日本人経営者が沖縄人、台湾人を除いて従業員を募るケースもあった。

台湾の人たちもまた「本土の人は一等国民、沖縄は二等国民、そして台湾は三等国民」といった感覚の中で暮らしていた。沖縄人を「琉球同胞們」と呼び、彼ら同士が台湾語で話すときは「琉球人」という表現を使い、話のなかに本土の人らが入ってくると「日本人」になったり「沖縄人」になったりした。沖縄人の手伝いを雇った台湾人金持ちの中には、外では沖縄人ではなく日本人だ、と説明する人もいたという。

台湾統治が順調に進むにつれ、沖縄人の職業も台湾総督府勤務、一般企業社員など多様になっていき、沖縄人集落に住むよりは本土の人たちに溶け込もうとするようになった。日常生活も本土に合わせ、沖縄出身を隠したり、転籍、改姓したりする人も増えてくるなど、沖縄人の中に二重構造が生まれてくる。「琉球人」と呼ばれることを嫌い、ウチナーグチ（沖縄の言葉）を話さず、沖縄で発行されていた「琉球新報」を意識して取り寄せない人も少なくなかったという。それだけの「努力」をしても、本土から来た人との格差はなくならず、公務員は責任ある地位にはなかなか就けず、鉄道関係でも多くは運転手、貨物列車を任されるぐらいだった。

そのころの雰囲気を琉球大学の『沖縄における台湾引揚者の生活史』は「県人会の中でも、公務員、上流って言ったらあれだな、ここらへんの人たちが本籍変えたね。作業をしている、漁師とか、そういう人たちはあんまり変えてないよ、本籍はね。もともとウチナーグチがまかり通った時代だからね。その点は沖縄はあれよ、堂々たる……平気で三味線鳴らしよったね」といった思い出として伝えている。

南洋道構想が持ち上がる

台湾と沖縄の立場を端的に表す事件は一九〇八（明治四一）年に早くも表面化している。沖縄を台湾に合併させる南洋道構想だった。一一月二九日付けの「琉球新報」は二七日発の「台湾電報」として「沖縄県を台湾総督府の直轄にせんと櫻井（森本？）中村の二代議士首唱し奈良原男（奈良原繁前知事＝筆者注）も賛成の意を表し斯て二代議士等種々陋劣《ろうれつ》なる醜運動を為しつゝある旨台湾日々新報に見ゆ」と伝える。一二月には東京の「報知新聞」が、台湾と沖縄、奄美を統括する「南洋道庁」を新設して殖産興業を図るという趣旨の記事を載せる。一九〇九年二月に開会された帝国議会では予算委員会でこの「南洋道庁」新設に関する案件は上程されず、そのまま立ち消えになる。

沖縄の人たちにはこうしたアイデアが生まれたこと自体、ショッキングな出来事だった。又吉盛清の『日本植民地下の台湾と沖縄』は分析する。

このように沖縄が除外された背景には、沖縄に対する国民的な認識のズレがあった。その沖縄観は、沖縄人を異民族視し、沖縄を新しく手に入れた新附の民であるという前提があった。このような前提からは沖縄人に関わる重要な問題でも、沖縄人が主体になるという発想は生まれてこなかったのである。（中略）南洋道問題のもう一つの背景には、自他共に認める台湾の優位性があった。台湾の実績は、もはや、誰の目から見ても明らかである。全ての面で立ち遅れていた沖縄は、母国である日本国に属しているという「日本人意識」だけで、救われているようなところがあった。

台湾は沖縄より勝るという思いはその後も日本政府、台湾総督府の基本的な考え方の底流として残り、沖縄の人たちもその現実を長く直視せざるを得なかった。

南洋道構想から四半世紀も経った三四（昭和九）年に台湾を視察した井野次郎・沖縄県知事の述懐は、台湾への羨望の眼差しを雄弁に語っている。四月一八日付けの「琉球新報」は次のように報じる。

台湾の事業は何れを見てもその大規模なるに一驚を喫した、就中各種試験場の設備及び事業成績は至り尽せりで之れなるかなと思ふ位に完備され、各試験場には真面目で熱心でほんとうに立派な技術家が集められてゐる。我々の眼からすると却つて贅沢すぎると思はれる位大規模な設備がしてある、すべては金の力によつて台湾の開発が出来たわけだと感じた。台湾と沖縄の比較は台湾は若々しい所はあるが開けるだけ開けつくして最早余地がない沖縄は之からといふ所で台湾より重々しい所がある、（中略）台湾を開いたのも北海道を開拓したのもすべて金である、振興事業によつて金さえ使へば沖縄の開拓は易々たるものなる事を今回の視察によつて確信付けられた。

琉球王朝時代、首里の都人が描いていたであろう琉球の「優位性」はすでに遠い過去の話だった。敗戦後の台湾からの日本人引揚げ作業で見せた沖縄の人たちの献身的な働きぶりは、こうした意識が彼らの行動を促す要因になっていたと言えなくもなかった。

2. 台湾への「テン出」は国策だった

老人ら弱者が対象になった

台湾と沖縄との緊密な関係は、大戦末期になって日本政府主導による沖縄住民の台湾、九州への強制疎開という新たな展開を見せる。『沖縄方面陸軍作戦』（防衛庁防衛研修所戦史室編、朝雲出

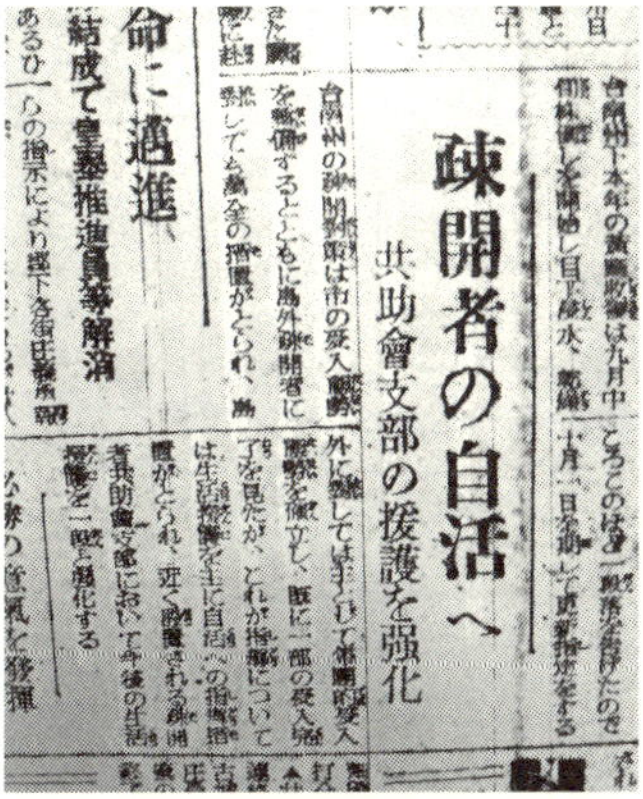

沖縄からの「島外疎開者」援護強化がうたわれる（台湾新報44年９月30日）

国史館台湾文献館が開いた「戦時体制下の台湾」展パンフレットの表紙

版社、一九六八年）は「大本営陸軍部は、昭和十九年六月、南西諸島の老幼婦女子の疎開について真剣に考慮し、長勇少将の沖縄派遣（十九年七月一日沖縄着）に際して疎開問題について研究することを命じた」と書く。そしてマリアナ諸島のサイパン島が陥落した七月七日、緊急閣議で奄美大島、徳之島、沖縄島、宮古島、石垣島の五島から老人、子どもらを本土と台湾に疎開させることが決定する。与那国島は島民の自由意思となった。与那国島だけが特例措置になったのは、台湾に近く島民の行き来が他の島より多いという認識だったのだろう。

　疎開に係る経費は全額国庫負担という国策だった。沖縄県史によると、一〇万人の疎開が決定し、八万人が宮崎、熊本、大分の三県、二万人が台湾とすることも決まった。

　石垣島で発行されていた「海南時報」は一九四四（昭和一九）年八月二〇日、「郡民のテン出を認める者の範囲」として次の四項目を挙げている。
イ、六十歳以上の者十五歳未満の者
ロ、妊産婦病弱者
ハ、前記イロに掲ぐる者の保護に必要な婦女
ニ、其他在住の必要なしと認められたる婦女子

これまでの自由な往来に代わって疎開が強要され、老人、子どもらが対象になった。石垣町職員、石垣喜興《いしがききこう》は石垣市市史編集室編纂の『市民の戦時・戦後体験記録』(一九八三年)に「戦局は本土決戦を前に、南西諸島の攻略が米軍の作戦目標だということで、県知事の命令により、八重山郡島民中六十歳以上の老人を始めとして、婦女、子供を台湾に疎開させるということになって、町民は上へ下への大騒ぎとなった」と記す。「その知らせが飛び込んだ町役場は、いくらお上の命令とはいえ、家族と別れ別れに島を捨てさせ、見知らぬ他国へ町民を疎開させることは、首脳陣にとって耐え難いことであり、その狼狽ぶりは極限に達し、仕事も手につかず、ただうろうろするばかりであった」

人々の不安もまた大きく広がっていった。

「海南時報」は「郡民のテン出を認める者の範囲」と報じた同じ日、「巷間デマが乱れ飛んでいる」として関係当局との一問一答を載せる。

問　縁故転出と集団転出との区別を承りたい

答　（前略）当局の言ふ縁故とは熟知の人で□宅その他面倒を見てくれる人を指してゐる（後略）

問　集団転出は如何なるものか

答　集団転出とはつまり　無縁故者を集め当局の世話で転出する者である　然し誤解のないやう注意したいのは此の集団転出は　ある地域に全部集団させて沖縄村を作るといふが如きのではない　受入地において寺院　倶楽部其の他公共□□物などを指定してそこに数カ世帯宛分散居□させやうといふのが集団転出である

問　では雑居生活なりや

答　当初は雑居生活になるかも知れないが然し　受入地においては世帯別に区切りをつけ雑居を避けやうといふ計画を樹（ママ）てゝゐる

問　転出者の生活保証については如何になつてゐるか

答　縁故者は行先地迄引率者が世話するが　集団転出者に対しては其の後の一切の面倒をみる生活保証も送金が無くなつた場合又は働き手がゐなくなつて生活出来ぬ場合には　その生活を保証する途を開くことになつてゐる

問　就職その他の斡旋もしてくれるか

答　勿論である　受入地ではいろいろと親切に相談に応じてくれる筈だ　又軍人遺家族なら優先的に世話してくれる　子供など手足纏《まと》いで働けぬ人には保育所など□当に考慮されやう。

関係当局の話はまさに至れり尽くせりの内容であり、台湾に疎開しても何ら問題はないということを強調している。台湾で発行されていた「台湾新報」も九月三〇日、「疎開者の自活へ」という見出しで、台南州の疎開対策の一環として、島外疎開者に対しては集団的受け入れ態勢を確立、疎開者共助会支部を通じて生活援護を強化すると伝えている。しかし、転出者は普通の状況でも自力で生きていくことが難しい人たちばかりであり、携帯荷物は一人二〇キロを限度とする二つに限られた。「生活援護」がどこまで彼らの助けになったかはわからない。

疎開は基隆から鉄道を利用して台南、新竹などいくつかの町に分かれて進められ、沖縄県庁の係員が引率して台南駅に到着というケースはよくあった。当初役所が割り当てた学校、住人のいなくなった家屋などに移ったが、戦局が厳しくなると、山間部などへの転居を余儀されるようになった。

宿泊先の小学校舎、公民館などでは、多くが雑魚寝《ざこね》の状態が続いた。役場から米、野菜、薪、塩などが支給され、炊事は当番制の共同生活だった。疎開生活に慣れてくると家族ごとの生活スタイルに変わっていき、働ける人たちは役場、工場などの臨時雇いに職を見つける。生活費を稼ぐあてがほとんどなかった人も多く、総督府支給の生活費だけでは足りず、衣類などを食料品と交換しながら日々の糧とした。

沖縄本島からの疎開は一〇月一〇日に那覇が大規模な空襲を受けてから急激に増えていく。本島中部・読谷山村《ゆんだんざそん》（一九四六年一二月に読谷村に改称）からは七家族三七人が台湾に渡った。『読谷村史 第五巻資料編4 戦時記録上巻』（読谷村史編集委員会、二〇〇二年）はキリスト教伝道師の勧めもあったと伝える。疎開者らは那覇港を出港、米軍の潜水艦攻撃を避けながら基隆を目指した。一人は『読谷村史』で疎開生活を振り返る。

基隆に着くとおにぎりひとつずつ配られてね、ものすごく惨めだった。それから私たちは桃園（台湾北西部＝筆者注）に行ったの。新竹の八塊州というところでした。そこに集会場があって、床の無い土間に竹で作ったにわかベッドを並べてね。一班一〇〇人くらいだったと思うけど、一班が糸満の人たち、二班が那覇、三班が宮古・八重山だったと思う。班ごとに大きな宿舎にベッドをずらっと並べて寝るのよ。寝るところ以外に座るスペースなんてなくて、ベッドとベッドの間は荷物を壁にして区切るだけでした。台所は共同でしたが食事もベッドに座って作ることが多かった。みんなマラリアにかかってね。米は配給があったけど、少ししかなかったので（中略）着物を芋と換えて生活していたのよ。保護ということで、国からお金も支給されたけど一か月ももたなかったから、子どもを姑《しゅうとめ》にあずけて台湾人の農家に日雇いに出た。

四五（昭和二〇）年二月六日付けの「台湾新報」は台南市の北にある嘉義市発で「島外疎開者共助会州支部では、疎開者の衛生状態ならびに悪質伝染病予防撲滅を期するため嘉義群に疎開収容中の島外疎開者〇〇名に対しもよりの医師を動員して五日民雄、六日大林の両収容所で流脳などの予防注射を実施し悪疫流行防止に万全の措置を講じた」と伝える。しかし、疎開者は見知らぬ土地でのストレスに加え十分な栄養もとることができず、日一日と体力を失っていった。「流脳」は日本脳炎のような流行性脳炎のことだろうか。

記事からはまた、疎開者を取りまとめる「島外疎開者共助会」という組織ができ、各地に支部がつくられたことがうかがえる。「共助会」についての文書等は見つけることができなかった。

疎開者に関する資料としては、台湾中部の南投市にある国史館台湾文献館が二〇〇三年に開いた「烽火歳月　戦時体制下的台湾資料特展」にそのいくつかがまとめられている。身元を確認する「疎開邦人保護調査票」のほか、疎開旅費、生活援護支出などに関する調査票が出され、同時に島外疎開者共助会支部長、台湾戦時援護会支部長、各州知事あてに共同宿泊所建設費、電気代、医療費、埋葬費など疎開生活を送る上での様々な出費請求書が発行されていた。当時の資料を収集している桂田文史工作室が提供した。

桂田文史工作室については、松田良孝の『台湾疎開』（南山舎・やいま文庫、二〇一〇年）に詳しい。同書では、石垣島、宮古島などの先島諸島から疎開した人たちの丹念な聞き取り調査を行って当時の状況を再現している。

四五年の台湾総督府「台湾統治概要」は「島外ヨリノ避難民援護」に、疎開者の全体像をまとめている。

昭和十九年太平洋方面ノ戦況緊迫熾烈化スルニ及ビ同年七月南洋群島（主トシテパラオ）及沖縄県ノ住民ヲ本島ニ引揚避難セシムルコトニ中央ノ方針決定シ経費ハ国庫ヨリ十九年三〇四二、五八六円二十年度一八〇〇、五〇九円ヲ支弁スルコトトナリ本府ニ於テハ之カ受入保護要綱ヲ決定シ共助会ヲ組織シ諸般ノ態勢ヲ整ヘリ

南洋群島避難民ハ昭和十九年五月十九日第一次ノ引揚以来本年一月迄七回一、五七九名ヲ沖縄県避難民ハ昭和十九年七月二十七日ノ引揚以来本年五月迄五回一二、四四七名ヲ受入レ主トシテ公会堂、国民学校、倶楽部等ニ収容シ職業補導、生活扶助医療、就学就職ノ斡旋等ニ遺憾ナキヲ期セリ

避難民中稼働能力ナキ者ニハ一人一日五十銭ノ扶助支給ヲナシ稼働能力アル者ニ対シテハ努メテ就職セシムルコトトシソノ約五〇％九七五名ヲ就職セシメ収容所ノ付近ニ蔬菜園ヲ設ケ蔬菜ノ自給自足ヲ図ルト共ニ其ノ他食料品、衣料、寝具ノ特配、学用品ノ給与、授業料ノ免除等各般ノ援護ニ万全ヲ期セリ尚引揚者ハ年齢十四歳未満、付添ノ母親六十歳以上ノ老人、病人不具者、妊産婦等ナルヲ以テ之等ノ医療ニ付テハ当初ヨリ留意シ収容所ヲ健康地ニ選ビ予メ嘱託医ヲ配置シ之ガ医療援護ニ努メタルモ全島的ニ流行セルデング熱、麻疹、マラリアニ冒サレ不幸病魔ノ犠牲者ヲ出セリ

現在ニ於テハ一段ト援護ノ万全ヲ期スベク避難民名簿ノ作製、疎開引揚証ノ下付等ニヨリ其ノ

掌握ノ確実ヲ期シツツアリ

沖縄差別が疎開者を苦しめる

実際の生活苦とは別の沖縄差別とでもいうべき対応に苦しみが倍増したと感じた人も少なくなかった。

四四(昭和一九)年九月に疎開の先発隊として台湾に渡った石垣島の大日本婦人会石垣支部長、宮城文は『市民の戦時・戦後体験記録』に疎開児童の転入時の体験を綴る。

校長の言葉は余りにも意外で、ちと腹立たしくさえなったので、次にあげてみることにする。一、これらの生徒は日本語が分かりますか　二、日本語が話せますか　三、父兄はどうですか(中略)五、先祖は日本人でしょうか(後略)

以上のような愚問に呆れた私は、一問ごとに力強く弁明した。一二三、聞くこともできますし話すこともできます。家庭でも日頃標準語を使用しています。日本語などとは言いません。

質問の五に対しては「先祖代々根っからの八重山の土人でございます」と答えている。

学校では生徒間で八重山っ子の粗末な服装、アクセントの異ること、琉球人だという意識で異人種をみたような眼で蔑視されるので、わが家の信治を初（ママ）め、ほとんどの児は台湾の児童と仲良く友達になるのであった。台湾知名士の子供らのごく少数もやはり日本人子供にいじめられているので、同病相哀れむの気持ちであったのでしょう。

学芸会があって、一年生の桃太郎劇練習中、主役の桃太郎が疎開者のK君であると聞いて四、五人の父兄が、琉球人の主役では学校も父兄も面目ないとどなり込んできた。これが学校の大問題となり、緊急会議を開いたところ賛否両論が出て校長は賛成方であったが、とうとう主役を替えてしまったというゆゆしい奇談があった。最も神聖であるべき教育の場でさえこのような有様であったから、他は推して知るべしである。

彼女の体験が特殊な例だったか、あるいは多かれ少なかれそのようなことを感じた人が多かったのか。

そして彼女の口から出た「土人」という言葉に驚く。石垣など先島諸島の人たちは日常的にこの言葉を本土の日本人から投げかけられていたのだろうか。あるいは「土人」としての自分たちを意識させられる境遇下に生活していたのだろうか。

一九〇一（明治三四）年三月発行の「台湾協会報三十号」にある「台東殖民小策」には「現時

台東に於ける海産業は、極微なるものにして、内地人の如きは未一人として之を常とするものなし、唯僅々一艇を浮べ、二三の沖縄土人を卒ひて、青螺採集を試みたるものあれども、其成績一も見るべきなく、七十里の沿海、時々児戯に類せる土蕃の漁獲を見るのみ」という件《くだり》がある。

沖縄人を「土人」と呼び、台湾人を「土蕃」と呼ぶ発想が、その後も連綿と続いていたのか。四一（昭和一六）年一二月二六日、「海南時報」の東京電「〝土民〟という言葉使うな」は、「定例次官会議は□に『極東』と言う言葉を使はないことを申し合せたが今回『土民』と言ふ言葉を使用せない（ママ）ことを申し合せた。これは大東亜戦争の目的が大東亜から米英等アングロサクソン民族の支配を絶滅しアジア民族を開放するにあるのでフィリピン、マレー等の住民に対し土民と言ふのは聖戦の目的にそはないので今後『土民』と言はず『住民』と言ひ必要な場合はマレー人、フィリピン人といふことにしたいとの趣旨からである」と報じる。

こうした論文、記事が先島の人たちにどれほどのインパクトを与えたかはわからない。会報は台湾で出版されていたから彼らが直接に触れる機会はほとんどなかったはずだ。記事も対象が東南アジアの人たちであり、全く関係のない話として受け止められたとみる方が適切なのかもしれない。しかし、疎開女性の言葉から台湾協会報の論文、海南時報の記事へと手繰《たぐ》っていくと、本土の日本人の意識の底に潜むものを思わざるを得ない。

一方で、沖縄県内政部調査課長として疎開業務に携わった浦崎純は『消えた沖縄県』（沖縄遺族連合会青年部・沖縄時事出版社、一九六五年）で熊本県に疎開した児童らのエピソードを紹介する。

熊本県日奈久町の温泉宿に、大勢の集団学童が収容されていた。（中略）私が町の国民学校を訪問したとき、そこの校長は、「沖縄の学童は、立派という一語に尽きる――」と言って私を喜ばせた。（中略）山鹿国民学校でも、愉快な話をきいた。（中略）授業中に、ひとりの学童が、先生標準語で話して下さいと申しでると、他の沖縄学童も待ってましたとこれに呼応した。こうしたことが、各教室でくりかえされたので、校長は職員会議を開いて、今後授業中方言を使わないことを申し合わせたという。

沖縄の子どもたちの優秀さを伝える話だが、琉球処分で日本に編入された沖縄県の「皇民化教育」の徹底とその成果とも受け取れる。三七（昭和一二）年六月二七日の「沖縄日報」は沖縄本島中部の中頭郡で開かれた主席訓導会で各校からの聴取事項の一つとして標準語の励行状況が挙げられ、強制的ではなく精神的誘導によって励行させるよう努力することが求められた、と伝える。さらに「皇民化教育」が琉球の伝統文化にも及んだとして「最近某郡某校の学芸会で琉球舞踊並に琉球音楽をプログラムに編入したところもあるが、これは初等教育上悪影響を及ぼすものと考へられる故、中頭各校に於ても予め注意されたし」と書いている。

どの程度をもって「精神的誘導」としたのかは不明であり、「強制的にせず」との差がどの程度だったかは推し量る術《すべ》はない。

鎌田慧の『ドキュメント 海の国境線』（筑摩書房、一九九四年）は「渡難の島・与那国」で、「シマ歌」を集録して歩いた冨里康子に話を聞いている。

子どものころ、学校で『方言札』をクビからかけさせられた。『共通語』が強制されていた。うっかりして方言を使ってしまうと、札をかけられ、掃除の罰が与えられた。沖縄のひとたちの幼い日の屈辱である。

台湾に暮らして、美しい日本語を話し、敬語もきちんと使いこなす多くの台湾人に出会ったときの思い出が蘇ってくる。彼等の子ども時代もまた同じような教育を受けていたのだろうか。「日本語」への想いは、戦後も沖縄の人の心に澱のように沈んでいたのかもしれない。沖縄出身のバンド「ＢＥＧＩＮ」のメンバーは沖縄が本土復帰した七二（昭和四七）年は四歳だった。デビュー当時の東京で「沖縄って、日本じゃないの？」という経験をする（二〇一七年一一月四日付け朝日新聞ｂｅ）。

日雇いバイトで工事現場に行けば、外国人労働者の列に振り分けられる。琉球民謡を現代風ポップスにアレンジしたレコードは、東京ではＪポップではなく「ワールド・ミュージック」の棚にあった。

そして三人組の結論は「どのバンドよりも、きれいな日本語の発音で歌いたい。ウチナンチュー（沖縄の人）でも歌えることを証明したい」ということになった。

玉砕を恐れた窮余の策だったのか

台湾への疎開者は当初予定された二万人を超えていたのだろうか。

浦崎純は『消えた沖縄県』に、「那覇空襲を大きな転機として疎開は強いもりあがりをみせ、翌二十年三月上旬まで続行された。昭和十九年七月以来約六万人を九州以北の本土に引き揚げさせたが、台湾へは沖縄本島から那覇市を中心に約二千人、宮古、八重山から二万人を上回って、合計八万人以上を県外に、引き揚げさせたのであった」と書く。

浦崎の二万二〇〇〇人超という数字と「台湾統治概要」が四五年五月までの疎開者として把握した一万二四四七人との差は約一万人になる。敗戦直後の九月末段階でまとめられた「沖縄県疎開者調」も一万二九三九人としており、台湾統治概要とほぼ同じとみることはできる。日本軍台湾軍区参謀長名で東京に打電された同年一一月四日付け電報は、概算として沖縄本島三〇〇〇人、宮古島五〇〇〇人、石垣島二五〇〇人という数字を挙げている。

なぜこれだけの差が生じたのかは不明だ。送り出しの沖縄県側と受け入れた総督府側の差ということも可能だが、疎開実務を担当した浦崎の言葉はそれなりの裏付けがあっての数字であろう。受け入れ側にしても、実際のカウントと大きく異なるような資料は作成しないのではないか。台湾サイドの数字には「死者」はカウントされていないかもしれない。資料には死者についての但し書きは見つけられない。ただ、この「一万人」を「死者」として計算するには多過ぎる気がする。疑問は疑問としてなお残る。

沖縄の人たちにとって疎開とは何だったのか。

浦崎は『消えた沖縄県』に次の言葉を残す。

引き揚げは弱い者を安全地帯に移して、生命の安全を保障する人道上の措置といわれたが、現実問題としては、戦場の足手まといになるというので自立能力のない女、子供、老人を生活の保障のないままに島外へ退去させることであった。しかし戦争であったのだから、人々はみな賭を迫られた。私たちの立場としては全島玉砕よりは、その一部が海の藻屑となっても、なお多くの人たちが生きのびられる可能性のある、引き揚げに賭けた。

悲壮な覚悟である。

その安全地帯として、米軍との戦闘が予想された沖縄から九州に避難させることは一応理にかなっているとしても、沖縄同様に攻撃目標とみられていた台湾はどのような根拠に基づくものだったのだろうか。

台湾が沖縄に比べて食糧はじめ諸々の物資が圧倒的に豊かだったこと、あるいは狭い島嶼部から広い台湾への移動がより安全であり妥当だという判断があったのかもしれないが、戦乱の地になることが十分予想された台湾に窮余の策として老人らを「送り込む」という発想にどれほどの正当性があったのだろうか。

3. 沖縄の精鋭部隊は台湾に転進した

大本営は台湾決戦を想定していた

日本軍は四四（昭和一九）年七月のサイパン島陥落後、米軍が沖縄から本土に進攻するのか、台湾を攻略して中国大陸に向かうのか、判断しかねていた。沖縄には台湾軍（安藤利吉司令官）の指揮下に入っていた第三二軍がすでに配置されていたが、金沢に本拠を置き、満州に展開していた第九師団も最精鋭部隊として急遽、沖縄の守りへと投じられる。

大本営はその後、台湾決戦の可能性に立った作戦を展開、九月には台湾軍を改め第一〇方面軍を新設する。米軍は台湾上陸を考えているとの想定に立ってのことだろう。

一一月、第九師団の台湾転進、姫路にある第八四師団の沖縄転進が決定する。転進に至った理由の一つとして同方面軍の兵力増強要請があったことを示唆する件《くだり》が『沖縄方面陸軍作戦』にある。眞田穰一郎少将の大本営陸軍部第一部（作戦）長時代の日誌を元に、第一〇方面軍参謀長諫山春樹中将が九月末、来台した眞田第一部長に「沖縄本島と台湾と同一兵力ということはどうか、第六二師団を抽出して台湾に配備したらどうか」などの意見を述べて台湾への兵力増強を要望した、という。

増強案は一度は結論を見ずに終わる。一一月に台北で開かれた作戦会議で、第三二軍から、沖縄本島、宮古島を確実に守るためには一兵団の抽出はできない、という強い意見が出されたためだ。しかし、大本営はフィリピン防衛に台湾の部隊を充て、その後を沖縄の第九師団を転用配備することを決める。

安藤利吉

沖縄から台湾に転進した第九師団の輸送は、先島諸島と台湾との海域がすでに米潜水艦が頻繁に姿を現すなど制海権を握られていたに等しい状況下で決行される。師団兵士の多くは、転進先は台湾ではなくフィリピンと思っていた。一二月末、部隊は那覇港から上陸用舟艇で港外の輸送船に乗り込む。貨物船を改造した輸送船の船内は狭く、兵士たちは畳一畳に二人ぐらいほど詰め込まれた。途中、時化のため三段になっていた寝床が倒れ、将兵六人が圧死するという事故も起きた。
諫山参謀長は『あゝ台湾軍―その想い出と記録』（台湾会、一九八三年）で、兵団の台湾転用を申し出たこともないし、その考えもなかったと述べ、第九師団転出について顧みる。

一ヶ師団抽出した後に一ヶ師団を補充と簡単に言われても、新来の兵団は前の陣地に満足せず、又作り変えたりするし、特に第九師団は山砲、第八四師団は野砲と言う相違もあり、第九師団をその儘として第八四師団を台湾へ直輸送方強く申し出たが、当時逼迫甚だしい船舶事情下、内地より大陸接岸航路で一ヶ月余を要し、大なる海没危険を冒す事は出来ない。内地―沖縄、沖縄―台湾ならより比較的危険度少とのことであった。これで我々は已むなく納得した。

諫山は第一〇方面軍の増強を大本営に打診したが、あくまで日本本土などからの部隊転進であって、同じ方面軍の沖縄部隊からの転進は望まなかったということか。
事態は第九師団だけの転進となり、第八四師団は見送られるという沖縄にとっては想定外の展開を見せる。諫山は「第八四師団は陸軍の各実施学校を閉鎖して編成したもので幹部の素質は特に優秀、一中隊の幹部で優に一大隊以上の部隊が編成出来、且恰も内地は本土決戦を前にし、多数の新設師団の動員で幹部不足に頭を痛めている折　これを海没の危険を冒して、輸送するよう

な事は出来ぬ　とのことで涙を呑んだ」と振り返っている。

この決定は図らずも大本営にとっての沖縄の立ち位置を示している。

大本営は四五（昭和二〇）年一月に入っても米軍の攻撃目標をフィリピンから台湾を経て中国大陸に、と予想していた。一月一九日に上奏された「帝国陸海軍作戦計画大綱（案）」は「彼我全般ノ状況上敵ハ目下ノ主作戦ニ大ナル変更ヲ加フルコトナク比島要域ヲ対日進攻ノ一大拠点ト致シマシテ速ニ東南支那周辺要域ニ向フノ算カ最モ大ト判断（中略）帝国本土ヲ中核トスル要域就中南西諸島、台湾及上海附近ハ実ニ今後ニ於ケル敵ノ主反攻方面ト予想セラレ」と述べる。

又吉盛清は『台湾支配と日本人』で「第十方面軍が、米英軍の『敵情判断』から、『台湾又ハ南支沿岸等ニ進攻スル事ナク一挙ニ沖縄ニ進出スル事アルベシ』と、情報をキャッチしたのは、一九四五年（昭和二十）一月に入ってからのことである」としている。「帝国陸海軍作戦計画大綱（案）」と照合すると、「沖縄攻撃」の情報入手は一月下旬に限定されるのだが『沖縄方面陸軍作戦』と、同じく防衛庁防衛研修所戦史室が編集した『沖縄方面海軍作戦』のいずれにも、いつの時点で情報を得たのかの記述はない。

大本営陸軍部が「台湾」に固執していたことは、四四年一一月の台北での作戦会議でも明らかだ。『沖縄方面陸軍作戦』によると、作戦主任の市川参謀は台湾防衛の必要性と兵力不足を強調、焦慮していたとある。第一〇方面軍の広報活動などには四五年に入ってもなお、「台湾上陸」を想定していたと思われる節がある。その根拠は何だったのか。

海軍の見方は少しばかり異なる。

『沖縄方面海軍作戦』は「帝国陸海軍作戦計画大綱（案）」の説明の中で「米軍の進攻作戦に対する判断は、既述のように十九年末の大本営陸軍部の戦争指導関係部員の観察では支那大陸進攻の公算が多いものとしていた。しかし二十年初頭の大本営としての判断は、『米軍は二十年二月ころ小笠原諸島、特に硫黄島に続いて、四月ころ東シナ海の要域、すなわち南西諸島、台湾、または中支方面の何れかに進攻を始めるであろう』というもの」としながらも、続けて「海軍においては、地理的、戦略的諸条件から、前途のうちで南西諸島、ことに沖縄に来攻する公算が最も多いと判断していた」と書く。

四四年一二月五日に軍令部第一部長に就いた富岡定俊少将は着任早々、フィリピン、台湾、沖縄を視察する。戦後の回想で「米軍の次期進攻目標は沖縄で、その時期は三月中たることが最も多いと判断した。硫黄島もまた米軍の攻撃目標たるべしと考えたが、本土進攻のための本格的基地としての価値は少ないと判断した。台湾、南支、中支の算は前二者に比し少ないと考察された」（『沖縄方面海軍作戦・占領軍戦後の質問に対する陳述綴』）と述べている。

米軍は大本営が台湾決戦を想定して第一〇方面軍を新設したとほぼ同時期に上陸地を沖縄とする作戦変更へと舵を切っている。歴史の皮肉というべきか。

米軍の沖縄上陸作戦はどのような経緯をたどったのか。「台湾研究家」としての立場から国務省スタッフの一員となったジョージ・H・カーは『裏切られた台湾』（蕭成美訳、同時代社、二〇〇六年）に、攻撃目標は当初は台湾にあったと述べる。カーは第二次大戦直前の四〇年まで三年間、台北一中の教師を務めた後、台湾専門家として国防省の市民顧問（軍属）に雇用される。四三年には海軍少尉に任官、台湾調査班の責任者として、米軍の対日軍事作戦に深く係った。

ダグラス・マッカーサー将軍は島伝いに北進してフィリピンに帰るという意見を固執していた。チェスター・ニミッツ提督には二重の任務があった。それはオーストラリアや西南太平洋に追い落とされてすっかり海軍に依存してしまっていたマッカーサー軍に補給を続ける一方、同時に北太平洋から日本軍を駆逐し日本本土へ直接進撃する道を開いていかなければならなかった。そこでニミッツは真直ぐに西進し台湾島とその対岸の中国沿岸を占領する案を立てた。

『提督＝ニミッツ』（E・B・ポッター、南郷洋一郎訳、フジ出版社、一九七九年）は、ニミッツの台湾攻撃説を裏付ける。彼は「台湾は日本へ運ばれていく東インド諸島の油、すず、ゴム、キニーネその他の重要物資の流れをせき止めるのに理想的な地点にあります。また、日本本土の爆撃、そして必要とあれば、侵攻（ママ）に欠かすことができない基地を中国軍の協力を得てつくりたいと米国が希望している中国本土から指呼の間にあります。中国に基地を建設できなくなった場合でも、台湾自体を使うことができます。台湾はルソンより日本に近いところにあります」と主張した。

マッカーサーは日本軍の攻撃によって撤退を余儀なくされたフィリピンをまず取り戻すことを念頭に「アメリカ軍が台湾に上陸した場合、半世紀も日本の統治下にあった関係から、住民の支持を期待するわけにはいきません」と強調する。

『裏切られた台湾』は状況を以下のように伝える。

七月二十六日、ルーズベルトはホノルルでニミッツとマッカーサーの両者から「台湾かルソンか」の選択に関する議論を聞かされた。海軍側には大統領が台湾攻撃を強調したニミッツ提督の計画の方に傾いているように見えた。ところが会議の最後の段階に入った時、マッカーサーは大統領の耳に内緒で入れたいことがあると言い出した。二人の間で何が取り交わされたかは勿論記録にはない。もし秋の選挙のことが話に出たのならばルーズベルトはきっと選挙の頃の秋風の冷たさを思い起こさせられたのかもしれない。会議はルーズベルトがマッカーサーのフィリピン帰還説を採用したことによって結末を告げた。

米軍は沖縄上陸作戦に舵を切る

ルソン島を攻略した後はどうなったのだろうか。

『Report of Military Government Activities for Period From 1 April 1945 to 1 July 1946』と「Summation of United States Army Military Government Activities in the Ryukyu Island No.1 July-November 1946-No.12 July-August 1948』を外間正四郎・元琉球新報社編集局長が翻訳した『沖縄県史資料編20　軍政活動報告（和訳編）現代4』をみる。

外間は「解題　破壊から再生へ―戦後沖縄の原点を記録―」で述べる。

マッカーサーの考えとしては再びマニラを奪回し、台湾に上陸、そこから北進して日本本土に侵攻しようということにあった。一方海軍のほうはこれには反対で（中略）ニミッツ提督は、「台湾は短期間で地上戦を終わらせるには面積が広すぎて現在の米太平洋軍の兵力では間に合わない。よしんば勝利したヨーロッパ派遣軍の一部を回すにしろ、時間と経費がかかるし、長期持久戦を覚悟しなくてはいけない。それより直接沖縄に侵攻（ママ）したほうが短期決戦になる」との考え方であった。

ニミッツの主張は台湾攻撃から大きく変わった。九月に入って「コーズウェイ作戦」と呼ばれた台湾占領政策の再検討を部下に具申、台湾攻撃によって想定される犠牲の大きさとメリットの少なさを進言されたからだ。

ニミッツはなぜマッカーサーの「台湾攻撃」に同意しなかったのか。ニミッツのかねてからの主張に従えば共に「コーズウェイ作戦」を実行してもよかったのではないか。いわば部下の言葉を採用したわけだが、両者の人間性にも原因の一端があったとするのはうがった見方だろうか。『提督＝ニミッツ』に次のような件《くだり》がある。

ニミッツは、マッカーサーが知性にすぐれ、人を引きつける個性を持っているが、ポーズをとり、もったいぶった口をきくいやな傾向があることを知った。彼の尊大な態度は、ときとして、一部の人に感銘を与えたが、他の人をいらいらさせることがあった

一〇月三日、統合参謀本部は台湾上陸作戦の中止、沖縄攻撃を決定する。ニミッツ案が採用されたことになるが、陸海軍司令官の確執は米軍沖縄占領後の沖縄県民引揚げに大きな影響を与えることになる。

沖縄人は大本営を怨んだのか

日本の陸海軍に米軍の攻撃目標について見解の相違があったことは確かだろうが、疎開が決定された四四年七月の段階から両者に意見の対立が生じていたかはわからない。ただ、その時点では米軍の作戦変更はまだ決まっていなかった。なぜ上陸が想定された台湾への疎開を進めたのか。

『沖縄方面陸軍作戦』には疎開先を決定した理由として考えられる一文がある。「昭和十九年七月七日夜の緊急閣議において沖縄作戦生起の公算大なりと判断されたため」という件である。「出自」として「厚生事務官馬淵新治の調査資料」『消えた沖縄県』の二つが挙げられている。どちらかに基づいたかは不明だが、少なくとも『消えた沖縄県』にはそのような箇所はない。また「沖縄決戦生起の公算大」といっても、大本営などの戦局情報から、台湾を米軍の上陸想定地から外すことはあり得なかったはずだ。

沖縄本島、先島諸島の人たちの「台湾疎開」は、「敵」が上陸する可能性があることを承知の上での緊急避難だったと考えるのが妥当なのではないか。宮古島などの住民らに、狭い島に米軍が上陸したらサイパン島玉砕の二の舞になるという恐れがあったことも確かだろう。当時の宮古町長、石原雅太郎も「町長として県当局の指令にもとずき、疎開について熱心に説いた。同胞たちを死の惨禍から一人でも多く救いたかった」(『石原雅太郎伝』松下仁、石原雅太郎氏顕彰会、一九六三年)という思いだったろう。しかも、米軍が台湾を「回避」したことで結果的には「疎開」の意味があったということにもなる。ただ、大本営が台湾に沖縄住民を疎開させる蓋然性はそこにはない。

第一〇方面軍の諫山参謀長の歌が昭和万葉集に載っている。戦後、巣鴨拘置所から「アララギ」に投稿した一首という。

沖縄の島民が　大本営を怨むと言う
　記事はわれにも　かゝはりのあり

沖縄の人たちが大本営を怨む理由として諌山は、沖縄防衛にあたっていた当時最も精鋭軍団の一つといわれた第九師団の台湾転出を挙げる。同師団が防御していた那覇北方の北（読谷）、中（嘉手納）飛行場が開放され、その正面から米軍が上陸したからだ。

諌山は沖縄についての安藤利吉指令官の考え方を通して「沖縄軽視」説を否定、司令官を擁護する。安藤は四四年一二月、台湾総督を兼務、敗戦を迎える。

『あゝ台湾軍』に載った諌山の言葉である。

方面軍の沖縄作戦指導について、安藤大将が台湾に位置したので、沖縄作戦に関し切実な防衛感覚がなかったのでは？　或は第九師団抽出問題も大将が沖縄に位置されたら状況は変ったのでは？　との意見もあるようだが、これは絶対に然からずで、大将は台湾もさる事ながら、沖縄は我が国固有の領土であり、沖縄県、即内地であることを肝に銘じ、その防衛の大任を陛下から受けていることが、終始頭から離れなかった。

安藤がそれほど沖縄のことを思っていたのならば、何故、台湾からの日本人引揚げのときに、後述するような「日僑（日本人）」と「琉僑（沖縄人）」とに分けた中国の方針を抵抗もせずに容認したのか。断腸の思いで受け入れたのだろうか。新たな疑問である。

第三章　敗戦は台北の街を変えなかった

1. 戦時下の合言葉は「台湾一家」だった

台湾要塞化に突き進む

沖縄本島、先島諸島の住民らが米軍の攻撃を逃れながら疎開した当時の台湾はどのような状況だったのだろうか。

台湾もまた戦争末期の混乱期に入ろうとしていた。台北は灯火管制が敷かれ、空襲に備えた最大五人を限度とする「素掘退避壕」の増設が続き、日本映画社台北支局が「要塞台湾の即時建設を促進し六百五十万島民の防諜観念昂揚に資する」防諜映画出演者募集を始めるなど、次第に戦時体制の色合いを濃くしていった。市場はまだ配給物資以外の野菜、魚、肉、果物で溢れていたが、台湾人の食卓には欠かせない虱目魚（サバビー）は稚魚取引の最高価格が指定されるなど統制色が強まっていった。虱目魚は白身の魚で英名はミルクフィッシュと呼ばれる。市場の小吃店、夜店の屋台には必ず登場する台湾名物だ。

それでも米国を相手に戦っているという緊迫感からはほど遠かった。台湾総督府には本土からの農業移民九〇戸を募集するなどの余裕があった。農商局農務課の募集要項には「移住地ハ台中州北斗郡下官有既墾地、応募資格ハ企業整備ニヨル内地人転廃業者、内地人ニシテ現ニ農業ニ従事シ又ハ農ニ経験アル者」とあった。

新聞各紙には「台湾一家」「台湾要塞化」「戦う台湾」といった見出しが増えてくる。戦意高揚と日本人と台湾人の一体感を作り上げるために大政翼賛会と同様の機能を持つ皇民奉公会が設立されてから四年目に入り、各地の神社への参拝、職場などでの奉公活動に積極的に参加した人の奉公賞授与などが話題になっていた。傘下の奉仕団では荒地を開墾して米、サツマイモの増産に励み、各家にヘチマの栽培を奨励、食糧の足しにするといった細かな運動なども続けられた。「お互いに国語で」と書かれた紙などを街頭に配って台湾人の国語（日本語）愛用を呼びかける活動も「内（地）台（湾）一如」を徹底させるためだ。

四四（昭和一九）年四月一一日付けの「台湾新報（南部版）」は、「皇奉お誕生三年目　台湾一家の総親和」という記事を載せる。

皇民奉公運動が逞しく発足してから十九日で満三周年を迎へる、運動展開以来長谷川（清＝筆者注）総督を家長として、台湾一家六百五十万島民が軍官民を問はず内台真に一如となりこの三年間を結束も固く大政翼賛、臣道実践の線に沿ひながら戦争完遂の為に邁進して来たのである（中略）戦局は愈々激しさを加へる秋、皇奉運動の使命正に重大となり、益々調子を高めて戦力の大増強を総ての中心目標として総力をこれに結集し活発に推進せねばならぬのである、皇民奉公会の性格については、台湾版大政翼賛会とは一概に言えないという意見もあった。日本人と台湾人とが「同居」する台湾にあって、両者の融合を第一とする会であり、「台湾一家」という言葉もそのような意図に基づいて生まれた標語だという。奉公会には事実、台湾人が要職に連ねてもいた。台湾独自の宗教、祭祀などの規制も緩められ、台湾人にとっては以前より暮らしやすい社会になったという指摘もある。

中国大陸での戦闘は台湾に日を置かずして伝わってきた。戦火の広がりと日本軍の形勢利あらずという状況に、社会の不安は広がっていき、総督府も神経をとがらせる。五月には台北地方法院が一四歳の台湾人少女の暴行殺人犯に対して、戦時刑法特別法の適用による死刑判決を下す。検察側はこの種事件に巷間様々な「デマ」が飛んでいるが事実であれば必ず検挙、厳罰に処して社会不安除去に極力努めるが、婦女の単独夜間外出はできるだけ差し控えるよう各自留意すべき、といった趣旨の談話を発表する。

六月六日、台北は初めての空襲に見舞われる。未明、米軍のＢ２４、Ｂ２９の大編隊がマニラから台湾に向けて飛び立ったという情報が入り、早朝には台湾東部の花蓮港が爆撃された。台北には警戒警報、空襲警報が流されたが、米軍機を迎撃する機体はなかった。敵機来襲による多数の死傷者に台湾島民の不安はさらに拡大していった。同月には、台湾憲兵隊司令官、総督府刑務局長、逓信部長が連名で、本島要塞化に伴う沿岸施設、飛行場などの情報を通信によって漏らす者が少なからずいるとして「台湾を護る気持ちで軍の機密を守ろう」という趣旨の警告を島民に発している。さらに都市部から地方への疎開が現実の対策として検討され始めた。

七月八日の「台湾新報」は、九月一日からの徴兵制度実施を前に、「苛烈なる戦局の下に島民にどしどし栄ある帝国軍人になり得る本制度の実施は正に本島統治史上の画期的な出来事」であるとして、新聞、雑誌などで紹介するほか放送局は「台湾徴兵の夕」を全国に流し、一日から一週間にわたり全国主要都市で「戦う台湾」と題した展示会を開き、台湾事情を紹介していくと報じる。

一九日付け紙面は「サイパン島全員戦死」を伝える。七日の陥落から二週間近くも遅れての報道だった。

二日後の二一日、軍属募集の広告が載る。

台湾軍デハ南方派遣ノ調理技術者ヲ左ニ依リ募集ス

一、募集人員　内台人ヲ不問　約二三〇名

一、資格　自明治四十三年一月一日至大正十二年十二月一日出生ノ男子概ネ国民学校初等科卒以上特ニ経験者歓迎

一、島内教育期間　約二ケ月（手当月五〇円食住官給）

一、待遇　現地派遣後ハ衣食住官給

収入月一三〇円——二〇〇円外ニ家族手当

賞与
一、服務期間　約二ケ年

士気高揚に「米軍上陸」は外せなかった

大戦の形勢は日毎に厳しくなっていく。

台湾の人たちが好んで食べていたビーフン（米粉）はレストランから姿を消し、日用食料品として各家庭に配給されるようになった。純白米で作られていた当時は色も白く味も良かったが、屑米による生産に代わったため、黄色く酸味を帯びるものになり、歯切れの良い味には程遠くなった。それでも決戦下の非常食として欠かせない物だった。

山地に多く自生している相思樹をその強靭性から船舶資材用に使おうという動きも見られ、台北近郊では現在は東回り特急の始発駅である「樹林」付近の標高二〇〇メートル前後の木々が特に運び出しの手間がかからないことなどから奨励された。この相思樹はマメ科の常緑樹で、台湾の山地に多く、炭の原料として使われていた。木造船を数多く建造してどうしたかったのだろうか。台湾近海は米軍の潜水艦攻撃によって安全航行が難しくなってきていただけに、増産の効果があったかは疑問だが、軍事目的以外の利用も考えられていたのだろうか。

台湾生まれの画家、立石鐵臣は七月に応召した時の様子を『台湾画冊下巻第一四図 戦時篇勇敢なる兵士』(立石鐵臣展、府中市美術館、二〇一六年)に描く。

・応召後数日ニシテ、暗夜キールン港ヨリ出港。全員三十五才ヲ超ス老兵バカリ。時ニワレ三十九。往年ノ徴兵検査ハ丙種。コノトキハ体重十二貫ニ足ラズシテ甲種合格。行先キ知ラサレズ。ワレライズコニ行クヤトササヤキ合ウ。

・同ジ台湾ノ花蓮港ニ着ク。陸ノ孤島ナリ。荒寥タル風景タトエンニモノナシ。ココニ敵軍上陸ノ想定デ、クズノ兵隊ヲカリ集メタ様子。

・アラユル時ニ、グラマン艦上機ノ機銃掃射ヲ受ケルヨウニナル。戦果マスマスアガル、ト報告アル毎ニ、ソレハマスマスヒドクナル。

立石は一九〇五(明治三八)年に台湾で生まれ、戦後の四八(昭和二三)年に日本に引揚げている。市場の食堂、小間物売りから線香屋、綿の打ち直し屋など戦前の市井の様子を絵日記風に描いて「台湾画冊上下」にまとめている。一方で昆虫の細密画でも知られる。

台北などに住む人たちの疎開が始まったのも立石が応召したころだ。

都市部から農村への疎開は緊急の課題として取り上げられ、地方の自治体も疎開者を受け入れる家屋の調査を急ぎ、農村部の家を改良したほか、都市部の市営住宅を「間引き」して地方で再度建てるといった苦肉の策まで飛び出した。台南州でつくられたバラックの「疎開者の家」は、一戸の収容人員は概ね五人、家賃は月七円だった。

　疎開者には、「都市疎開ノ為左記ノ通地方転出スル者ナルコトヲ証明ス」といった「疎開地方転出証明書」が発行された。転居荷物の搬送については一世帯に牛車一台は配車され、疎開先で蔬菜園をつくるための鍬《くわ》などは各自が携行することになった。しかし、台湾に親類縁者のない人たちが地方で家を探すのは難しく、特に本土から来た人たちの多くは田舎との付き合いはほとんどなかった。

　行政当局が疎開を督促してもスムーズにいかない事情にはほかに都市と農村における配給品の不平等があった。そのことを理由に疎開を渋る家庭も少なくなく、生活必需品を都市部より地方に優先的に割り振る案も生まれた。それでも市内に無断で戻る人たちは後を絶たなかった。

　疎開は本土と同じように児童にも広がり、「学童疎開促進要綱」がつくられ、都市疎開者と同様に「学童縁故疎開証明」が発行された。要綱によれば、疎開を親類らがいる子どもと縁故者がいないため学校がまとめて疎開させる二種類に分け、宿舎は校舎、旅館、集会所、寺院、教会、別荘などを借り上げるとしている。こうした学童疎開の目的として、都市部の防空活動における父母の負担を少なくすることが挙げられていた。

　フィリピンで攻勢に転じた米軍の空襲は本格化していく。延べ一〇〇〇機を超す大軍が台湾各地を襲った一一月一四日の大空襲以後、台湾の空には連日のように米軍機の姿があった。空襲は日本人居住地に集中、台湾人地区の被害はほとんどなかった。米軍は各都市の詳細なデータを入手していたのだろうか。主要官庁への爆撃も続き、行政機能はマヒしていく。職員の出勤を奨励するために貴重品の砂糖はじめ羊羹などの嗜好品を配給する役所も出てきた。

野山はしかし、戦場の影一つないほど豊かな自然が広がっていた。四五（昭和二〇）年一月に台湾西部の新竹州の部隊に配属された沖縄人兵士の目に映った風景は限りなく穏やかだった。台湾から引揚げた将兵、民間人らの手記をまとめた『琉球官兵顛末記』（台湾引揚記刊行期成会、一九八六年）から拾う。

風の新竹といわれるが、目、鼻、耳、ポケット、銃剣の鞘など、あいているところはすべて砂がはいる。畑の青々とした野菜を見ると何となく心がなごみ元気が出る。豊富な水にはびっくりする。ダムの水は畔にそって流れ、夏は田、冬は畑になる。土は黒くさらっとして肥えている。

砂地で歩きにくい。山にはヒマラヤ杉の大木がはえ、アダンの林があって黄色の実をつけている。ふと、沖縄を思い出す。

二月一日「台湾一家」の家長である皇民奉公会総裁に就任した安藤総督は初の訓示で「アメリカは必ずや常套手段をもつて本島においても本島人といふ区分があるといふことを利用して謀略を働きかけるかも知れぬ、本島人はすでに立派な皇国人であり、その謀略に乗ぜぬと信ずる」と述べる。米軍が日本人と台湾人との分断工作を画策する可能性あり、という趣旨だろうが、「米軍の作戦変更によって台湾上陸はない」とする情報はすでに承知していたのではないか。

米軍がフィリピン・ルソン島の戦いで日本軍に勝利した二月末から三月になると、都市部への空襲も高雄から台南、嘉義、台中と北上していく。線路と駅舎への絨毯《じゅうたん》爆撃は激しく、線路には一〇メートル四方の穴があき、不発弾は周辺に落とされたまま残った。宣伝ビラもばらまかれた。

三月六日付けの「台湾新報」は高雄、台南両市の被害について、高雄市で死者一一九人、負傷者一六九人、損壊及び焼失家屋一〇一二戸、台南市で死者九〇人、負傷者一四六人、損壊及び焼失家屋一五二〇戸と報じた。

四月二日の新聞は、四月一日午後三時大本営発表として米軍が沖縄本島に上陸を開始したことを伝える。台湾から沖縄に向けて特攻隊も出撃した。一回の出撃は五、六機だったが、沖縄本島に着く前に飛行不能となるケースが多く、辛うじて本島にたどりついても直ちに撃墜された。

台湾総督府の森田民夫情報課長は四日付けの紙面「疎開と明朗敢闘座談会」で「敵の本島上陸の問題ですが、比島、硫黄島で大出血を経験した敵は、まだ天下の要塞台湾に手をかけるかどうか、これは勿論敵の勝手ですが、よしんばこの暴挙を敢てしても殲滅《せんめつ》する用意が完成されたやうに聞いてゐる、（中略）疎開の問題ですがこれを考へる場合に前にお話しした通り敵の上陸といふことは考へる必要はない、広く田舎に散ればよい、田舎にをつて壕を作つておけばよろしい、（中略）疎開は逃げることではない、軍隊の徴兵と同じで戦闘体形に散つて戦力増強の仕事をしてゆくことが眼目です」と述べる。

住民の士気高揚のためには「台湾上陸」は外せないカードだったのか。

領有五〇年を前にドイツが降伏する

戦争は最終局面を迎えようとしていた。住民の困窮度が激しくなっていく中で、米軍の圧倒的物量に対抗するためと称して「貯蓄戦」といった造語が生まれる。市内に出回る通貨を回収する意図もあった。四五（昭和二〇）年の「新建設」新年号は「巷の経済学」で流通する通貨が大戦勃発直前の四一年一一月末の二億二一〇〇万円から二年後には四億一六〇〇万円になり、四四年一一月は六億円を超えたとして、膨張通貨の縮小には国民貯蓄の推進しかないと結論づける。

物資は日毎に滞り通貨だけが出回るというインフレ状況が進み、「貯蓄戦」の対象は阿里山などに暮らす先住民にも及ぶ。五月八日付けの「台湾新報」は、阿里山を抱える嘉義郡の一人当たり貯蓄額が前年比一七パーセント増の一二五円を達成、全郡の貯蓄額アップのために「山地阿里山部落」にも貯蓄組合を結成させることになったと伝える。

『日本人の海外活動に関する歴史的調査 台湾篇第一分冊』（大蔵省在外財産調査会、一九四九年）は分析する。

戦争経済に必然的に付随する悪性インフレーションは、昭和十九年夏頃から次第に表面化して来たが、このインフレは、農村を潤ほすことが極めて大であつた。台湾においても、インフレは過大な軍資金の撒布によつて発生したがこの軍資金の可成りの部分は、台湾要塞化の諸工事に雇傭せられる苦力の賃銀として、彼らの出身地たる農村に流入した。

次第に上昇した物価高と一般民需品の欠乏化の結果として、民間においてもその利得の大部分は食糧獲得の為に主として支出されることゝなり、紙幣の大部分は、結局、食糧の生産者たる農民の手に帰することゝなり、農村にたぶつく資金を『国民貯金』(それは、都市の俸給生活者にとつては、実質的には強制貯金であつたが)などの方法によつて吸収することは、殆ど不可能であった。

二日後の一〇日、ストックホルムからの同盟電は七日正午を期してのドイツ軍戦闘部隊全ての無条件降伏を伝える。

単発的な夜間空襲は連日続いた。台北では六月八日未明の空襲で龍山寺が焼夷弾の直撃を受けて焼失する。米軍機による爆撃は都市部から農村部へと拡大していく。戦火が全島に及ぶ中、安藤総督は一七日の台湾領有五〇周年記念日にラジオ放送を通じて台湾防衛に全力を挙げるよう求める。

皇国の興亡を賭する苛烈なる決戦の今日、本島始政五十周年の記念日を迎へた事は洵《まこと》に意義深く感激に堪へない。

本島居民即ち在住の内地人本島人高砂族その何れたるを問はず等しく同胞としてこれが安寧幸福を進めていくと云ふ大方針が先づ第一に五十年前の今月今日確立され連綿として本島統治の基調をなして参つたのである。（後略）

さらに皇民奉公会を解消して国民総力を結集する防衛組織としての国民義勇隊の結成を宣言し「島民生活の絶対確保を期し六百七十万島民一人洩れるものなく戦列に鞏固な隊伍を組み総員総力を挙げて戦力化するとした。戦争の現段階ほど台湾の戦略的地位が重大になつた事は嘗て無い」と続けた。

国民義勇隊は新聞を通じて、灯火管制の徹底、疎開者の都市部への帰省防止、宣伝ビラの憲兵、警察への届け出などを奨励するが、市民生活はすでに総督府の意図する島民一致団結には程遠くなっていた。

八月に入ると、米軍は占領した沖縄本島から戦闘機を発進させて台湾を襲った。先島諸島、台湾にかけての制空権は完全に米軍の手に渡った。

台湾総督府の衛生状態改善への努力にも拘わらず、マラリアの被害はなお全島に及んでいた。

各自治体が毎年度予算にマラリア蚊の駆除、水溜り除去費用などを計上しても、一掃することは難しかった。

　敗戦まで一か月もない七月二三日、新聞の投稿欄には「マラリヤです、薬はございません（と病院から言われ＝筆者注）泣くにも泣けなかった、妻も子もそして自分も家族七人のうち六人までマラリヤなのだ、自分が泣いたらどうしよう、院内は病人に溢れしかもその七割がマラリヤといふ」といった話が載り、基隆市が八月一〇日に行った調査では患者は全市民の三一パーセント、一万五八九〇人にのぼっていた。総督府が一五日開始とした新たな撲滅運動も、その日の玉音放送によって立ち消えとなった。

2. 玉音放送は日常生活に飲み込まれる

官報は発行を続けた

日本がポツダム宣言を受け入れた一九四五年八月一五日、台北はいつも通りの朝を迎える。

この日の官報第千五号は訓令として総督府交通局の職員配置定員の変更を伝え、告示第三百四十八号は、台南州北港群北港街の北港神社に鎮座する天照大神一座、能久親王《よしひさしんのう》一座などを県社に列するという短信を載せる。「台湾新報（本社版）」の一面広告には「毎日午後五時半ヨリ連続二回上映致シマス」という台北市内四映画館の案内があった。映画はそれぞれ「海峡の風雲児」「姿三四郎」「弥次喜多道中記」「リユツツオ爆撃隊」だった。

この植民地にも敗戦は訪れる。

正午、天皇の玉音放送が流れる。台湾の時間は一九三七（昭和一二）年に本土と同じ標準時になっており、東京と同時刻の放送だった。台北放送局が事前に天皇の玉音放送が流れることを伝えていたため、人々は官公庁、事務所、工場などに集まり、放送を聞いた。各部隊では兵士らが直立して聞き入った。市内に目立った動きはなく、わずかに皇居二重橋の方向を拝して万歳を叫ぶ人たちがいた程度だった。人々はまだ敗戦を実感として受け止めるだけの心の準備を持ち合わせていなかった。台湾人の中には米軍の短波放送、大陸からの情報などで日本の敗戦が近いことを感じ取っていた人もいた。

総督府官報は一五日、号外を発行して、安藤利吉総督の諭告を伝える。

臺灣總督府官報
昭和二十年八月十六日　木曜日
第千六號
告示

敗戦翌日の「官報第千六号」、トップは価格等統制令に基づく火薬類最高販売価格指定だった

「諭告第三号」は以下の通りだ。

宣戦ノ大詔渙発セラレテヨリ茲ニ四年世界ノ大勢ト戦局ノ推移ヲ察シ給ヒ遂ニ其ノ局ヲ結フノ聖断ヲ下シ給フ世界ノ平和ト臣民ノ康寧ヲ翼ハセラルル　聖慮ニ外ナラサルナリ此ノ時ニ當リ畏クモ　至尊御自フ親シク一億臣民ノ率由スヘキ方途ヲ諄示シ給フ我等臣子恐懼言フヘキ所ヲ知ラサルナリ

大東亜戦争開始以来一億臣民総力ヲ挙ケ或ハ戦線ニ勇戦力闘シ或ハ銃後ニ匪躬ノ誠ヲ致シ島民ノ盡忠至誠亦枚挙ニ遑アラス而モ事茲ニ至リ痛ク宸襟ヲ悩マシ奉リタルハ寔ニ恐懼ニ堪ヘサル所ナリ

今ヤ国民斉シク嚮フヘキ所ハ国体ノ護持ニアリ皇国民タルモノ茲に覚悟ヲ新ニシ愈道義ヲ篤クシ志操ヲ鞏クシ如何ナル艱難前途ニ横タハルトモ隠忍之ニ耐ヘ　大詔ヲ奉行シテ国運ノ開拓ニ粉骨セサルヘカラス而シテ長期ニ亘ル戦争ノ影響ハ島民生活ノ上ニ及ヒ災禍ヲ蒙リ家業ヲ失フ者亦尠カラス本総督ハ今後特ニ戦災ノ復興援護ノ徹底ヲ図ルノ外食糧ノ増産経済秩序ノ確保ニ努メ以テ治安ノ維持島民生活ノ安定ニ遺憾ナキヲ期セントス

島民宜シク本趣旨ノ存スル所ニ鑑ミ軍官ノ施措ニ信頼シ苟モ一人ノ軽挙妄動スル者ナク冷静着実安ンシテ其ノ生業ニ励マンコトヲ切望シテ已マサルナリ

昭和二十年八月十五日

台湾総督　安藤　利吉

翌一六日の「台湾新報」は一面トップに「万世の為、太平を開く　畏くも詔書を御放送」という見出しでポツダム宣言受諾を報じたが、官報はダイナマイト、導火線などの火薬類、島内産パイン缶詰などの最高販売価格などを載せ、日常生活に何ら変わりのないことを伝えていた。総督は午後七時二〇分から台北放送局を通じて特別放送で六七〇万島民の軽挙妄動を戒しめ、全島官吏に対しては島民の先達となって治安の維持にあたるよう強調している。こうした「敗戦」が台湾各地に展開していた第一〇方面軍すべてに徹底していたかは不明だ。一部には「あくまで戦う」として兵士の訓練などが続けられた部隊もあった。

安藤利吉総督は敗戦直後に「本島人」の来訪を受け、「本島の今後」について所信を述べる。二四日付けの「台湾新報」はその大要を掲載する。

大要はまず「時局の急変」について「吾等としては、敵の戦力を地上に迎へて本島を修羅の巷と化せしめるに到らなかつた事を今はせめてもの慰めとして新しき境遇へ雄々しく発足されん事をひたすら希望する、これがためには第一に本島同胞すべてを打つて一丸とせる鞏固なる団結が最も緊要だ」と述べ、台湾人の戦争被害については「この際たとへ主権を異にするとするも今日までは生死を共にした兄弟の間柄であるから、本島人の被られた戦禍の恢復については許さるゝ限り力を致したいと思ふ（中略）出征本島人士の帰台には及ぶ限りの努力を払ひ、遺家族、傷病兵及び爆撃に起因する受難者の救済にもまた力の限り善処したい」と述べる。

台湾在住日本人の処遇については「諸君（来訪した本島人＝筆者注）と共に本島に留まらんとする内地人の意志はおそらく民意を尊重する民主主義国家から容認さるるであらう」と楽観的にみていた。

先住民について総督は「本島人と申した内には勿論高砂族を含むのであるが、特にこの際高砂族について一言申添へて置き度い、本種族に対しては本島の帰属変更は洵《まこと》に気の毒に堪へぬものがある、何卒本島内の小数民族（ママ）として人道上より多数民族の同情ある擁護を切望するものである」としている。

大要にはすでに「本島人」「内地人」という使い分けがみられ、「諭告」あるいは特別放送にあった「全島民」という言い方から微妙な変化を見せる。すでに「植民地台湾」を失った事実への総督としての言葉の選び方だったのか。この時には「琉球人」という表現はない。「内地人」の中に沖縄の人が入っていたのかどうかはわからない。

日本人の台湾に永住したいという気持ちは、米軍上陸という直接的な攻撃を受けなかっただけに多くの人の願いだったであろう。総督は本島人有力者との懇談から数日後に本土出身者とも話し合いを持っているが、その折「永年住み慣れた環境を離れ難くしてこの地に新しい運命に生きんとする熱望を有する者も尠《すくな》からずあることと思はれるが、かゝる純なる志望は帝国政府においても必ずや之が達成に努力せらるゝであらうし、またわれ〳〵としても十分なる努力を致さねばならぬと思ふ」と述べ、中国側の善処を期待している。

総督府の意向が反映されたのか、九月五日付「台湾新報」の「百姓募集」という広告には「新事態ニ処シ日華親善ノ大理念ノ許ニ今般除隊兵ニシテ台湾ニ永住ヲ希望スル者ニ農地ヲ提供ス」とあった。しかし、国民政府は安藤総督らの「希望」に反して、日本人の台湾退去をほどなく打ち出す。

防空体制が解かれる

台湾社会はまだ完全に「日本社会」だった。台北帝大学生課は除隊、召集解除となった各学部学生に対して速やかに出頭して指示を受けることと告示し、台湾銀行発行部は石版工、平版印刷工の緊急募集を行っていた。基隆市では市長名で大東亜戦争戦災受難者の合同慰霊祭法要も執り行われている。

八月一九日付けの官報は、台湾銀行が同日より新たな形式の百円券と千円券を発行して、従来の銀行券と併用すると伝える。混乱を想定した大量の預金引き出しへの対応だった。相前後して各銀行窓口には台湾銀行券の日本銀行券への交換を求める人たちが殺到した。

戦争が終結したことを示す官報は敗戦から一〇日後に表れる。

官報第千十号は告示第三百六十二号に次のように記す。

昭和二十年八月二十五日午前零時ヲ期シ台湾全地区、澎湖島地区及台湾東西両海面ニ於ケル防空実施ノ終止ヲ命シタリ

昭和二十年八月二十五日

台湾総督　安藤利吉

中国軍も台湾進駐に向けて動き始める。

三〇日、重慶の国民政府は台湾省行政長官兼台湾警備総司令に陳儀を任命する。

二日後の九月一日深夜、米軍と中国軍（国民政府軍、国民党軍）一八人で構成された連合国軍捕虜視察団が初めて基隆に入港する。以後、米軍関係者は台湾の全般的な情報収集、入院中の捕虜引き取り、死亡した捕虜の埋葬地検分などのために度々来島、小型ジープに乗った米兵らが市内を走り回った。国民政府軍も台湾本島、澎湖列島の飛行場検分、通信状態の把握などを目的として台北飛行場に到着、航空部隊は台北、台中、嘉義、屏東の四地区に進駐した。随行したコックが食糧調達中に中国語のわからない台湾人とトラブルになったり、米兵がレストランで飲食後の代金支払いで英語が通じないため腕時計を代わりに置いていったり、あるいは日本人将校が米兵に軍刀を強奪されるなどの事件が相次いだ。

連合国軍捕虜視察団が基隆に着いた一日の官報は、薬用人参の最高販売価格の改正、不明荷物の公告などを報じる。

不明荷物の公告は、交通局鉄道部によって以下のように記されている。

荷主不明荷物
左記荷物ハ荷主不明ニ付心当ノ向キハ至急最寄駅ニ申出ラルベシ
若シ本公告後六箇月以内ニ受取申出無キトキハ鉄道営業法第十三条ノ二ニ依リ当部ニ於イテ其ノ所有権ヲ取得ス

不明荷物には、籠入りミカン、籠入りサトイモ、布包生魚、袋入り落花生、袋入り鰹節といった食料品から、籠入り木炭、ベルト、皮製トランク、竹行李、布団、衣類、自転車部品など様々なものが列記されている。

同日付けの官報号外には台湾医師試験の実施要項が載る。台湾医師試験委員長、成田一郎名で出された要項には、試験の種類、出願期限、出願手続き、試験手数料、試験科目が順次記され、試験期間は一〇月一日から三日までの三日間としている。身分証明書には旧日本名がいつ台湾名に改姓されたかを示すことも求められ、所属「市街庄長」の証明捺印が必要だった。また三年以上医事に従事していたことを証明する医師の証明書も必要だった。日本人医師が引き揚げた後の医師不足に対応した措置とみるべきだろう。

官報は敗戦前の土地所有権訴訟判決、空襲時に猛火を顧みず学校校舎から重要書類を避難させた教師らへの褒賞などのほか、無線通信士資格検定の合格者も掲載した。

無線通信士資格検定合格者五四人の名前は「証書年月日　昭和二十年九月三十日」として一〇月八日付けの官報に発表される。こうした資格は、医師免許と同様に、その後効力を有したのかどうか。台湾総督府が日本の敗戦によってすでに「実体のない組織」と考えれば無効なのだが、実際はどうか。台湾内では効力がなくなるであろうことは合格者も承知していたのか。あるいは「体制変更後も台湾内では有効になるのでは」という期待もあったのだろうか。

総督府が恐れた混乱は起こらず、外務省の「連合軍の本土進駐並びに軍政関係一件、連合軍側と日本軍側との連絡関係、8（ママ）連合国との交渉に関する説明資料（案）」に収められている「外地軍一般状況／外征軍撤収要領（案）（一九四五・八・二八）」は、台湾方面について「軍官民トモ一般ニ平穏ニシテ当初一部ニ於テ動揺セシモ逐次平静ニ帰シ、目下特ニ憂慮スヘキ事象ナシ」と報告する。

敗戦時台湾総督府の主計課長だった塩見俊二もまた、平穏な社会をつぶさに観察する。塩見は台湾要塞化のための予算折衝で上京、東京で敗戦を迎えた。九月九日、横浜から水上飛行艇で淡水に戻る。『秘録・終戦直後の台湾　私の終戦日記』（高知新聞社、一九七九年）は一〇日の日記を次のように書き留めている。

部局長会議及課長会議ニ東京報告ヲ行フ。夜は長官ノ招待ニテ北投ニ財務部長、秘書官ト共ニ宴アリ。北投ニテ宿泊ス。台湾ニハ未ダ支那軍ノ駐屯ナク極メテ平静ナリ。其ノ故ニカ一般的ニ安易感ニ過ギ、総督府等旧ノ如ク、敗戦、無条件降伏ノ姿全クナシ。次ニ来ル嵐ニ此ノ状況ニテ果シテ堪エウルヤ否ヤ。

塩見日記にあるように人々はまだ、降伏後の社会を十分見通せず、これまで通りの生活ができるのではないかと期待した。台湾人の態度が「戦勝国民」として劇的に変化したわけではないということもあったかもしれない。

この日の官報第千十六号は台湾総督府の組織変更を伝える。

総督府事務分掌規程の「防空課、防空施設課」は「警備課」に改正され、各州の事務分掌規程も「防空課」は「警備課」、「理蕃課」は「行政課」になった。「理蕃課」は先住民を対象とした組織だ。他にも「蕃地警備」は「山地警備」、「蕃地衛生」は「山地衛生」、「蕃地交易」は「山地交易」にそれぞれ改められた。

こうした先住民を管理していたセクションの名称変更は、植民地統治を如実に物語る「蕃地」という言葉を使った課があっては戦勝国の印象が悪い、といった思惑があったのだろうか。

二二日には敗戦後の対外折衝、事務処理などを目的とした事務局が発足、官報には「訓令第百四号終戦連絡事務局規定左ノ通定ム」とあった。

終戦連絡事務規定は第一条の「終戦ニ伴フ渉外事務其ノ他ノ緊要事務ノ円滑ナル運営ヲ期スル

為台湾総督府ニ終戦連絡事務局ヲ置ク」に始まり、第四条では通訳及び翻訳要員の配置、接遇、その他便宜供与に関する事項、第七条の終戦事務処理に関係する調査、資料作成に関する調整連絡に関する事項など第十四条までつくられた。

二八日には四三（昭和一八）年に定められた「大東亜戦争中台湾総督府部内各官庁執務時間」を廃止する府令も出された。

ジャズが街に流れる

街は開放感に溢れ、新聞広告は人々が久しく忘れていた娯楽の世界を演出する。

美女三十餘名の娘子群　華かなジャズの音に心の糧を
　楽劇　オール臺灣一座　見落す勿れ、本日より初公演　第一劇場
サアーこれからだ新しい気分になって□□から元気に
　ジャズと唄と踊りの会　ホウライ楽団結成

敗戦から一か月が過ぎた九月二二日の新聞には「街に拾ふ」と題した台北の下町のルポが載る。

夜となれば電灯に彩られ一しほ（ママ）その生彩を増すであらう、白日章に輝く大アーチを起点に蜿蜒と続く店、店、店の氾濫、万華駅前から龍山寺にかけて、この店の洪水は新らしい台湾の象徴でなくて何であらう、牛、豚、鳥、鶏、家鴨、鵞鳥それらの肉は店頭にうづ高く積まれ間断なく流れる市民に好奇□□□煽つている。果して人はあの厳しかつた戦争当時のこの界隈の色褪せた姿を想像し得るであらうか、（中略）龍山寺の一隅では既に白昼賭博が行はれてゐる、眼の鋭い痩せた男が終始眼を周囲に配りながら骰子を振つている、無雑作に二つに折つた莫大な拾円札が机上を往復する。まだ小学校の四、五年位の男の子□シャツのポケットから札束を覗かせながら交じつている。

台湾人の心は大陸から来る国民政府軍の歓迎準備へと向かい、「歓迎国民政府準備委員会」がつくられ、「慶祝台湾光復」のアーチが飾られた。「新政府の国旗」である青天白日満地紅旗が翻《ひるがえ》り、「台湾ノ輝シキ光復ヲ共ニ祝スル為特ニ大中華国旗ノ謹作並ニ染色加工ヲ引受ケマス」と請負う業者には注文が相次ぎ、一本の値段は三五円以上になった。孫文の「三民主義」の指導宣伝活動のために結成された「三民主義青年団」も来台、各地に支部を結成「民族・民生・民権」を基本理念とする革命精神が講演会、集会を通じて徹底されていった。活動は植民地時代の神社、記念碑、日本語看板などの撤去から対日協力者の摘発へと広がっていった。日本語新聞だった「台湾新報」は一〇月二日付け紙面から日本語と中国語の記事が併用され、一〇日後には一面が中国語による記事、二面が日本語とはっきりと分けられた。

五日、台湾省行政長官公署秘書長葛敬恩が前進指揮処主任として顧問の米軍人数名を含む一一五人を率いて台湾に到着、前台湾総督官邸を事務所とする。

日本人が将来のことを考えて所有財産の処理を行う動きも目立つようになり、前進指揮処は中国人が日本人の公私財産の買取禁止の布告を出すが、浮足立っている日本人とこの機会に安く購入しようとする中国人の双方の思惑は一片の布告では収まりきれるものではなかった。

一五日、官報第千二十五号に中華民国の名前が初めて登場する。

律令
台湾総督ハ緊急ノ必要アリト認メ大正十年法律第三号第四条ノ規定ニ依リ中華民国台湾省行政長官ノ発スル命令ニ係ル事項ヲ実施スル為発スル命令ニ関スル件ヲ茲ニ公布ス
昭和二十年十月十五日　　台湾総督　安藤利吉

律令第七号
台湾総督ハ中華民国台湾省行政長官ノ発命令ニ係ル事項ヲ実施スル為特ニ必要アル場合ニ於テハ台湾総督府令ヲ以テ所要ノ規定ヲ為スコトヲ得
前項ノ規定ニ基キテ発スル台湾総督府令ニ違反スル者ハ三年以下ノ懲役若ハ禁固、五千円以下ノ

罰金科料又ハ拘留ニ処ス
付則
本令ハ公布ノ日ヨリ之ヲ施行ス

3．台湾の山河は祖国に還った

「国軍」が基隆に進駐する

官報が「中華民国」を報じた同じ日、前進指揮処の葛敬恩主任がスタッフ八〇人らと共に米空軍機で再度台北に到着する。葛主任らの目的は台湾総督府との「戦後処理」に関する打ち合わせの他、台湾に残されている資産の概要を知ることにあったといわれる。

国民政府軍の第一陣は一七日、基隆港に上陸する。

この時の様子は地元紙と日本人観察者との間では大きな落差があった。

「台湾新報」は一八日、「岸壁に横づけにされた艦艇のデッキには手摺に寄り添うて我らが国軍が居並んで、祖国に還つた基隆の山河と埠頭に殺到した歓迎の群れに優しい微笑を送りつづけた」と報じ、二二日まで続報を掲載する。

沖縄からの疎開者、国民党軍が上陸、日本への引揚船も碇を降ろした基隆港

前進指揮所（ママ）にしても、警備司令部にしても、門衛に立つ祖国憲兵の姿に接したことのある読者は既に「親しみのある軍隊」だといふ印象を受けたことであらう、（中略）各兵士の顔にも我々中国人特有の優しみがあつた。同胞であり兄弟であるとの形容が何ら無理もないことが解る、（中略）民衆の中には国軍は全部新式装備のバリ〳〵した姿を期待してゐるものがないでもない、無理からぬ期待ではあるが国軍には我々が期待する以上の人間としての真実の姿があつた、服装のこまかい点にいたるまで凡そ華奢とは反対の簡素そのものであつた、

六十にもなる婆さんが三歳になる坊やを背負うて青天白日の手旗を打ち振りながら歩いて来るところを見かけた僕等の兵隊さんが早速駆け寄って「坊や、もう幾つになるかな、大きくなるんだよ」と静

かに頭を撫で下ろし軍帽を被せては「ねえ、坊や、とても似合ふぞ」とにこやかに微笑む、同胞の車夫が病人を乗せて元町方面を疾□、曲り角に差し掛つたとき何かの拍子で凸凹のある地点に車の輪を入れ、一頓挫を来してどうしても動かないので困惑してゐた時「モシ〱私が押して上げよう」との声がする、ハッと思つて見ると其処には一人の凛々しい国軍の姿が立つてゐた、

日本軍将兵、民間人らには統一性の欠けた不揃いの軍隊としか映らなかった。一か月前に先遣隊として来島した憲兵隊の黒短靴、自動小銃姿とはあまりにも異なっていた。

日本軍の武装解除が進むにつれ、その軍服をそのまま着ている兵士まで現れる。沖縄出身兵士の一人は『琉球官兵顛末記』に「日本軍ならば『軍靴の音も高く』と云いたいところだが、中国軍は、布靴に綿入れの服を着て、片方にはせんべいぶとん、片方にはなべかまを天びん棒でかついで上陸した。（中略）中国軍はすでに日本軍の装備を接収して、日本軍の服装をしていた。衛兵が重装備で立哨しているのにはびっくりした」と書いた。

社会は日を追って「主役交代」の事実を見せつける。台湾の人たちの日本軍、警察への怒りは、兵舎、警察署への投石、警察官らに対する暴行、嫌がらせなどの行動となって爆発する。各地で「自警団」が結成され、日本人商店、工場への殴り込み、登校中の学生への殴打、あるいは住宅の

立ち退き要求が頻発し、台北市内では日本人街はもとより台湾人が多く暮らす通りでも夜間の外出を自粛する動きが出てきた。

台湾軍管区参謀長名で打電した一八日付緊急電報は治安状況について「終戦直後予想外ニ良好ナリシモ官吏殊ニ警察ノ威信低下ノ為九月頃ヨリ逐次悪化ノ一路ヲ辿リツツアリ。各地ニ於ケル略奪暴行枚挙ニ遑ナク殊ニ警察官吏ニ対スルモノ極メテ多シ。最近ハ日本軍人ニ対スルモノモ現ハルルニ到リ目下ノ所兵力ヲ以テスルニ非ザレバ治安維持困難ノ状況ナリ」と報告する（外務省・終戦連絡各省委員会議事録第一巻所収）。

一九日の官報は「支那労働者取締規則及満州国及中華民国渡航証明規則」を廃止したことを伝える。同日の紙面は「歓迎陳儀長官閣下　台北大競馬」が翌二〇日から毎週末、台北郊外北投の台北競馬場で開催されることを告げたが、台湾警備総司令部は即座に中止を命令する。

独立の動きは日本軍に阻止されたのか

台湾総督府官報は一〇月二三日の第千二十七号をもって発行を終える。発行回数は八月一五日の敗戦の日から二つの号外を含めて二五回に及んだ。

最終号もまた、これまでの日常生活の変わらない一端を伝えていた。

告示第三百九十八号
昭和十八年告示第九百八十一号（価格等統制令　第七条ノ規定ニ依ル台湾産コークスノ最高販売価格指定）中左ノ通改正ス
昭和二十年十月二十三日　　　台湾総督　安藤利吉
一ノ販売価格欄ヲ左ノ如ク改ム
　円　　円
二九五・〇〇　三〇〇・〇〇

公告としては、高雄地方法院単独部の失踪宣告など五件が記されていた。

公示催告
　澎湖廳望安庄望安四〇三番地
　　不在者呉如今ノ相続人
　　　申立人　呉昌楊
同所同番地
　　不在者　呉如今
　明治三十一年七月二十四日生

右不在者ニ対シ失踪宣告ノ申立アリタルヲ以テ不在者ハ昭和二十一年一月二十日午前九時迄ニ当法院ニ其ノ生存ノ届出ヲ為スヘク其ノ届出ヲ為ササルトキハ失踪宣告ヲ受クヘシ

右不在者ノ生死ヲ知ル者ハ前記ノ期日迄ニ其ノ届出ヲ為スヘシ

昭和二十年十月十八日

高雄地方法院単独部

判官　豊川　博雅

八月一五日から一〇月二五日の光復節までの七二日間、総督府は府令を八月二四日の第百十三号から一〇月一九日の第百三十九号まで、訓令を八月一五日の第九十五号から一〇月一九日の第百十六号まで、告示を八月一五日の第三百四十七号から一〇月二三日の第三百九十八号までと、それぞれ出している。一〇月一五日には律令第七号、八月二四日には七月二〇日付けの勅令第四百二十三号を発令した。

中国軍が台湾に来るまでの権力の空白期間にあって、法令公布は敗戦後の社会が円滑な営みを続け、日本人を無事に引揚げさせるための措置ということだったのか。

他の戦地のような「戦場」にならなかったことが、総督府に加えて軍隊をそのまま残すことを可能にさせたともいえる。加藤聖文は「台湾引揚と戦後日本人の台湾観」（『台湾の近代と日本』所収、台湾史研究部会編、中京大学社会科学研究所、二〇〇三年）で「台湾各地で混乱が生じなかったのは、敗戦によって威信が失墜していたとはいえ台湾総督府の行政機能が維持されていたことと、引揚段階になって台湾軍が総督府の機能喪失を補うかたちで国民政府側との折衝や在台日本人間の連絡、帰還輸送の実施に中心的な役割を果たしたことが大きな要因であった」と述べる。

台湾総督府、第一〇方面軍（台湾軍）による「支配の継続」は一方で、台湾人に彼らの時代の到来を促す時期を失わせた。台湾独立への動きは台湾人有力者らと一部日本軍人らによって密かに画策されたが、総督府と方面軍の協力を得られず頓挫する。

八月二四日付け「台湾新報」によれば、安藤利吉総督は「本島人」との懇談の際に独立運動には断固とした対応をとることを宣言している。この時、台湾人有力者らは日本軍の武器引き渡しを求めたともいわれるが、同日紙面は「治安は絶対に維持されなければならぬ、これがためには本島有力者の強力なる援助を切望して止まぬ、また本島独立運動の如きは、内地人は勿論、本島人間においても方法の如何を問はず絶対に許容さるべきではない、これ本島の受難を倍加し、ひいては聖旨に背き奉り帝国を危殆ならしむることになるからである」と報じる。

第一〇方面軍の参謀、安藤正は『あゝ台湾軍』に総督の思いを書く。

台湾独立運動への対処—終戦と共に突如島内に燃え拡がった台湾独立運動は進駐を前にし大問題となった。安藤総督は彼等の有力な有志を招致し明確且決然たる意図を示し早期に之を阻止得た。即ち「独立しようとする皆さんの哀情はよくわかる。然し世界の大勢を見て、君等の為にもこの運動を中止することをお奨め致したい。然しどうしても尚やりたいと言うならお止め致しません。それはご自由です。然し我々はこれを放任は出来ません。断乎として日本軍が討伐致します」

総督には明日にも国民政府軍が上陸するかもしれないという状況下、単発的な抗日武力闘争の「経験」しか持たない台湾人が独立を目指すことは無謀という判断があったとみることも可能だが、結果としては独立運動の萌芽をつぶすことになった。戦争に敗れた国が植民地でこのような恫喝的な発言をする権限はあったのかという疑問はなお、捨て切れない。

ただ、総督発言があったとしても台湾史に「国」というものが存在した時代があれば展開は変わっていたかもしれない。同じ植民地だった朝鮮と台湾の決定的な差がそこにあるような気がする。台湾では八月一五日を記念した会合が毎年のように開かれ、二〇一四年の「台湾命運的分叉路口」という座談会では、作家の范姜《ほうかん》の「台湾人は建国の経験がないが故に、亡国への思いを知らず、韓国の人たちが持つ国が亡ぶことへの恐怖に欠ける」という言葉が紹介されたことがある。そのとき、台湾の風土には国造りという作業がなかなか難しいのではと思ったことがあった。

台湾は戦後のアジアで宗主国からの独立を勝ち取ったインドのガンジー、インドネシアのスカルノ、ミャンマーのアウンサンといった「英雄」を輩出することはなかった。独立を目指したグループにはその後台湾経済界の大立者になった辜振甫《こしんぽ》もいたが、植民地時代に総督府に抵抗したわけではない。皇民奉公会機関紙「新建設」の四四年六月号に彼の「心の要塞化」という一文がある。
今日の台湾がもはや銃後に非らずして第一線であるといふことは、台湾島民の決戦体制が更に画期的な新段階に突入すべきことを要請する。（中略）物量を恃《たの》む敵の武力反攻が、愈々熾烈の度を加へて参ると共に、思想の面からする反攻も亦益々執拗化することは容易に予想せらるゝところであって、六百六十万島民は、敵の如何なる謀略にも動かされることなく、如何なる非常事態に処しても断じて動ぜざるの気構を堅持しなければならぬ。敵を前にして島民の一人々々は、愈々盡忠報国の烈々たる国民精神を堅持し、各自の心構を牢固たる要塞と化すべきである。（後略）
辜振甫が自らの意思で書いたのか、宗主国の意図に添って書かざるを得なかったのはわからない。

植民地は光復節で終わる

連合国を代表する中華民国（国民政府）への正式な降伏式典である台湾地区降受典礼（光復節）は一〇月二五日、台北の台北市公会堂（現中山堂）で開かれる。台湾は日本の統治から国民政府の管理下に入り、安藤総督は以後「台湾地区日本官兵善後連絡部長」と呼称されることになった。

台北市公会堂（現中山堂）での降伏式典。米英中にソ連の旗が掲揚されている（台北・二二八国家紀念館）

この日を期して「台湾新生報」がこれまでの「台湾新報」を接収した形で創刊される。創刊一号の紙面は「われらの陳儀長官来る」という見出しで「けふ来るか、明日来るか、と待ち焦がれてゐた光復台湾の初代行政長官兼警備司令官陳儀上将は六百余万全省民の胸もはり裂けるやうな喜びと感激に迎へられて二十四日午後二時四十五分台北空港へ歴史的な着任第一歩を踏んだ、この日省都は前日降つづいた天気も早朝からからりと晴れ渡つて空には一点の□なく、あくまでも青く澄切つてわれらの長官を迎へるに相応しい絶好の秋日和であつた」と紹介する。広告面もまた「慶祝台湾光復」「歓迎陳儀長官閣下」の見出しが躍った。

祝賀行事は一週間ほど続き、目抜き通りから路地裏に至るまで、「青龍白虎」などと刺繍された旗竿がたなびき、抗日勝利をうたうアーチが飾られた。爆竹の音、銅鑼の響きが、台湾人の喜びを一層華やかにかき立てた。

塩見日記はその日の台北の様子を描写する。

十月二十五日
陳儀長官ヨリノ命令発セラレ降伏式挙行サル。正式接収行ハレ今ヤ総督ノ権限ノ総テヲ剥奪セラレ、従来ノ機関亦総テ日本政府ニ基ク権限ヲ喪失ス。街頭ハ旗ノ波、獅子舞ノ列、活況ヲ呈ス。然レドモ火ノ如キ歴史ノ大変革トシテハ余リニモ生気ナキヲ感ズルハ自分ガ日本人ナルノ故カ。一脈沈鬱ノ気ノ漲ルヲ感ズルハ何ノ故カ。台湾光復ニ感激ノ湧キ立タザルハ、次ニ来ルベキモノニ対スル認識ガ何物ニモ把握サレザルノ故ニ非ザルカ。

光復トハ何ゾノ意義徹底セザル為ニ非ザルカ。

堂々台湾ニ入リ来レル中国軍隊、官吏等ハ自ラノ使命ニ（或ハ理想的ニ、或ハ物質的ニ）感憤シツツアリト思ハルモ、台湾大衆ハ光復ノ意義ヲ把握セザルガ為国民的感激トナリテ燃エ立タザルニ非ザルカ。即チ治安ニ脅エ、亦自ラガ主トナルベシト信ジタルモ、日本人ニ代リ中国本土ヨリノ要人ニ依リ、枢要ナル地位ノ独占サルルニ心安カラザルモノアルニ非ザルカ。

果シテ中国政府ニ依リ日本政府以上ノ民生ノ福祉ヲ確保シ得ルヤ否ヤ。七〇〇万島民ノ漠然タル不安ナキヤ。此ノ不安ガ今日ノ歴史的慶祝ノ日ニ感激ヲ捲キ起サザル理由ニ非ザルカ。


塩見は日記の出版にあたり「この慶祝のかげに台湾人と平穏に暮らしてきた日本人に怨恨はなく、日本人は敵ではなく、友人であるとの底流があったためであろうか。一人の殺人もなく、略奪もなく、民族間の戦の末尾としては世界の歴史に誇りうる結果であったと思う」と補足する。

4. 大陸出身「外省人」が支配する

北京語勉強会が賑わう

光復節から一か月も過ぎると、日本語しか学習してこなかった台湾人を相手に「北京語勉強会」「国語講習」の広告が連日のように紙面を賑わすことになる。各市町村にも「国語」の補習学校が設立され、日本語解説付きの国語学習本、中国語の歌をまとめた歌唱集などが出版された。日本人が経営していた飲食店はことごとく台湾人の経営になり、元の店主が売り出した商品が並べられる。台北の中心部にあった日本人街にも台湾人の商う夜店、タバコ売りが出回るようになった。遊興関係の店の復興は早く、紙面には「中日人を問わず女給募集」の記事が目立ち、敗戦直前には禁止されていたダンスホールも復活、「ダンサー募集」の広告も出るようになった。

各地の中国廟前での祭り行事は光復節以後は華やかに執り行われるようになり、獅子舞などの先頭に青天白日旗を立てた行列も珍しくなかった。店名に孫文の別称「中山」をつけるレストランが増え続け、台北市警察局は店名への使用不可、「国旗」使用も厳粛な時に限る、と注意を喚起する。大陸との往来は基隆と福建省福州を結ぶ航路が開設され、上海で船積された綿布三〇〇〇トン、麺粉一二五〇トンはじめ日用雑貨を満載した船が基隆港に接岸した時などは、新聞が「救援物資を積んだ宝船来港」と書き立てた。台湾銀行が裏書きした日本銀行発券の千円券は日本本土では通用しない旨の社告も出る。

台北帝大はじめ、台北女子師範、台北成功中学などの学校も相次いで学生、生徒募集に乗り出した。復学した日本人学生も多かったが、級長などの役職は台湾人がすべてを取り仕切るようになっていく。

物価の高騰は日に日に激しくなり、戦前は日本本土、沖縄に移出していた米も街から次第に姿を消していく。台湾省政府が安い価格で強制的に買上げた米は食糧難が続く大陸に移送され、闇市の値段は天井知らずだった。戦前の日本軍による接収に伴う農地減少、化学肥料の枯渇などによる生産高の落ち込みも米不足に輪をかけた。

台湾銀行資料室調査による小売物価の変動をみると、米一升の値段は敗戦から二か月後の四五年一〇月の八円が一二月には一九円六〇銭になり、翌年二月は四二円五五銭、四月は五一円六銭と跳ね上がっていく。豚肉、鶏肉も百匁あたり一〇月の二一円、一八円が翌年四月にはそれぞれ五七円五〇銭、三一円二〇銭となっている。

台湾省が福建省銀行と交渉、石炭を米一万八〇〇〇石に換えることに成功したというニュースまでが流れるが、かつての台湾農業を知る人たちにとっては信じられない話だったろう。一部商人が山地に入り、農産物を安く買いたたき、水源保安林を伐採する騒ぎも起きたが、各自治体の対応は入山許可証を出して取り締まる程度だった。

生活不安にかられた労働者らの争議なども堰を切ったように広がった。賃金不払いと低賃金を不満とした台北市の松山煙草工場で一月末に起きた労働争議は、ストライキに参加した工員二〇〇人の大量解雇などで問題がエスカレート、解雇の撤回でようやく一段落する。工場主が戦後に大陸から来た「外省人」の経営によるのか、戦前からの台湾人（本省人）かは不明だが、工員の一人は新聞に「大体我々を泥棒扱にして身体検査をやつてゐるのです　煙草の持出を防ぐのはいいが、やり方が実に気に食はないのです。殊に女に対しては触はるべからざる所を触つて見たりするのを端で見ると実に癪にさはるのです」とコメントした。

台湾省の各行政機関は、本土への引揚げや応召によって一時的に留守になった日本人家屋に接収を示す張り紙を貼り、入居希望者には許可証を出したが、空き家になった家屋店舗に無断入居する中国人が次々に出現する。不法占拠はしなくても、家財道具、畳、窓ガラスなどを手当たり次第に盗んでいく人たちは後を絶たず、水道管、電話線などの盗難も相次いだ。

多発する犯罪に台湾省警備総司令部は、必要に応じての国民政府軍の投入を決定、凶悪犯罪者には銃殺刑などの強行措置で臨む。台北市政府も家屋侵入犯逮捕者に一万円、通報者に五〇〇〇円の報奨金を与えたが、効果はあまりなかった。台北市警察局管内で四五年一年間にわずか一件しかなかった強盗事件は四六年一月一日からの二〇日間で一日平均一〇件も発生した。

「漢奸（売国奴）」の取締まりも行われた。台湾警備総司令部の陳儀総司令が「台湾には漢奸はいない」と言明したものの、目に余る漢奸の横行に警察当局は「漢奸検挙週間」を設けて一斉検挙に乗り出す。一月一日に創刊されたばかりの「人民導報」の二〇日付け紙面は漢奸の種類を、日本官憲を頼りに「台胞（台湾同胞）」を凌辱してきた者、敵に媚びを売って栄誉を得んとした者、日本降伏後も引き続き敵と結託して台湾独立の美名の下に依然台湾を日本治下に置くべく企画した者、などを挙げている。

大陸同胞への不満が募る

植民地時代の住民らの怨念が犯罪という形になって噴出したともいえるが、光復後も生活が苦しい状況は変わらず「こんなはずでは」という思いが根底にあったことは否定できない。外省人が自分たちを「勝利民」と呼び、台湾人は「順民」と呼ぶ風潮も広がっていた。「勝利民」は本国（大陸）にあって戦禍を経験した者のみに与えられる名称であり、「順民」は何もしなくても一等国民の地位を与えられたに過ぎず、両者を同レベルで考えることはできないという発想が生んだ蔑《さげす》みの表現だった。

一月一七日の塩見日記は「本省人の不満日ニ多シ」として、その理由を「中国ヨリノ赴任者ノ態度ニ対スル不信任ト軽侮、警察力ノ薄弱、期待シタル政治的地位、経済的制度ニ対スル失望等ガ主要原因ナルベシ」と分析、三か月後の四月一〇日には、中国人の法治の在り方に疑問を呈する。

折柄一台ノトラックガ徐行シナガラ鐘ヲ打チッツ通リカカッタ。途端ニ街中ガザハメイタ。フト見ルトトトラックハ二十人許リノ剣付鉄砲ノ兵隊ダ。ソシテ驚イタコトニハ石像ノ様ニ動カナイ三人ノ人間ガトラックノ前方ニ縛ラレテ居ル。ソシテ何カヲ書イタ立札ガ立ッテ居ル。字ハ読メナカッタガ銃殺スベキ罪人ノ罪状デアラウ。即チコレハ罪人ノ町廻シデアル。日本デモ徳川時代マデハ行ハレタ懲悪ノ為ノ町廻シデアル。法治国ノ観念ニ慣ラサレタ者ニトッテハ大イナル怪奇デアリ戦慄デアル。然シ乍ラ目下ノ治安状況、警察力等ヲ考慮スレバ此モ止ムヲ得ナイ或ハ巧妙ナ手デアラウ。何レニセヨ余リニモ変ッタ街ノ風景デアル。而シテ環境ニ慣レルコトハ人間ノ特性デアル。コウ云フ風景ガダンダン不思議ニ思ハナクナッテ来タ。恐ロシイモノデアル。

犯罪はしかし、日本人も例外ではなかった。倉庫に収納してあった諸々の原料、器物、車輛などを狙った大型強盗団が多発、日本人学生らが徒党を組んで台湾人に暴行を加えるなどの事件が続いた。

日本人の日々の暮らしは苦しくなる一方だった。台湾省が日本人全員送還の方針を打ち出した後は多くの人が生活費を得るために街頭に家財道具、衣類を広げ、手作りの餅、菓子、あるいは卸元から仕入れた食料品を笊《ざる》に入れて売り歩いた。だれもが引揚げまでの苦労と覚悟していたもののの、すべてを売り尽くして露頭をさ迷い歩く人、身を持ち崩す女性は珍しくなくなっていた。引揚げ家族の荷物運搬を荷車で請け負って生活の足しにする人もでてきた。柳行李《やなぎごおり》一個一〇円が相場で、市内各所から台北駅までを何回か往復すればその日の生活費が稼げたという。

立石鐵臣は『台湾画集下巻第二七図　贋物萬歳』に引揚げを待つ人たちの姿を描く。

引揚日僑（日本に引揚げる本土出身日本人＝筆者注）ハ持物ヲ仕末シテ行カナケレバナラナイ、広イ往来ノ両側ニハエンエント財産ガナラブ。台湾人ニ委託シテ売ルノデアル。掛物ノ多イコトアキレルバカリ。シカモ雪舟アリ狩野一派アリ光琳アリ、近クハ大観、御舟、ト日本画家名鑑ノ殆ドヲ網羅スル。コレラノ大部分ノ贋物ハ植民地ノ異境ニアル日本人ノ生活ノ無上ノウルオイニナッタ品々デアル。コノ数ヲ本物デハ応ジキレナイ筈、シカモ所有者ハ本物トカタク信ジコレラヲ手離スノニ万斛ノ涙ヲソソイダ。婦人ノ帯モ甚ダ多ク、コレハヨク売レタ。台湾服ニ仕立テヤスイノデアル、早速御所車ノアルノヲ仕立テテ着テイルノモイル。帯ハ、ソノママ椅子ノ背当テニ流用スルノモハヤツタ

本土への郵便物の差出も許可されたが、内容は私事に限られ、物価治安に関することなど社会、経済、政治、教育全般に係る情報、感想は禁止された。検閲する上での便宜上からか、葉書の使

用が奨励された。些細な事といえば些細なのだが、日本人の多くはこうしたことから「戦争に負けた」ということを実感させられた。中国大陸、あるいは東南アジアなどの戦地に比べ生命の危険という点では、不安は少なかったかもしれないが、人それぞれが失った人生への悲しみは等しく同じだったのではないか。

光復節の祝賀行事に使われた幟《のぼり》、アーチなどは行事の終了後もそのまま放置され、街は次第に荒れていった。田舎から職を求めて来た人はともかく、大陸から圧倒的な勢いで流入してきた人たちの「定宿」になった鉄道駅舎のトイレなどは汚物で溢れた。当時の大陸と台湾の衛生状態、市民の衛生観念の差は比べるまでもなく、伝染病が蔓延していった。

マラリアは日本の統治時代でも根絶できなかったが、コレラ、天然痘、ペストなどの病原菌も大陸から入ってきた。コレラ、ペストは台湾省政府スタッフらの衛生意識の未熟さと検疫体制の不備もあって基隆、高雄などの港町から広がった。天然痘は海南島からの引揚者らが持ち込んだともいわれ、通りで顔や首などに天然痘によるかさぶたをつけた中国兵らもよく見かけるようになった。台北、高雄など主要都市では予防注射実施などの対応に努めたが、伝染病の勢いはなかなか衰えなかった。

新聞の日本語表記が禁止された

新聞はじめ各種印刷物の日本語使用は光復節以後は原則禁止となった。しかし、新聞には「漢文ノ読メナイ青年諸君ヲ悲ムナカレ本社ノ新報文摘ヲ読メ」とうたった広告が載る。

台湾ト直接關係有ル公報及ビ本省人デ知ラナケレバナラナイ全国重要記事叢書ニ編輯シ二段ニ分ケ上欄ヲ漢文デ下欄ヲ日文デ翻訳シコレヲ依テ一日モ早ク国文ガ読メル様ニスルノガ本報ノ目的デアル

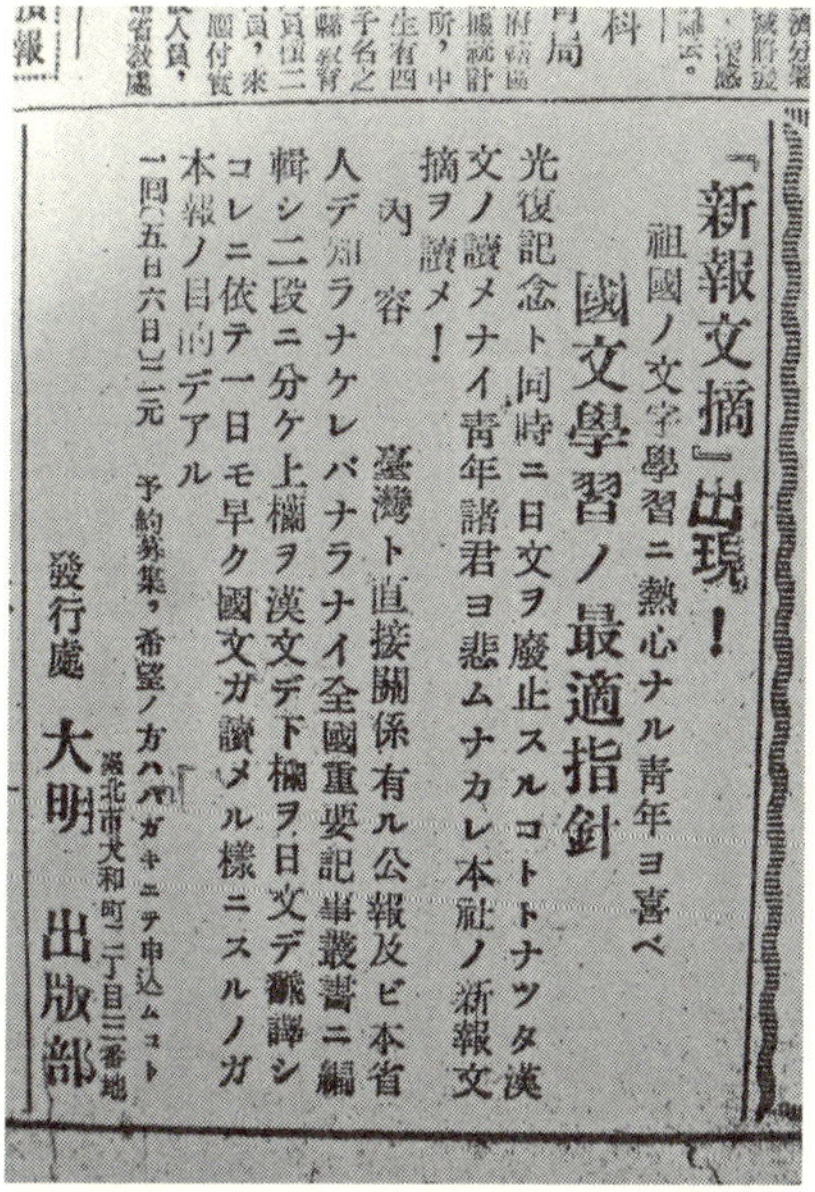
『新報文摘』出現！
祖國ノ文字學習ニ熱心ナル青年ヲ喜ベ
國文學習ノ最適指針
光復記念ト同時ニ日文ヲ廢止スルコトトナツタ漢文ノ讀メナイ青年諸君ヨ悲ムナカレ本社ノ新報文摘ヲ讀メ！
內容　臺灣ト直接關係有ル公報及ビ本省人デ知ラナケレバナラナイ全國重要記事叢書ニ編輯シ二段ニ分ケ上欄ヲ漢文デ下欄ヲ日文デ飜譯シコレニ依テ一日モ早ク國文ガ讀メル樣ニスルノガ本報ノ目的デアル
一回（五日六日）二元　予約募集，希望ノ方ハハガキニテ申込ムコト
發行處　大明出版部
臺北市大和町二丁目三番地
「日本語禁止」に伴い、中国語が分からない読者の指導書が発売された(台湾新生報46年10月28日)

光復節後に台北で発刊された台湾紙の「人民導報」は「日文版」を設け、その理由を「台湾は已に中国の一部であるのに、日文版を設けるのは、民族的に見て、面白くないと云ふものがある様だが、本省の青少年の中にはまだ十分に国文に慣れない者が相当多い。これら青少年を啓蒙するためには暫らくの間日文を利用する以外に道はないのである」と説明する。

こうした「救済措置」も光復節から一年間

で終了、新聞雑誌の日本語表記は全面的に禁止された。地方都市によっては市民の中国語の理解力が十分ではないとして日本語新聞を当分の間継続させるよう嘆願するところあったが、各自治体では中国語が積極的に奨励され、役所から日本語文書が消えていった。

敗戦から七か月が過ぎた四六年三月一六日、安藤利吉台湾地区日本官兵善後連絡部長（台湾総督）が「国営中央通訊社」との会見に応じる。

日皇の投降宣布に接して――

最初は茫然自失して只日本民族は将来永遠に復興する望みがないと感じた、私個人の立場から云へば台湾に二十余万の軍隊を持ち乍ら未だ一戦も交へずに投降することは極めて残念であつたが天皇の御旨に対し全日本官民は絶対に遵守せねばならなかつた

此次戦争に対して――

七七事変（一九三七年七月七日の盧溝橋事件＝筆者注）当時自分は東北の任地に居つたため最高当局の真意を知る由もなかつたが只多数の軍隊を隣国の国境に集結することが明らかに妥当でないことを感じた　其の後日本は中ソの広大な地域及び豊富な物資に対し、又米国軍力の建設速度及び中国の潜在抵抗力等を過少評価したため今日の結果を来したのである、此の命運を自分を甘受するものである

四月一五日、安藤総督は上海に移送され、四日後に自決する。

第四章

蒋介石は琉球の中国帰属を考えた

1．琉球政策は大戦中から論議される

古くからの中国領土だ

四五年夏、台湾には日本人、台湾人合わせて約六五〇万の人たちが暮らしていた。日本人は第一〇方面軍将兵、軍属、民間人ら合わせて約四八万八〇〇〇人がいた。多くの人は台湾に留まることを希望したが、中国側は日本人全員の退去を決定、引揚げに向けた施策を打ち出していく。日本への引揚げは安藤総督の八月一五日の諭告にあった「台湾人を除く島民」すべてが同列に進められたわけではなかった。国民政府が日本人を「日本人（本土出身者）」と「琉球人（沖縄県人と奄美群島出身者）」に分けたことで、沖縄の人たちは「民族を異にする」琉球人としての扱いを受けることになった。

大戦終結後の沖縄の帰属は、台湾接収問題と共に戦争中から国民政府の懸案事項だった。台湾の「祖国復帰」は日清戦争後の下関条約によって日本に割譲したという経緯から見て容易だった。事実、四四年には日本の敗戦と台湾接収を想定して「台湾調査委員会」を設置、戦争終結と同時に台湾省が速やかに発足できる準備を整えていた。調査委員会は台湾に派遣する警察官を含む官吏に対して台湾の歴史、地理、文化などの習得を徹底させ、四五年三月には「台湾接管

計画綱要」をまとめている。

沖縄は台湾に比べて複雑だった。日本が明治時代に琉球王朝を廃止して沖縄県を設置していたからだ。過去の朝貢国としての歴史が新しい事実の前にどれだけ説得力を持ち得るかという問題があった。蒋介石の基本的な考えは「琉球（沖縄）は中国に帰属する」というものだった。

三四年四月、江西省撫州で「日本の声明と我々の救国の道」を発表、「我々は東四省（満州）の失地を回復するだけでなく、かつ朝鮮、台湾、琉球……これらの土地は全て我々の古くからの領土である。一尺一寸足りといえども全て、我々の元に取り戻す」と、琉球の「回帰」を鮮明にする。

台北・中正紀念堂の蒋介石像。毎日定時に儀仗兵の交代式が行われる

三年後の七月には北京郊外で日中両軍が武力衝突した盧溝橋事件が起き、一二月には南京が陥落する。日中戦争は大陸全土へと拡大していった。

朝鮮については「朝鮮独立」という方向へと軌道修正するが、琉球問題への確信はその後も揺るがなかった。三八年四月の中国国民党臨時全国代表大会の「抗日戦と我が党の前途」でも「日本は日清戦争から我々の台湾と琉球に侵略した」と述べている（「戦後処理與地縁政治下的国民政府対琉政策・以四〇、五〇年代為中心」台湾・国立東華大歴史学系副教授許育銘）。

国民政府は「琉球の帰属」を喫緊の課題として指針づくりに着手する。三九年、戦時下の最高政策決定機関として国防最高委員会を設置、二年後に日本敗戦後の様々な問題を検討する国際問題討論会が同委員会内に置かれた。

台北の中国国民党本部にある党史館資料をみる。

四二年一月二九日の国際問題討論会第五次会議は、「中日問題解決の基本原則草案」を論議、沖縄の帰属問題も検討された。草案は解決の基本的な考えを日清戦争前の状態に戻すこととし、琉球も日本の一部という認識だった。

会議は一一人の委員が出席、最終的に修正案がまとめられた。

修正案はまず、主旨を「過去の清算は日清戦争以前の状態に戻すことを基準とし、我が領土の真の完璧並びに太平洋の平和維持を期す」と定義し、朝鮮は日本の大陸侵略の前進陣地、台湾澎湖は南方侵攻政策の重要拠点であり、この機会に朝鮮の独立と台湾澎湖を取り返さなければ、我が南北の国防上の安泰だけでなく米英ソもまたその脅威を受けるとした上で、琉球問題は別案をもって処理するとした。

領土条項に関する原則としては四項目を挙げる。

（一）東四省（東北地方）とその他占領された地区を取り戻すべきである

（二）台湾及び澎湖列島は同時に取り戻すべきである
（三）朝鮮は日清戦争前の版図によって独立させるべきである。対日関係の清算処理及び国内建設にあたっての外国援助が必要であれば中国、米国、英国、ソ連との共同協議の下に行う
（四）琉球は日本に編入される。但し、以下の二つの制限を受けなければならない
（1）防備をしてはならない。並びに軍縮委員会が分会を設置して監督する
（2）琉球人民に対して差別待遇をしてはならず、全ては少数民族問題の原則に照らして処理しなければならない

修正案までは様々な意見がたたかわされた。

琉球は元々中国のものであり、明朝時代、中国の皇帝は琉球に使いを派遣して琉球王を任命した、ということから論議が展開する。「我々は琉球問題に対して、中国国民党綱領を以て原則とする。朝鮮、東南地域に領土を求めないのであり、当然琉球の領土もまた求めない」という意見が出される。「我々は（琉球は）取り返すとは言わずに独立させて、日本が我々を侵略する根拠地にさせず、我々もまた（琉球を）（琉球を獲って）日本侵攻の根拠地とすることを望まない。琉球は最低限度、中日両国が利用できない場所とすべきだ」という主張のほか、「琉球は事実上独立する力はない」という意見なども出た。

一委員が、修正案の骨格をなす私案を提示する。

「日清戦争前の状態に戻し、台湾は中国に返還し、朝鮮は独立する。琉球は日本に復帰するが、国際的監視の下での武装解除と少数民族として差別してはならないという規定を設けるべきだ」

この案に賛意を表明する委員が出て流れができる。議論はさらに「琉球は日本に同化されている」という考えを否定して「(台湾、朝鮮問題とは異なる) 別案によって処理する」という考えへと進み、全体の賛成によってまとまった。

討議は琉球が中国に属するという前提で始まったものの、最後は明治政府の琉球処分によって日本の領土化が進んでいるという現実に照らし合わせ、「日本に復帰するものの、同化はされておらず、国際社会の監視下に置いて見守る」という曖昧なものになった。ただ、蒋介石はこの結論をどこまで了承したのだろうか。

琉球に住む人たちを「少数民族」と規定していることは、琉球人と日本人は明確に異なる民族であるという認識に立つもので、この考え方が敗戦後の台湾で日本人と琉球人を分ける施策につながっていく。

「基本原則(修正案)」は、四月二三日の第九次会議でも七つの討論資料の一つとして取り上げられた。

会議記録によると、「報告事項」としてまず「国際集団会とその他国際組織の関係」という討論資料の検討に入り、軍縮、貿易問題などが多く議論され、「中日問題」についての言及はなかった。会議記録には「決定」の件が見当たらないが、第十次会議以後は討論資料として登場しないことから、第九次会議をもって決定されたと思われる。

台湾とは状況が異なる

琉球の帰属問題はその後、「基本原則」の方向で終始進んだわけではなかった。「琉球は中国の領土である」という主張が、戦後の国際状況への思惑も絡んで表面化してくる。

四二年一一月、宋子文《そうしぶん》外交部長は米国からの帰国時の会見で「琉球は当然我国に返還されるべきだ」（許育銘「戦後処理與地縁政治下的国民政府対琉政策・以四〇、五〇年代為中心」）と述べ、蒋介石の同年一一月九日の日記も「米国との協議で東三省と旅順、大連、台湾、琉球、外モンゴルなどを取り戻すことを計画した」（「戦後蒋介石放棄琉球過程・求美国庇護放棄主権」中華網・江海学刊、二〇一四年）とあり、当時の国民政府が目指す方針を示唆している。宋は蒋介石夫人、宋美齢の実兄である。

国民政府は日本の敗戦より二年前にすでに日本が無条件降伏するであろうという予測の元に、対応策を検討していた。四三年八月二六日の国際問題討論会第三十四次会議は、日本が無条件降伏したときの条項案の検討に入っている。

この会議では条項十六で台湾と澎湖列島の復帰が提案されているが、琉球についての言及はなかった。

琉球問題は一か月後の第三十六次会議で「琉球群島と台湾などは性質が同じではなく、一緒にすべきではない」という意見が出され、新たに琉球の項目がつくられる。

条項は琉球群島が中国に帰属すべきだとし、付注として上記原則の成立が難しい場合は以下の二つの方法を考慮してもいい（甲）琉球は国際管理下に置く（乙）琉球は非武装地域とする
「基本原則」にあった日本の領有という考え方は退けられ、「琉球は本来我々中国のもの」「琉球は以前から中国の土地」といった討論課程で論議された原則論が復活した。

第五次会議から一年八か月の間に「琉球は日本の領土化が進んでいる」という現実直視論が原則論に取って代わられた理由は不明だ。様々な憶測は可能だが、日本の敗戦が現実のものになりつつあるという状況もまた中国のナショナリズムを高揚させ、追い風になったのかもしれない。

無条件降伏時の最終条項案は一一月一〇日にまとまる。

沖縄帰属問題は第十六条につぎのように規定された。

琉球群島は中国に帰属すべきだ。

付注　琉球群島は台湾及び澎湖列島と比較して状況が些か異なる。仮に米英が異議を堅持した場合、我々は二つの方法を考慮してもよい
甲、琉球を国際管理下とする
乙、琉球を非武装地域とする

第三十六次に検討された条項と大筋変わらないが、「付注」で具体的に米英両国を挙げている。両国の方針にいかに応じていくかが、当時の国民政府首脳の最大かつ優先課題だった。日本敗戦後の国際社会の有り方を話し合う米英とのカイロ会談は目前だった。

2. 帰属問題はカイロ会談から外された

領土問題で米国を刺激したくなかった

四三年一一月二二日、ルーズベルト米大統領、チャーチル英首相、中国・国民政府の蒋介石主席によるカイロ会談が始まる。国民政府が米英両国、特に米国と戦後処理を協議する場合には琉球の帰属問題が懸案事項として予想された。太平洋上で日本と戦火を交えている米国への関心は英国の比ではなかった。

重慶の軍事委員会参事室は会談に先立ち、蒋介石に提案すべき「問題草案」を提出している。それによると、日本が中国に返還すべきものとして以下の点を列挙している。

甲、旅順、大連（一切の公有財産及び施設の無償引き渡し）

乙、南満州鉄道と中東鉄道（無償引き渡し）
丙、台湾及び澎湖列島（一切の公有財産及び施設の無償引き渡し）
丁、琉球群島（或いは国際管理か非武装地域）

「問題草案」は当然、蒋介石の意向に沿っているはずなのだが、彼はこの「琉球群島」を会談の席上、提案しなかった。九年前の撫州演説当時の気持ちが変わってきたのか。米英両国との協議を前に忖度したのか。

「帝国日本の崩壊と国民政府の台湾接収」（楊子震、二〇一一年度筑波大学博士学位請求論文）は、一五日付けの「蒋介石日記」には「琉球と台湾は我が国における歴史的位置が異なる。琉球は一王国であり、その地位は朝鮮と相等し、ゆえに今回の提案では琉球問題について取り上げないことにする」という件《くだり》があると紹介している。日記の記述からは琉球の中国帰属への関心の度合いが低くなったようにも読み取れる。

蒋介石は二三日夜、ルーズベルト米大統領と会食、懇談している。宋美齢夫人とホプキンス大統領秘書が同席した。

同日夜の日記は大統領との懇談について概《おおむ》ね以下のように書き留めている。

日本が中国から奪い取った土地、東北四省、台湾、澎湖列島は中国に返還すべきだが、琉球は国

カイロ会談に臨んだ蒋介石（左端）と宋美齢夫人（右端）

際機構に委託して、中米の共同管理にしてもよいと提議した。一、米国を安心させられる、二、琉球は甲午（一八九四年の日清戦争＝筆者注）以前にすでに日本に属していた、三、同地区を米国との共同管理にした方が、わが国が専有するよりは妥当だ。

日記からは蒋介石が琉球帰属問題について自ら発言したと受け止められるが、ルーズベルトが「琉球を望むか」と最初に尋ねたともいわれている。李相哲は「初めて明かされる蒋介石『沖縄放棄』の真相」（『新潮45』二〇一四年三月号）で「中華民国外交史料匯編（資料集）第一二巻」を引用「ルーズベルト大統領は琉球問題を提起、何度となく中国は琉球を領有したくないのかと聞いた。委員長（蒋介石）は、中国は中米が共同で琉球を占領することに同意する。なお（琉球は）最終的に国際機構に委託された両国政府による連合行政機関に参加することにしたいと答えた」としている。

中米による共同管理の提案は「無条件降伏時条項案」にも軍事委員会が重慶から送った「草案」にもなかった、蒋介石の独断だったのか。しかしこの提案はその後、米国に一蹴される。ルーズベルトの死が影響したかどうかはわからない。

日記は朝鮮の独立問題については「朝鮮を独立させる問題については、私が特別の関心を示したのでルーズベルトも重視した。朝鮮人民に独立の目的を達成させるという私の主張にぜひ賛成してほしいとルーズベルトには要請した」と触れている。国際問題討論会でも話題になった朝鮮と比べて琉球独立運動の脆弱性が、「帰属がなければ国際管理」という考え方の一因にもなったといえるかもしれない。

蒋介石は一二月二〇日の国防最高委員会第百二十六次常務会議でカイロ会談について要約、次のように報告している。

琉球は本来は我々のものであり、太平洋における重要な軍事拠点であり、米国に対して特別に注意を促した。カイロ会談で我々がこの問題を強要すれば、米国は我々と争わなかったであろう。しかし我々が手に入れても、第一に我々は海軍がない。戦後二、三十年の内は海上のことについては如何ともしがたい。第二に英米の疑義を引き起こす。それ故、我々は琉球を獲り返すことについて、必ずしも固執する必要はない。ただし、琉球は太平洋の重要な軍事拠点であるから、我々は関与せざるを得ない。いかにしても日本に占領されてはいけない。台湾、澎湖に至っては、琉球の状況と同じではない。台湾、澎湖は一八九五年に日本に占領されたが、琉球は一八九五年以前に既に日本に占領されていた。それ故我々は琉球を取り返さなくてもよい。台湾と澎湖は取り返すことに決めた。

蒋介石としては台湾と澎湖を取り返せれば、あえて琉球問題を持ち出して、米英に領土拡大の意図ありと疑われるのをよしとしなかったのかもしれない。そして会談後は、台湾の中国復帰問題は決着したと解釈する。

米国には中国に異を唱える空気はなかった。戦場とはならず米国人兵士の血も流れなかった台湾に改めて「進駐軍」を派遣する理由はなかった。ジョージ・H・カーはこうした対応を「我々は明らかに台湾という島を日本に占領されていた一個の不動産としか考えず、五百万人の住民をこの不動産に付属していた動産として扱った。住民達の希望を全く無視して、一つの支配者から別の支配者へ勝手に引き移してしまったのだ」（『裏切られた台湾』）と批判する。

米軍が沖縄ではなく台湾上陸作戦を敢行していれば、事態は全く別の展開になったはずだ。カーは『裏切られた台湾』で当初は台湾をターゲットとしていたニミッツ率いる海軍の考え方も紹介している。

海軍作戦本部内の海軍占領区係はアメリカ軍が苦労して占領した後、蒋介石の代表が安心して台湾に渡って来た時、蒋介石は必ず自分の分け前である台湾の行政に参加することを要求して来るに違いないと予想していた。（中略）我々は台湾上陸作戦が発動される前に蒋介石と話をつけておくべきだと考えた。我々としては日本が降伏し、戦争が終了するまで台湾をアメリカ軍の行政下におきたかったのでそれについて蒋介石の同意がほしかった。形式の上だけ蒋介石側の参画は許してもよいが彼らからの干渉を我々は避けたかった。

台湾に米軍が駐留するという状況が生まれていればスムーズな「光復」は実現しただろうか。国民政府にとって、米軍のいない台湾を自由にコントロールでき、しかも日本軍の無傷の装備、弾薬類を手に入れたほか、食糧も確保するという「幸運」は得られなかっただろう。

「琉球は中国領土」の基本政策が残る

四五年八月二八日、台北で発行されていた「台湾新報」はリスボン発で蒋介石の戦後処理に関する二五日の声明を伝える。声明は中国東北地方満州の主権回復、台湾及び澎湖列島の回復、朝鮮独立の確立という三点を挙げ、さらには仏領インドシナなどの独立達成に向けて友好的援助を与えるなどと述べている。琉球の帰属については触れていない。彼は当時の政治外交力学から琉球の帰属に固執しなかったものの、その認識は底流として国民政府の基本的な方針として残った。

台湾の中央研究院近代史研究所档案館資料にある「琉球問題解決に関する意見」と題された文書は「琉球領有」へと踏み込む。中国駐日代表団から本国外交部に送られた同文書は送付日時を明記していないが、敗戦直後の東京で書かれたとみられる。

文書は琉球の帰属について、米国、中米両国、中国、中米両国の他の若干の利害関係国を加えた四つの信託管理と連合国の保護の下での独立、同盟国との合併が可能だとしたうえで、「我が国の主張と対策」として、「琉球は我が国の領土の一部であり、我が国に還ることが最大の希望である」とし、無理な場合の次善策としては「我が国の単独信託管理」を挙げている。

琉球問題に関する外交部文書には「意見」と同様、日時は不明ながら、琉球は中国に属すると結論付けた「琉球主権考」という書類があり、要約、次のように記している。

隋代に朱と荷という二人が琉球に渡り、地形がうねった龍に似ていることから「虬龍《チィウロン》」（みずち＝ヘビに似た角を持つ想像上の動物）と命名、明の太祖が「琉球」と改めた。太祖は三六の姓を国人に与え琉球に派遣、風俗を改めさせた。現在の琉球人で林、梁姓などは皆中国人に係わる。清代の光緒五年、日本は琉球に侵略して沖縄県を既成事実化したが、承認した条約はいまだない。

石井明は「中国の琉球・沖縄政策―琉球・沖縄の帰属問題を中心に―」（「境界研究」ＮＯ1、二〇一〇年）で、四六年三月の連合国軍最高司令部の日本の非軍事的活動に関する文書に「中華民国駐日代表団第一組」印の書類があり、琉球主権問題についての「「我が国の対策と提案」には以下の三項目があったと指摘している。

（1）我が国は道理に依拠して琉球の中国返還を勝ち取るべきだ（2）必要があれば争って琉球の領土主権を我が国に帰属させるべきだ。但し、軍事施設については米側に若干の便宜を図ってもよい（3）止むを得ざる時は、奄美大島以北の地区（奄美大島は含まず）を放棄してもよい

国際社会はまだ琉球の帰属について明確な回答を出していなかった。四六年四月一九日の「台湾新生報」は、ロンドン一六日発中央通信社電として、英外相が琉球の将来の地位について「中国の琉球への要求を支持する。これ等の島は中国が日本の圧力によって譲った」との認識を示したと伝える。ただ、外交部に提出された意見書、連合国の非軍事的活動に関する文書中の書類は、いわば原則論の羅列だという考え方も否定できない。東アジアの諸々の「統治体制」が徐々に固まりつつある中での「主張」でしかなく、米国が琉球管理を明確にした状況を踏まえ、精一杯の「抵抗」を試みたとする見方もできそうだ。

3．日本軍を無傷で接収する

「台湾省」設置は独断だったのか

国民政府が台湾を「台湾省」としたことは国際法上の明確な領土獲得ではない。カイロ会談後に出されたカイロ宣言と日本政府のポツダム宣言受諾を受けた連合国軍最高司令官マッカーサー元帥の「一般命令第一号」は台湾について記す（『日本外交並主要文書一八四〇―一九四五下』外務省編、原書房）。

支那（満州ヲ除ク）台湾及北緯十六度以北ノ仏領印度支那ニ在ル日本国先任指揮官並ニ一切ノ陸上、海上、航空及補助部隊ハ蒋介石総帥ニ降伏スベシ

「一般命令第一号」は日本が四五年九月二日、ミズリー艦上で降伏文書に署名した直後に出された。台湾で独立を志向する人たちは「第一号」と五一年九月八日の「対日講和条約（サンフランシスコ講和条約）」は共に、日本が台湾の領有を放棄しただけのものであって、台湾の帰属は未定のままだと主張している。

蒋介石は軍を台湾に進駐させ、台湾省設置に突き進む。彼にとって台湾が台湾省になることは必然であり、「一般命令第一号を奇貨として」といった類のものではなかったのだろう。

敗戦当時の第一〇方面軍は『あゝ台湾軍』によれば「当時台湾には我が全軍の最も練度高い航空部隊を含めて実にその三分の一の八〇〇の現役機を擁し、わが基地は完璧に近く分散設備され、如何なる猛爆でも損害少なく士気亦旺盛であった」という状況だった。しかし実情は米軍の空襲

に成す術《すべ》はなく、米軍の沖縄上陸を知って沖縄本島への特攻も試みたが、徒に航空機を失うだけだった。

カーは『裏切られた台湾』で「終戦当時、日本軍部は二十万の軍隊を二年、あるいは二十五万の軍隊を一年半養うのに充分な食糧を確保していた。彼等は長期戦を予期し、その準備をしていた。その上に船舶不足のため、台湾から日本内地に食糧を運輸することが出来ずに港湾付近に堆積した船待ちの多量の米と他の食糧があった」と分析する。

第一〇方面軍の武器弾薬は魅力だった

国民政府軍（国民党軍）と第一〇方面軍との接触は四五年九月から始まる。兵器類は国民政府軍の係官に書類と同時に引き渡し、小銃の弾薬なども弾薬庫から一つずつ数えて渡すという細かな作業だった。弾の数が書類と合わなければ、日をまたいでも点検が続いた。方面軍幹部らは、将兵に敵軍の捕虜となる後ろめたさを払拭するために、天皇の命のままに矛を収めるのであって俘虜になるのではない、という考えを徹底させ、米兵らとの衝突防止のための「丸腰」と飛行機の装着銃の脱装を促した。ガソリン、医薬品、衣料などは関係各機関に払い下げた。また舟艇のエンジンをトラックエンジンとして活用するなどの措置もとった。

第一〇方面軍の兵力一切を統括する台湾警備総司令部は一一月一日に正式に発足、四六年四月には、陳儀総司令の序に始まり、第一編台湾軍事接収準備、第二篇台湾地区降敵之状況、第三篇台湾軍事接収経過概要など六編からなる「軍事接収総報告」をまとめる。

第二篇は第二章の「人馬武器弾薬及艦艇の調査」で方面軍の全容を把握する。

一〇月二五日の降伏式典（光復節）直前の戦力を記した「台湾日軍兵力番号人馬武器艦艇飛機数量総表」は陸、海軍、石垣島の警備隊などに分かれて詳細だ。

方面軍の総人員は、司令部のほか、第九師団、第八飛行師団など六師団、独立混成第七五旅団など六旅団、高雄警備部隊など合わせて一八万三〇七九人。他に馬匹二七三二頭、野砲一五八五個、自動車八二九台、火炎発射機二一四個、舟艇一九〇隻、艦艇一四隻、飛行機九八三機、戦車七六台と記録する。

陸軍各部隊の兵力は総編成定員一五万四二六六人、敗戦時の実質人員一六万五二一九人、九月下旬は一三万三三一一人と伝える。

海軍部隊としては高雄方面根拠地司令部、基隆防備隊、石垣海軍警備隊、宮古海軍警備隊など軍人軍属合わせて四万九七六八人となっている。一〇月二三日の高雄警備府作成に基づくとしているが、陸軍の統計ほど詳細ではなく、陸海軍を合わせた数字も数量総表の数字との食い違いをみせている。

石垣、宮古両島の警備隊も米軍ではなく台湾警備総司令部によって接収されたことが一一月二一日付けの「台湾新生報」に掲載されたが、そのことも先島諸島を「台湾と一体の地域」とする認識があったからだろう。

船舶は機械船が二〇二トンの八代丸はじめ一〇〇トンクラスが主で一八隻、運輸船が六八五九トンの二日祐丸など四隻、汽船が七一〇〇トンの帝楓丸を筆頭に一四隻、他に二〇〇トン未満の漁船が三隻残っていた。所属は高雄、基隆両港がほとんどで、花蓮港が一隻だった。

本土出身将兵、沖縄出身将兵の管理及び移送は第四編俘虜管理、第五編俘虜の遣送にまとめられている。

台北、基隆など主要七都市、飛行場、港湾の修復作業は四五年一一月に開始される。将兵らの作業は都市部の公共建造物、道路及び電線、防空設備の除去などのほか、船舶修理、沈没船の回収、港内水中障害物除去、飛行場整備、機関車、駅の整備など多岐に渡っていた。レンガ、木材の増産などにも動員された。

将兵の再教育も重要なテーマだった。台北市内では四六年二月から始まり 再教育プログラムには、国父孫文、三民主義の偉大と人類の貢献、中国歴史文化の精神、民主政治思想と連合国憲章、日本神権思想の錯誤の検討などが講話として並んだ。天津、上海、重慶で作成された日本語ニュースなどを利用した時事問題も行われた。こうした精神訓話がどの程度の効果を挙げたかは疑問だが、戦勝国・中国の意図が透けて見える。

蒋介石にとっては無傷のまま残った第一〇方面軍の武器弾薬は魅力的だった。国共内戦はソ連軍が満州方面の日本軍の兵器類を共産党軍に回したこともあって国民党軍にとって不利に展開していただけに、台湾の「宝物」確保は差し迫った課題だった。

大陸での日本軍の降伏式典は、台湾よりも一か月以上も前の九月九日、南京で国民党軍の何応欣総司令官と日本軍の岡村寧次支那方面軍司令官との間で執り行われた。台湾では旧台湾総督官邸で陳儀台湾省行政長官兼台湾警備総司令から安藤利吉台湾総督兼第一〇方面軍司令官に命令書第一号が手渡された。四六年二月に外務省管理局総務部南方課が作成した「台湾の現況」は、岡村司令官は台湾澎湖列島の陸海軍も率いて何総司令官に無条件降伏したとし、「本官及本官ノ指定スル部隊及行政官ハ台湾澎湖島（ママ）ノ地区ノ日本陸海空軍及其補助部隊ノ投降ヲ接受シ□□□台湾澎湖列島ノ領土、人民地権、軍政施設及資産ヲ接受ス」と報告する。

野嶋剛は『ラスト・バタリアン　蒋介石と日本軍人たち』（講談社、二〇一四年）で当時の蒋介石の思惑を「手強い共産党との戦いに備えて、日本軍の装備、弾薬そして人材までも吸収することによって優位に立とうとこの時点から思考を深めていた」と書く。「日本軍の装備、弾薬」の中には当然、第一〇方面軍の軍装備が含まれていたことは想像に難くない。岡村から安藤に敗戦後についての指令があったかは不明だが、安藤が台湾独立の動きを断固封じ込めた意図の一つがこのあたりにあったとみることもできる。

蒋介石と岡村は日本の敗戦までは接触はなく、両者の交わりは戦後処理の段階になってからだ。二人の関係を推し量る短信が、四六年七月一八日の「うるま新報」に「岡村大将を優遇」という見出しで載っている。同紙は四五年七月、米軍政下の沖縄でガリ版印刷の「ウルマ新報」として創刊され、翌年五月に「うるま新報」と改名された。

（南京五日□ユーピ□）四日の延安放送（中国共産党の放送＝筆者注）は元中国日本軍総司令官岡村寧次大将が国府（国民政府＝筆者注）に優遇されているのはけしからぬと非難したが　国府筋ではこれに対し□□岡□元大将は確かに南京に□つているしかしこれは日本軍捕虜との連絡をとらせるためであるとの理由を明らかにした

岡村は国民政府の軍事法廷で戦犯を免れる。帰国後、蒋介石の意を受けて旧日本軍将校らでつくる「白団」という軍事組織を作り上げ、台湾で国民党軍の軍事作戦、教育指導などにあたった。

4．沖縄人将兵を日本軍から分離する

降伏式典前に本隊と別れる

国民政府・台湾省の琉球への対応は、国際問題討論会の「基本原則」で琉球人を少数民族と規定したことと、「無条件降伏条項案」での「琉球は中国に帰属する」という二つの基本的認識に則っ

て進められた。四七年一一月に行政院新聞局が発行した『琉球』は、冒頭の定義にあるように琉球に関する総合的な見解としてまとめられた。

琉球は昔は我が国に帰属しており、中国との関係は一千三百年以上前に遡る。一八七九年に日本は武力で占領した。抗日戦勝利により日本が投降、琉球の未来の地位は中国人にとって関心の深いところである。行政院張群院長は三六年（中華民国三六年、一九四七年＝筆者注）一〇月一八日の国民参政会駐会委員会第七次会議の行政院工作状況報告で、琉球群島と我が国の関係は特殊であり、我が国に返還されるべきである、とした。

『琉球』は以下、一琉球の地理的状況、二琉球の気候物産と人口、三琉球が中国に帰属した歴史、四琉球における中国文化、五日本の侵略の経過、と詳細にわたる。

六の結論は「これまで述べてきたように、我々はすでに琉球と中国の関係の概略を知った。地理上から述べると、もし台湾と海南島を中国の海の境界の目とするならば、琉球群島と西南沙は二つの触角と言うべきであり、共に欠くことはできない。歴史上からみても、琉球と中国の関係発生は遠く千三百年以上前であり、琉球が中国に帰属したことは、些かの脅迫の意思もなく、純粋に琉球人民が自ら願い出たことである」と述べ、琉球の中国への「復帰」を自明のこととしている。

第一〇方面軍から沖縄出身将兵を分離する方針はこうした国民政府の琉球政策の一環として実施される。「軍事接収総報告」は「台湾日軍兵力番号人馬武器艦艇飛機数量総表」の備考欄で、沖縄人、朝鮮人らを別々に集計、「一、台湾人約二千六百名、二、朝鮮人約九百名、三、沖縄島人約千五百名、四、軍属約六千名」と記載している。

この調査日時は「四五年九月末」と書かれており、方面軍が自ら本土出身将兵、沖縄出身将兵、朝鮮出身将兵に分けたと思われる。敗戦直後の方面軍には本土と沖縄の将兵を意図的に切り離す必然性はなく、各部隊への人員調査及び分離する旨の伝達は、日本と琉球を別の存在とみなす国民政府軍からの命令なり指示があったことをうかがわせる。警備総司令部は安藤司令官に朝鮮出身将兵の名簿提出を命令しており、沖縄出身将兵にも同様の命令が下ったのではないか。

決定受諾に至った経緯はどのようなものだったのか。「軍事接収総報告」にはその詳細についての記述はない。当時の方面軍の状況を伝える『あゝ台湾軍』あるいは『台湾軍司令部一八九五―一九四五』（古野直也、国書刊行会、一九九一年）も触れていない。

国民政府軍の命令を示唆する話として、戦時中は総督府総督官房情報部に籍を置き、戦後は情報課スタッフとなった川平朝申の「わが半生の記（6）」（『沖縄春秋』11号、沖縄春秋社、一九七四年）がある。

彼は「連合軍は日本軍に武装解除と共に、台湾出身兵、朝鮮出身兵、沖縄出身兵は、日本軍の中から抜き出して別の隊に組織するようにと命令した」と回想する。この「連合軍」は連合国軍の一翼を担った国民政府軍という意味なのか、あるいは台湾に進駐した米軍なのか、という疑問も生じるが、戦争終結直後の台湾は、国民政府軍が連合国軍を「代表」する形で進駐しており、米軍の思惑が仮にあったとしても、国民政府軍の意向に沿ったものであったと思われる。

台湾各地に展開していた部隊から沖縄将兵を分離させる命令がいつの時点で発せられたかの記録はなく、川平の回想でも「接収準備をしていた日本軍は早速各部隊にその命令を伝達した」とあるだけで、具体的な日時は書かれていない。『琉球官兵顛末記』の「琉球官兵のあゆみ」には四五年一二月二六日の事項で「台湾軍司令部の命により沖縄帰還希望軍人は第九師団を除き、基隆に集結することとなる」とあることから、分離命令はもっと早い段階だったと推測させる。

沖縄人将兵の証言をつなぎ合わせていく。

台湾東部の宜蘭にあった特攻隊基地で敗戦を迎えた沖縄兵は、機密書類の焼却、燃料の処分などに追われる日々の中で、沖縄出身者は一足先に基隆に向かうよう命令される。また、日本帰還のため各地の拠点に部隊は集結するが、沖縄への直接帰還希望者は新竹州三洽水の元工兵連隊基地に集結させられた、という回想もある。新竹州の大渓郡龍潭庄三洽州は台湾山脈の西の山麓に広がる地区で、沖縄県人の疎開地にもなった。本土出身将兵はすでに撤収しており、取り残された形になった沖縄出身将兵は、本土出身者と分けられた意味を「直接沖縄に帰るため」と理解していたのではないか。

方面軍からの命令には「沖縄人を日本人から分離する」といった国民政府側の意向についての

説明はなかったと思われる。命令に「君たち沖縄県人はもう日本人ではなく琉球人だ」といった趣旨を含む理由はなかったのだろう。一方で「我々は日本兵である」として拒否する沖縄出身兵もいた。

沖縄部隊は基隆に集結する

四六年一月、第一〇方面軍司令部は本土出身将兵から成る主部隊から離れた沖縄県出身者を基隆と西部の新竹州三洽水に集結させる訓令を発令する。集結命令が遅れた理由は不明だ。本土出身将兵の引揚げはすでに始まっていた。

基隆に集結した沖縄出身将兵二二五〇人は混成第三二連隊への転属という形がとられ、新たに第四大隊（永山政三郎大尉）が編成される。沖縄将兵はこの時点ではまだ方面軍の一部隊だった。永山は転属を「沖縄への復員帰還するまでの便法であった。（中略）沖縄への帰還も近いものと、台湾軍司令部は判断したのであろう」と回想する（『琉球官兵顛末記』）。この訓令に関する記述は「軍事接収総報告」にはない。

沖縄部隊（第四大隊）は基隆市内の国民学校などに分散、共同生活を始める。主な仕事の一つは、方面軍将兵引揚げ用に島内から集められた玄米、砂糖、缶詰、調味料、衣類などの管理だった。すべてが国民政府軍監視下での作業であり、炊事担当者が市内の精米所で精米する時もその都度厳しいチェックを受けた。

沖縄部隊の自給自足生活は続いた。基隆市内の破壊された建物からレンガを取り出し、一個一個鏨《たがね》で削って品質を上げ、一個当たり六円で業者に捌《さば》くなどした。到着輸送船からの砂糖の積み下ろし、入港船舶への石炭積み込み作業もあった。武装解除された兵器の取り扱い指導にもあたった。

こうして得たわずかばかりの生活費が貯まると、兵士らは基隆港の入口にある社寮島まで出かけ、同郷の人たちと酒を酌み交わし、空き缶を利用してつくられた三線《さんしん》の音《ね》が深夜まで聞こえた。社寮島に沖縄出身の漁師たちが多く暮らしていたことは前に書いた。

街で賭博などの取り締まりに当たっていた中国兵から誰何《すいか》されることもあった。彼らは日本人と沖縄人を区別しており、取り調べ方も異なっていた。沖縄人を兄弟のように感じていると話しかける兵もいた。サンパンで外出した帰りに銃剣を突き付けられ、思わず「リュウキュウ、リュウキュウ」と叫んで難を逃れたという話も伝わる。

沖縄出身将兵の基隆への集結は二月以降も五月雨式に続いたが、沖縄本島への引揚げ許可は下りず、悶々とする日々が続く。家族が沖縄本島から疎開した兵士、あるいは親類縁者を抱えた兵士らは除隊後、鉄工所の雑役、荷車引きの人夫などで収入の道を探した。ただ、台湾に元々の生活の基盤があったわけではなく、戦後の混乱期に仕事を見つけるといっても限界があった。沖縄本島への直接引揚げをあきらめ、漁船に乗り込んで先島諸島に渡る人、本土への引揚船に乗る人も増えていく中で、最後まで残った将兵は本土に向かう民間人の引揚げ作業をサポートする役目を担わされることになる。

第五章

沖縄人は「琉球人」になった

1. 日本人は琉球人を残して引揚げた

「日僑」と「琉僑」に分ける

四五年一二月三一日、日本人送還（引揚げ）を担当する台湾省日僑管理委員会が発足する。同委員会の「台湾省日僑遣送紀実」は敗戦から一か月半後の一〇月一日に台湾総督府が台湾警備総司令部の要請で調査した民間の日本人総数を三二万三二六九人、内帰国希望者は一八万八二六〇人、残留希望者は一四万一〇〇九人と記録している。「日僑遣送紀実」は注として、調査漏れもあり、実数は約一割増の総数三五万五〇〇〇人、帰国希望者二〇万人、残留希望者一五万五〇〇〇人としている。

日本人の引揚げは四五年一二月から始まり、帰国第一陣として在日台湾人を基隆港に移送してきた「夏月号」など三隻によって第九師団、二〇五海軍航空隊、海軍基隆防備隊などに所属する二八五四人が鹿児島港に向けて出港した。

軍人を最初に送還させたのは国民政府の意向か、あるいは台湾総督府、第一〇方面軍の要請だったのか。『あゝ台湾軍』によれば、方面軍は当初、台湾の治安、引揚船の手配などから引揚げは全軍の最後、四九（昭和二四）年の夏ごろとみていた。「全軍の最後」は中国大陸に展開していた日本軍の最後という意味だろう。台湾の治安は国共内戦が続く大陸よりは安定しており、引揚船も大陸が優先されるだろうという判断があったのではないか。

引揚げが唐突に早まった理由を『あゝ台湾軍』は次のようにみていた。

国共内戦で満州への兵員輸送用のＬＳＴやリバーテー船を上海に集結した米軍は中国軍輸送計画による余裕船の回送を申出、但し以上の事情上輸送開始は即刻とのことであった。民間人ではオイソレとは参らぬが在台軍隊では命令一下可能、この間民間の準備を命ずれば、何とか輸送可能と米側に返答した処、それならＯＫと出た。かくて二一年一月末より急拠帰還の本格的大規模輸送が開始された。総督側は民が先で軍が後で願い度いとの熱心な懇情があったので、結局軍、民平行（ママ）同時帰還輸送となった。

引揚げを待つ「日僑」（台南・台湾歴史博物館、中央社）

ジョージ・Ｈ・カーは、マッカーサーは冬を迎えた本土の食糧事情悪化などから日本人の引揚げをできるだけ遅らせたかったが、台湾で国民政府軍による第一〇方面軍の備蓄食糧横流しが頻発、方面軍内部にも一触即発の空気が流れていたことなどが速やかな引揚げを実施した背景の一つにあった、とみる。

台湾省日僑管理委員会は民間人の送還を円滑に行うために四六年一月四日から二月二三日にかけて台湾在住日本人の実態調査を行う。その結果は男性一五万五人、女性一五万八二二七人の計三〇万八二三二人だった。三か月前の台湾総督府調査時の数字に比べて一万五〇〇〇人ほど減っている。台湾省は琉球政策によって本土出身者の「日僑」とは別に、沖縄・奄美出身者を「琉僑」として扱っており、統計上から省いた可能性もある。

「日僑」は職業ごとに高級公務員、退役軍人、大手会社・銀行などの役員、国民学校など各種学校教職員、医師看護師、通訳、警察官、娼妓、先住民と暮らす人たちなど細かに分けられたが、こうした分析は、台湾省政府が技術支援などで留まらせる人たち（留用日本人）を選別するためだったと思われる。全体像を把握、帰国せずに潜伏、不法行為を働く者を防ぐ目的もあったのだろう。

「琉僑」は実態調査による各種統計表上は「その他」として扱われた。具体的には、肺結核、ハンセン氏病、精神病患者ら隔離患者九一人、火焼島（緑島）居住者一四人、高等法院台湾第一監獄犯人一三六人、琉僑一万三九一七人、韓僑（朝鮮出身者）二一七七人となっている。

沖縄出身者らが隔離患者、囚人らと同列に扱われている意味はわからない。数字は台湾在住沖縄県出身者でつくられた「沖縄同郷会名冊（名簿）」によるとされている。

留用を希望する者には「台湾省〇〇県、市　日韓琉僑調査票（〇〇僑）」という調査票が別にあった。留用者に限って日韓琉を分けた調査票を作成した理由は不明だ。留用日本人は工場、交通、学術、貿易金融など多岐の分野にわたり、同年四月末の段階で家族らを含めて二万七二二七人にのぼった。

本土出身民間人の引揚げは二月に始まり、四月末に終了する。

引揚者は出発の一週間前には基隆港の倉庫に集結、外部との隔離生活を強いられ、乗船当日には厳しい身体検査を受けた。検疫証明書、徴用解除手続きの有無なども入念に調べられた。所持品には長年暮らしていたこともあって高価なものも多かった。

台湾省文献委員会編の「台湾省通史稿巻十光復志」（一九五二年）によると、引揚者の順番等は細かく決められていた。軍人、その遺族及び留守家族を第一とし、民間人は後になった。病人は医療船を利用、囚人は警護つき、医者は各船に分散して帰国とされた。沖縄出身者は最後に島ごとに、朝鮮半島出身者は米軍派遣船舶によってそれぞれ送還されることになったとある。この頃すでに「日本人社会」の間でも本土出身者と沖縄出身者の区別がはっきりとしてきたかもしれない。

台湾省行政長官公署が議会で発表した「施政報告」は、四五年一二月二五日に引揚げが開始され、四六年四月二〇日、二六日にすべての引揚げが完了したと記録する。将兵は一六万五六三八人、民間人は留用者を除いて二九万二七一三人だった。ほかに朝鮮人将兵及び民間人三六五三人、琉球人将兵と民間人五五三六人を送還したとしている。

引揚史から沖縄県人は消えた

台湾協会編の『台湾引揚史 昭和二十年終戦記録』(一九八二年)は、松岡清理事長の「発刊のことば」を次のように記す。

連合軍の命令により、五十年の間精魂こめて築きあげた有形、無形の財産のすべてを残置したまま、一人当たり一荷すなわち二個の荷物だけを携えて、基隆、高雄あるいは花蓮港から引き揚げたのであります。(中略)しかし、ひるがえってわれわれの引揚げについて、朝鮮、樺太、南洋諸島あるいは満州のそれと比較するとき、台湾はいかに順調に、しかも危険のない状況のもとに進められたことか。(後略)

『台湾引揚・留用記録 第一巻』で監修・編集にあたった河原功は「解題」の中で、留用と引揚げの概要を伝えている。この時の引揚げはその後の留用者らの帰国と区別して「第一次還送」と呼ばれている。

台湾から最初の大規模な引揚げは、一九四六年二月二一日から四月二九日までの約二カ月の間に行われた。投入された船舶は延二二二隻、一隻に四、〇〇〇人以上乗る船もあった。そのほとんどがアメリカからの貸与艦、リバディー型輸送船（七、〇〇〇トン）やLST艦（三、〇〇〇トン）であったが、米軍管理下にあった旧日本軍輸送船や商船等も引揚げ輸送に投入された。その甲斐あって、わずか二カ月の間に、台湾に住む日本人約二八万人が台湾を引揚げたのだった。

日本政府の「日本人引揚者」に対する考え方は、台湾総督府残務整理事務所が四六年四月にまとめた「台湾統治終末報告書」から読み取れる。

同報告書は冒頭で「吾が国の台湾統治の終局に付きまして顛末を御報告申し上げますことは寔《まこと》感慨無量の至りに存じますが四月下旬在台四十余万の軍官民の引揚還送が完了致しました此の機会に終戦後の台湾の実情殊に接収の経過、在留日本人の動向と其の還送等に付き以下概略御説明申上げ度存じます」と述べ、日本人の引揚げは留用者を除いて四月末に終了したとしている。

第六の「在留日本人の還送及財産処理」は具体的に次のように述べる。

> 在台日本人の還送に付きましては中国及米国の協議に依り決定しました方針に従ひ昨年十二月下旬より先ず軍の輸送を開始し二月下旬には八万の軍人遺家族次いで一般居留民の還送を開始し四月下旬を以て総数四十余万人の計画輸送を完了致した次第であります。
>
> 一般日本人の還送業務の実施に当りましては総督府以下の行政機構は中国に接収せられました

為全島的連絡の機能を喪失致しました関係もあり軍の機構を中核と致しまして約一万人の将兵を残留せしめ之に従事せしめました外日本人官民より所要の陣容を補充し軍官民一体となり円滑なる還送の実施に当らしめたのであります。

同報告書には「琉球人」になった沖縄人についての記述はない。「残留させて還送業務に就かせた一万人の将兵」が本土出身将兵か沖縄県人将兵かについての言及もない。

沖縄の人たちは早々と帰国する本土の人たちをただ、見送るだけだった。「日本人」としての身分を失ったことをどのように思っていたのだろうか。あるいは立場の変化を十分認識するまでにはいたらなかったのかもしれない。

2. 琉球官兵が日本人引揚げを支える

本土将兵はいなかった

台湾統治終末報告書にある「円滑なる還送の実施」、あるいは台湾協会編の「台湾引揚史」にある「順調で危険なく進められた引揚げ」は、郷土への帰国がなかなか実現しなかった沖縄部隊

引揚船が着岸した基隆港の西側埠頭。ターミナル倉庫は引揚者らの待機場所になった

の支えがあって初めて可能になった。

沖縄部隊の基隆への集結命令が出されてから約一か月が過ぎた四六年二月上旬になると、引揚げを待つ本土出身将兵は残り少なくなっていき、早期帰国を求めての不満解消を図って、急ピッチで業務を進めなくてはならない状況が生まれつつあった。後に続く民間人の引揚げ業務をだれが行うかという問題の打開策として、沖縄部隊に引き継いでほしい、という要望が出される。沖縄出身将兵はすでに八〇〇人程度に減っていた。

このことは要望だったのか、あるいは命令だったのか。当時基隆にいた比嘉厚夫は次のような手記を『琉球官兵顛末記』に載せる。

二月十日、混成第三十二連隊長の工藤大佐が突然基隆国民学校の将校室へ来られ、知花大隊長に挨拶の後、いきなり私に、「比嘉少尉、基隆岸壁へ行って引揚げ輸送業務に協力してくれないか、沖縄出身兵の入岸希望者は多いが指揮する将校が一人もいないで困っている。わしの頼みを聞いてくれ」とのこと。私は暫し躊躇、沖縄戦で沖縄人はスパイ扱いされたとの噂さが頭にこびりついていたから、この要望をきっぱり断るべきか、それとも最後のご奉公として一働きするかを詮索。「大佐殿、日本軍が大勢いるではありませんか。どうして強いて沖縄出身兵を使うんですか」と尋ねると、大佐は、「如何にもその積りだった。しかし、輸送業務をやっている中に、住民の引揚げはこれからだというのに、兵隊が不満を云い出し、暴動が起きたので、止むなく部隊毎の割当制にして帰還させて了い、今では日本軍は殆んど残っていない。恥ずかしいことだが輸送業務も一時中止になっている。何とか頼む、小遣銭はあるか」などど哀願された。

この時の経緯については『琉球官兵顛末記』が発行された一九八六年から二八年後の二〇一四年、知花成昇（大隊長）が、少しばかりニュアンスの異なる話をしている（中村春菜「戦後台湾における沖縄籍民の引揚げの様相―「琉球官兵」の形成過程とその役割―」『沖縄文化』四十九巻二号所収、二〇一五年）。

本来であれば、日本官兵が最後まで責任をもって日僑・琉僑の面倒を見るべきだが、ほとんどの兵士は台湾に家族がいるわけでもなく、終戦後もずっと台湾に居続ける理由がないとのことで、上からの命令通り、みんなさっさと引揚げてしまった。そうすると、これまで荷物の運搬や中華民国側との連絡調整をしていた人たちがいなくなり、工藤隊長も困っていました。それ以上に困るのは、台湾にいる日僑・琉僑の人達です。私たちは、こうした人々のために、最後まで尽力しようと決意し、工藤隊長の依頼を受けたわけです。

第一〇方面軍には米軍の沖縄本島上陸と前後して「沖縄人スパイ説」が流れ、敗戦についてもその責任は「スパイ活動をした沖縄人にある」といった暴言も流布される。本土出身将兵からは徴兵された台湾兵のきびきびした動作を見習えといった発言が沖縄兵に出されるなど、彼らにとっては日本人としての敗戦の無念さ以上に屈辱の記憶が残った。

沖縄人スパイ説に係るような話は『琉球官兵顛末記』でも数人の沖縄兵が書き残している。台湾東部の台東地区部隊小隊長だった平識善福は「二十年の六月頃のある日のこと、いつもは回報が私のところにまわって来るのに、その日ばかりはこないものですから、連絡係の松原軍曹に聞かしたところ、何と『要注意沖縄出身将兵』という方面軍からの、極秘扱文書であることがわかりました。それは沖縄戦において、沖縄の指導者がスパイ活動をしているので、沖縄県出身将兵は要注意せよ、とのことが後でわかり、これ程、侮辱された不愉快なことがあったことを想い出されます」と述べている。

台湾軍司令部電報班に所属していた仲村栄正もまた、「沖縄戦は全島をはげ山にするほど激しいものだった。（中略）婦女子は接客婦、老人・子供は働ける者は米軍の使役として協力し、住民はスパイの役目をはたしていると云う内容の電文があった。私は夜勤を終え、朝風呂でも入ろうかと思い、風呂場に近づくと、風呂場の中から『沖縄の人は、日本人か？日本人ならば、いさぎよく玉砕した方がよい、スパイをするとは大変な事だ』と声を荒らげて話しているのを立ち聞きしてしまった。こんな屈辱の事はない」と振り返る。

比嘉のいう「沖縄戦で沖縄人はスパイ扱いされたとの噂」の根拠を『観光コースでない沖縄第三版』（高文研、一九九七年）から読み取ることもできる。

司令部の要員には、数百名の沖縄出身の軍属、学徒隊、数十名の女子軍属や辻遊郭の遊女たちまで雑居していた。それゆえ、軍の機密保持には神経をとがらせ、参謀長じきじきに「爾今軍人軍属ヲ問ハズ標準語以外ノ使用ヲ禁ズ。沖縄語ヲ以テ談話シアル者ハ間諜（スパイ）トミナシ処分ス」（四月九日、日々命令録）という命令が出された。こうした、軍首脳みずからの県民スパイ視の姿勢が隷下の将兵にも影響して、やがてスパイ狩り事件や住民虐殺事件を誘発する遠因になったのかもしれない。

沖縄出身将兵のなかに残る思いを比嘉が知らなかったはずはないであろう。それでもなお申し出を受け入れ、基隆港の岸壁倉庫に事務所を置き、残された本土出身民間人の引揚げ業務を担当する。同時に方面軍が残した米、調味料なども引き継いだ。

作業は、帰国予定の人たちの倉庫内宿舎の手配、食事、荷物の梱包荷解きと中国兵による検閲の立ち合い、再梱包、輸送船への搭載から、航行中の食料手配まで加わった。炊事班による食事の手配は三交代で夜中から炊き出しを始めるなど忙しかった。

「最後の日本軍隊」という誇りが彼らを支えた。一方で本土出身者の次は自分たちという思いもあったはずだが、帰国許可はなかなか下りなかった。

比嘉が理不尽とも思える要請を受け入れた胸中には、あるいは第四大隊の永山政三郎が記した「基隆港からのおびただしい数の邦人・軍人の送還の掉尾《ちょうび》を飾る沖縄部隊の活躍の事実を、世の人は気もつかなかったかも知れないし、いわんや記憶しないかも知れない。しかし、我々沖縄兵はこの事実を誇りとし、忘れてはならない。これを私は、帝国最後の在台部隊たる我が沖縄部隊の栄光と言うのである」という自負に近いものがあったのだろうか。

こうした心情は、又吉盛清が『日本植民地下の台湾と沖縄』に書いた「日本人としての自らの『日本魂=皇民化』を強調することによって、『正当な日本人』であることを自己証明して見せるというやり方」につながるのだろうか。

沖縄人の本質にある「愚直」ということを思い起こす。辰濃和男の『反文明の島　りゅうきゅうねしあ紀行』（朝日選書、一九七七年）に、愚直についての一節がある。

東京を出発する前に、沖縄の生んだすぐれた歴史学者、比嘉春潮さんに「沖縄のこころ」について、たずねたことがあります。

「ひと口にいって、沖縄のこころとはなんでしょう?」

高齢ですっかり耳の遠くなった比嘉さんは、えっえっと二度ききかえしてから、いった。

「愚直、ということでしょうか」

「グチョク?」

「はい、愚直、ですね。愚直だけれども、根強いものを持っておるのです」

「………」

「良くいったら、思いこんだらなかなか変えない。悪くいえば、変えることができない。ハハハ」

本土に引揚げた将兵の手になる『あゝ台湾軍』の「沖縄籍の者の帰還」には「沖縄の旧軍の方々は夫々基隆等の乗船地で献身的に縁の下の力持ち雑務(例えば基隆の滞留帰還者の糞尿は毎日ドラムカン二〇〇本生じ、これを港外突端迄運搬し投棄するが飛沫で忽ち汚水と共に全身に浴び、その悪臭のひどさ、又濡れ放題の衣服の着替えなし等々の悪條件)に黙々と従事して何等の報酬を与え得ず、その輸送終了後に最後尾に帰沖された。心より敬意を表し且感謝を捧げたい」とある。

文字通りの気持ちなのだろうが、沖縄部隊がなぜ「最後尾の帰沖」になったかについてまでは触れていない。儀礼的な挨拶という印象は否めない。

台湾総統府（旧台湾総督府）。台北空襲で一部が損壊したが、復旧される

三民主義が講義される

四月末、本土への民間人の引揚げが終わると同時に、第一〇方面軍の組織は沖縄部隊だけになった。五月からは台湾警備総司令部の管理下に入り、名称も当初は「琉球籍官兵善後連絡部」と呼ばれ、日を置かず「琉球籍官兵集訓大隊（琉球官兵）」となった。日本軍の一部であった部隊に「琉球」という呼称をつけたことは、琉球に対する国民政府の考え方を反映している。

琉球官兵は基隆港に乗船地連絡本部の一〇人を残して、台北の旧台湾総督府に移動する。沖縄将兵の中には旧総督府で初めて合流する人たちもいた。

旧総督府は米軍による空襲で激しく破壊されていた。建物の残骸が各部屋に残ったまま放置され、大部屋には藁《わら》が積み重ねられ蚤《のみ》が大量発生していた。

一通りの整備が終わると、ロビーでは戦死した将兵、犠牲になった市民らの慰霊祭が執り行われ、残留していた日蓮宗僧侶が祭儀を任された。慰霊祭は敗戦直後に基隆でも行われたが、台湾は他の戦地に比べて被災の程度が少なかったということかもしれない。

琉球官兵の主な仕事は、米軍の空襲によって破壊された松山空港の整備、台北、基隆市内などの瓦礫を取り除く作業が多く、市内下水道のドブさらいまであった。炎天下の力仕事がほとんどで、低空を飛行する米軍機を見上げるのも日常の風景になっていた。こうした作業の対価として警備総司令部から報酬を受ける時もあった。基隆に再度駆けつけ、乗船班、検査班に分かれて日本人留用者の引揚げ支援をすることも珍しくなかった。乗船班は主に荷物の運搬、積み込み作業、検査班は台湾省政府の警察担当者が行う所持品、梱包品検査の立ち合いだった。台湾省側の梱包検査は厳密に行われ、缶の中身までチェックするなど徹底していた。

早期の沖縄本島への引揚げは絶望的だったが、人づてに少しずつ状況が入って来る。米国史の学習会が開かれ、英語の勉強を始める兵士も出てきた。台湾に密入国した先島諸島の業者らが旧総督府に立ち寄って不確かな情報を伝えることも兵士らの心を動揺させた。業者らは台湾に山羊、子豚などの買い出しに来ていた。密航船は当時、台湾と先島諸島の間を頻繁に行き来しており、基隆からの密航船で石垣島、宮古島、沖縄本島に帰ろうとして除隊申請する兵士も続出した。

琉球官兵に対して警備総司令部は毎週、国民党宣伝部講師らによる三民主義、国民党史、中国語、琉球史などの思想教育を続ける。中国国歌の指導もあった。最後には毎日各教科二時間、計四時間の講義になったが、将兵の反応は鈍かった。三民主義の講義後、沖縄の帰属についてのアンケート調査も行われる。中国への帰属希望はゼロだったという話が部隊内では伝わっている。

「支那・琉球民族との同祖論」といったテーマの講義もあった。歩兵として入隊後満州でソ連軍と対峙し、さらに軍医となって台湾に転属した比嘉賀友は『琉球官兵顛末記』で「日本の敗戦によって彼我の立場は逆転し、台湾での最後の日本軍人たる私たちは、中国軍の俘虜として、どんな屈辱にも甘んじなければならない立場にあったが、予想に反して寛大な取り扱いを受けた。これは蔣介石総統の『以徳報怨』、即ち『怨みに報ゆるに徳をもってせよ』との訓令のお陰であり、また『琉球は七十年前は中国の領土であった』と説く、中国軍幹部の親近感の贈物だと思う。中国軍はわが琉球官兵をどう処理するつもりだったのか」と回想する。

3. 沖縄人は南方澳に殺到した

マグロ漁船で帰る

敗戦が決まると、沖縄の人たちは台湾東部の南方澳、あるいは台北に近い基隆に殺到する。中国・満州などから大陸を南下、台湾海峡を渡って辛うじて台湾までたどりついた人もいた。

南天宮から見下ろす南方澳。敗戦直後の喧騒を想像する

南方澳は戦時中から与那国島との間を漁船が行き来しており、基隆も石垣島との連絡船が通っていた。米軍と国民政府軍によっていつ海上規制が敷かれるかわからない状況が彼らを急ぎ南方澳などに向かわせる。先島諸島までたどり着けばなんとかなる、という思いは強かった。港町に住む台湾人にとって、昔から多くの沖縄人が住んでいただけに、彼らが台湾各地から殺到しても、驚きはなかった。

引揚げには連絡船の他、マグロ漁船などが転用される。二〇トン四〇馬力前後の漁船は毎時六ノットも出ればいい方だったが、好天であれば八時間から一〇時間で与那国島まで行けた。どの船も「密航船」だった。『平良市史第二巻通史編2戦後編』は「終戦後旬日を経ずに引揚げが開始された」としている。

与那国島出身の大浦太郎も南方澳から引揚げた一人だった。三二（昭和七）年に台湾に渡り、新聞社勤務の後入隊、満州、フィリピンなどを転戦、敗戦時は台湾に戻っていた。四六年四月に与那国航路の「永漁丸」（木造、三〇トン）で引揚げた時の様子を『密貿易島─わが再生の回想』（沖縄タイムス社、二〇〇二年）にまとめる。

ここでの引き揚げは官憲筋の計画に基づいたものではないので、輸送計画もそれをまとめる組織、責任体制もなかった。（中略）まず、人員、貨物の数量把握が先決問題となった。年長者が一人、三人集まり、船長、事務長との会議が船長室で始まり、私も呼ばれた。その間、人員の確認と貨物の調整に船員たちが当たった。その結果、全員を二団に分け、家族単位で負傷者優先とし、名簿を作成した。第一団は即日午後出航。第二団は明日以降と決定し発表した。（中略）発表を聞いた百人余の群集が快くこれを承諾したわけではなかった。逐次急迫する南方澳集落の雰囲気は、いつ中国官憲の手が伸びて事態の悪化を招くかという不安と焦燥で、一歩でも早く乗船したいという緊迫感で大騒ぎになっていたからだ。

南方澳を出港した永漁丸は、二時間ほど走ったところで、いったん停船した。（中略）ブリッジから坂デッキに帆柱を掛け渡してキャンバス幕で覆い、風通し場所だけを残し、端を舷側に結び付けて作業を終えた。平たんな場所はすき間がないほど人間で詰まった。舷側は手を伸ばすとすぐに海面に届くほど、ぎりぎりのところまで満載状態であった。

船頭らに渡す金は大人、子どもの区別はなく一人三〇〇円、荷物は一個当たり一〇〇円が相場になっていた。家財道具、食料品をどれだけ持ち帰れるかは手持ちの金次第だった。

国民政府軍の監視が徹底されるまで時間はかからなかった。当時を知る台湾の人は「中国の字もわからん兵隊がやってきてみんなに指図するようになった」と話す。最初は一人米俵一俵（約六〇キロ）を持って引揚げることができたが、その後一斗（約一五キロ）になった。台湾から米がなくなるという理由だった。この南方澳に戦後すぐに移り住んだ劉惠は、「みんな何も荷物を持って帰れず可哀そうだった」と話した。

台北に近い基隆でも港内に係留されていた漁船、徴用を解除された木造運搬船を利用して引揚げる人たちが目立った。

小船で沖縄本島を目指した古波蔵信平は『琉球官兵顛末記』に「正規に出港するために、なんとかその筋の許可を得ようと相談し、幾らかの金を出し合って関係当局に納めようやく出港許可をしてもらう。終戦間もない混乱した時代で役所も袖の下が通用していたのだろう」と書いている。

先島諸島は国に頼らなかった

先島諸島には漁船などで引揚げてきた人たちから窮状が次々と伝わる。船の手配さえできれば

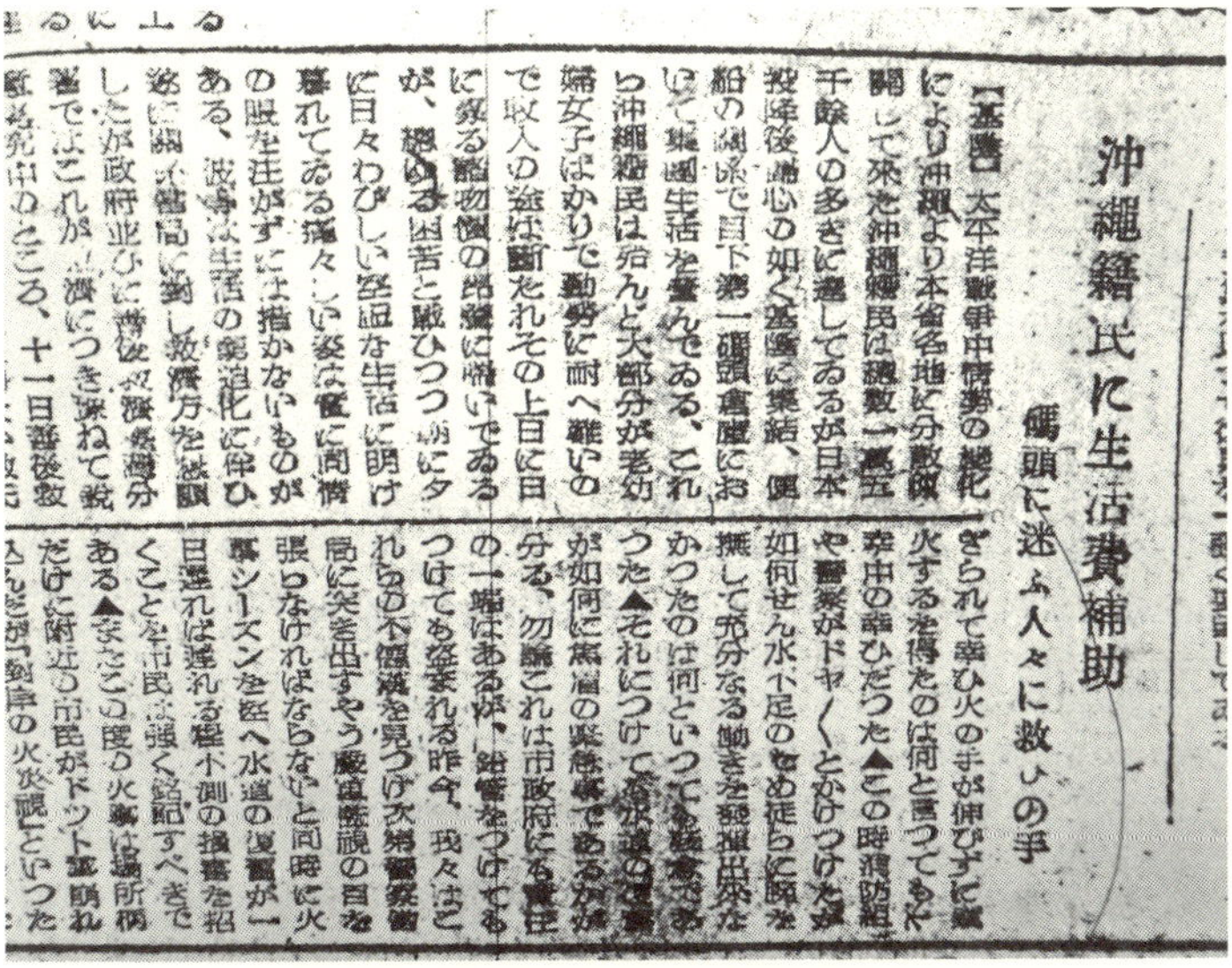

沖縄籍民に生活費補助

路頭に迷ふ人々に救ひの手

【基隆】太平洋戦争中情勢の悪化により沖縄より本省各地に分散疎開して来た沖縄籍民は總数一萬五千餘人の多きに達してゐるが日本投降後帰心の如く基隆に集結、帰船の関係で目下第一碼頭倉庫において集団生活を営んでゐる、これら沖縄籍民は殆んど大部分が老幼婦女子ばかりで勤労に耐へ難いので収入の途は断たれその上日に日に募る諸物価の昂騰に喘いでゐるが、[illegible]困苦と闘ひつつ[illegible]に日々わびしい窮屈な生活に明け暮れてゐる痛々しい姿は實に同情の眼を注がずには措かないものがある、[illegible]生活の窮迫化に伴ひ路頭に[illegible]に對し救済方を[illegible]したが政府並びに[illegible]署ではこれが[illegible]につき深ねて[illegible]中のところ、十一日善後救[illegible]

「路頭に迷う沖縄からの疎開者」と訴える（台湾新生報 46 年 1 月 14 日）

彼らを一刻も早く帰国させられるという思いは、独自の引揚げ策を模索させる。

宮古島の平良町議会は一一月一日、疎開者援護会を立ち上げ、引揚船の手配、燃料確保手当の支給など引揚げ促進を決める。石垣島などでも疎開民引揚救済協議会が結成され、共同で取り組む体制が出来上がる。引揚船は宮古市庁長などからの「台湾各地からの疎開民引揚船である」という証明書を受けての出航だった。

引揚船が台湾省の接収を受けたり、沈没、難破したりする事件も相次いだ。

一一月一日夜に基隆港を出港した栄丸は一時間後、港外で強風と大波に遭遇、エンジン故障も加わって暗礁に乗り上げ、大破沈没した。乗船者は一七二人、死亡者一四〇人、生存者三二人とみられるが、乗客名簿がないことなどから正確な数字はわからない。

一二月一九日には疎開者一三〇人を乗せた産組丸が船客の積荷オーバーで難破しかかった。『平良市史』によれば、基隆出港前夜は何事もなかったが、当日になって予定外の船客、手荷物の積込みがあり、沖合で浸水、乗船者は急遽、預金通帳の入ったカバンなど手当り次第に海中に捨てて難を逃れた、という。

引揚者の声だけ聞いても実情はわからないと、台湾に出向く人もいた。平良町長の石原雅太郎は、職を辞して台湾に渡りその状況をつぶさに見て回る。その心情を『石原雅太郎伝』にみる。「疎開するようにと、町長のぼくが奨めたからな、ぼくの手で遠い台湾へ疎開させておいて、知らん顔ではおれないよ、食糧もない、マラリアのひどい土地で、どんなに苦労してるかとおもうと、行かずにはおれん」。

一二月一七日の「みやこ新報」は、石原の同月四日付信書を「当地の疎開民は実に悲惨なものですが船が無い為帰るに帰れず今や餓死に近づきつゝあります実際涙なくしては見られぬ状態です……基隆に居る二千名の生命の心配をしてくれとの事で残ります当地は時々刻々に情勢が変りまして手のつけやうがありません」と伝える。

米軍と台湾省政府による連絡会議は一二月二〇日、初めて沖縄人の困窮生活を議題にする。基隆にいる一五〇〇人から二〇〇〇人の人たちは大部分が女性と子どもであり、生活が逼迫《ひっぱく》している彼らを他の沖縄人に委ねて引揚げさせるか、健康上問題のある人たちについては、各港の沖縄人所有船舶、収容人数の把握に努め、引揚げを許可すべきだと提案する。

この人たちが石原の信書にある「二千名」に該当するかは定かではない。

米軍と台湾省の動きを伝える資料に、戦後処理にあたった善後救済総署の銭宗起台湾分署長が陳儀台湾行政長官に宛てた一二月一八日付報告がある。報告では米軍の詹遜大尉が「琉球代表」を伴って同分署を訪れ、一万三〇〇〇人余の琉球難民はなお日本国籍を持っており約一〇隻の船舶に一隻あたり一〇〇人程度を乗船させて琉球に送還させたいと要請している。報告はまた、基隆には満足に働ける沖縄人は一〇〇人程度とも伝えている。「一万三〇〇〇人」という数字は、日僑管理委員会調査による琉僑の人数とほぼ同じだ（一七四頁参照）。

この報告はただ、不明なところが多い。「詹遜大尉」は川平朝申の「わが半生の記（7）」にある「米軍司令部連絡将校ジョンソン大尉」と思われるが、彼の発言が上層部の指示によるのかどうかは明らかではない。送還先が沖縄本島か先島諸島かということもはっきりしない。「琉球代表」も確かな説明がない。

台湾省の対応は一二月に沖縄人の引揚げに関する取り決めを定めた「遣回琉球難民弁法」によって具体化していく。「米軍の要請」を受けて作成されたのか、元々、早期送還のルールづくりを必要としていたのか。長官の承認を得て実施するとあるが、日時は不明だ。

同法は一三か条から成り、適用難民一万二九三九人は台湾省政府によって基隆港から帰すとしている。基隆に留まっている一九六五人を優先的に送還することも決められた。経費は食費一人あたり一日五元、子ども三元が支給され、帰国までの航行日数は二日とされた。

一二月二一日、「疎開沖縄県民還送配船計画」が検討される。先島諸島出身者一五〇〇人を宮古島と石垣島に送還するというもので、第一船の出航日を二四日、最終の第四次船は四六年一月八日、先島諸島からの帰りは蘇澳経由で基隆に戻るとしている。この計画案が実施されたかどうかは確かではない。

先島諸島の自治体などが手配した引揚船は四六年に入って軌道に乗り出し、一月九日の「みやこ新報」は、船主組合などとの連携も順調に進み、六隻の漁船が基隆に向かい、一隻当たり一〇〇人、計六〇〇人の引揚げが可能になった、と報じる。漁船の経費などをどのように捻出するかも喫緊の課題になり、現地に赴いている行政担当者は台湾省政府との交渉に追われた。

一月二五日には台湾省交通処も送還船四隻で五二六人の「来台避難人民」を先島諸島に送還することを決めている。四隻は二隻が宮古島、二隻が台湾東部の蘇澳経由で石垣島に向かった。「配船計画」が実行に移されたのかもしれないが、そのころにはすでに自力で引揚げた人も多く、基隆に五〇〇人ほどしか残っていなかった。

引揚船はその後も断続的に続き、宮古島では『平良市史』が「疎開者は五月十八日の台湾第五五号による一四六名でほぼ完了」と伝え「すべて自力による引揚げであり、疎開を強制し、追い立てるようにして台湾へ送り込んだ国の措置によるものではなかった」と記録した。

典藏號：00306510094001　掃描號：488600340006

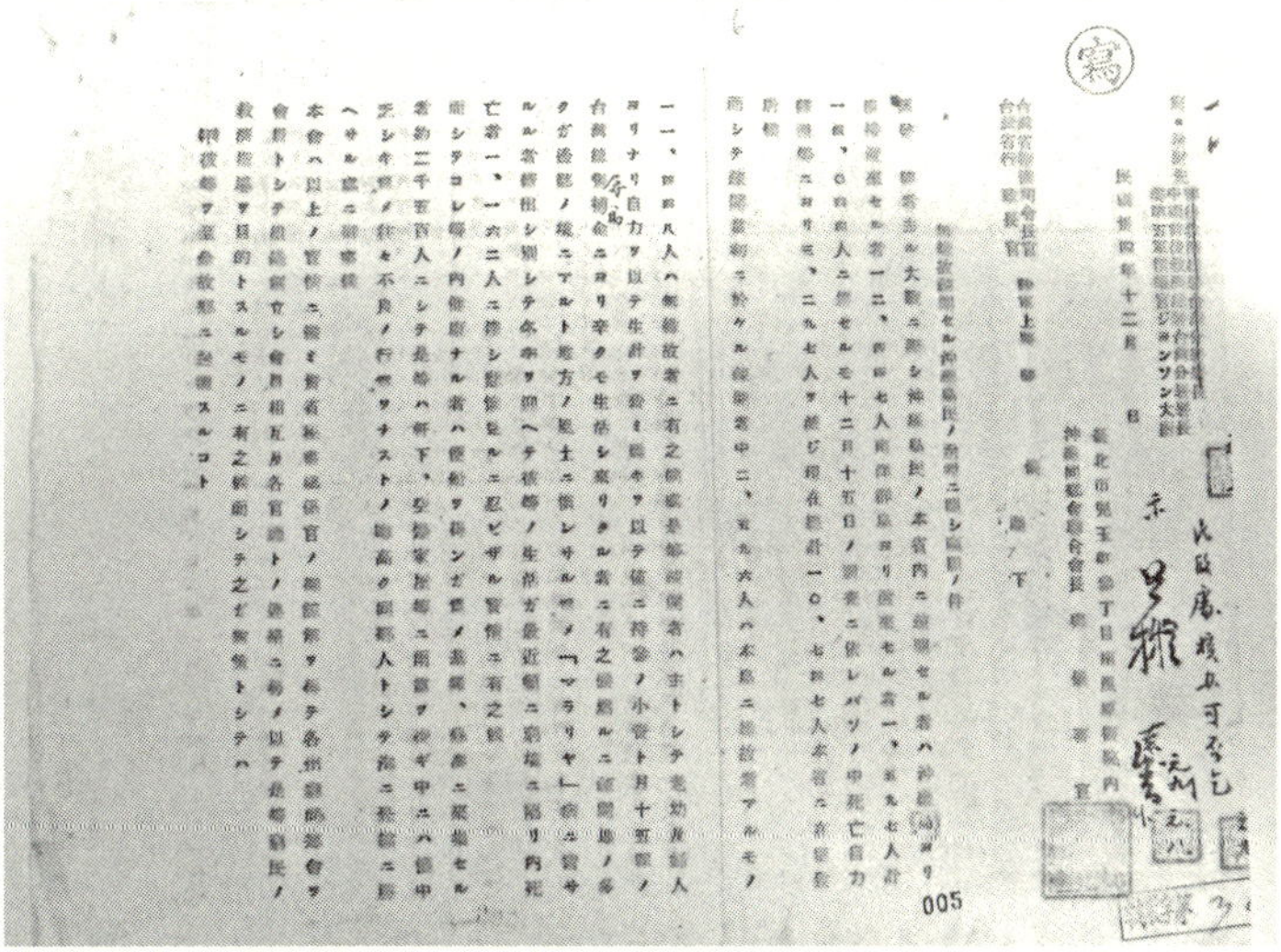

台湾省行政長官に宛てた無縁故疎開者引揚げに関する嘆願書

4. 沖縄同郷会が疎開者を守る

救済嘆願書を提出する

台湾で暮らしていた沖縄県人は疎開者を含めてすべてが南方澳にたどりつけたわけではなかった。沖縄本島からの疎開者は移動すら困難な生活が続いていた。

台湾総督府職員として中西部から南部の状況視察にあたった川平朝申は、足を運ぶ先々でマラリアに侵されて身動きもままならない人、遺骨を抱き抱える人、沖縄出身を隠して疎開民の面倒を見ない警察官らを見聞きする。

「わが半生の記（6）」に「高雄市も屏東市も相当な爆撃の洗礼を受けていて、至る所に沖縄県から来た疎開民がいた。帰りは各地に下車し沖縄からの疎開者の調査をした。台南、台中、大屯郡、員林郡には相当数の疎開者が各政府からの援助が打ち切られていることがわかり、早急にその救援策を考えなければならないと思った」と述べ、総督府に報告するが、「台湾総督府は中華民国の前進指揮所の指揮以外には、何もすることは出来なかった。日本政府は敗戦と同時に行政能力を喪失しており、中華民国政府にはそのような責任はないと問題にしない。結局、沖縄県の疎開民は宙ぶらりんにされてしまったのである」と取り付く島のないような対応を語る。

川平の視察がいつだったかは不明だが、総督府はすでに沖縄県人を琉球人として「別扱い」していたのではないか。台湾人の友人から「やあ川平さん、おめでとうございます。琉球も今次戦争で日本から解放されますね」と投げかけられ、「われわれは敗戦したんだ、何がおめでたいもんですか、われわれは日本人なんですよ」と返す川平の心情との落差を思う。

沖縄人の窮状を救う同郷人の動きは、川平と友人の医師、當山堅一らによって具体化、台湾沖縄同郷会連合会が生まれる。副会長になった南風原朝保の経営する台北の南風原病院が事務所になり、弁護士の安里積千代も同じく副会長に名を連ねた。

光復節から一週間も経たない一〇月三一日、南風原と安里は早くも連名で「在台沖縄県人に告ぐ」という広告を「台湾新生報」に載せる。広告は「至急左記宛、本籍、現住所、氏名（家族共）年齢、職業、渡台年月健康状態等御通知あり度し（ママ）。疎開の為め（ママ）来台の方は其旨付記のこと」と記している。

一一月一六日には台湾沖縄県人会連合会が「本省在住人士に□ふ」という広告を載せ、一口一〇円、目標額五〇万円の募金活動を始める。申込場所が台北市児玉町の南風原病院内とあるところから、台湾沖縄県人会連合会と台湾沖縄同郷会連合会は同一の組織だったと思われる。

掲載文は疎開者の窮状について「現下本省各地に散在□食し在る一万余の沖縄県無縁故疎開者（沖縄県各地よりの集団疎開者）の惨状（生活苦と病魔とに戦ひ疲れ斃れ行く者日に日に激増するの一途に在り）を放置せんかその及ぼす処県民の不幸に留まらず本省光復建設の第一途上に無用の混乱とご迷惑を及ぼし延いては新世紀の人道的規範に反く事になろう。これら本省各地に散在し病苦と飢ゑに苦しみつつある無縁故疎開者に対し温い救ひの手を伸ばすは現下の急務である」と訴える。

同会はさらに一二月、陳儀台湾省行政長官に「無縁故疎開セル沖縄島民ノ送還ニ関し嘆願ノ件」と題した嘆願書を出している。

嘆願書によれば大戦中に台湾に疎開した沖縄県人は沖縄から一万二四四七人、南洋群島から一五九七人の合わせて一万四〇四四人。一二月一五日現在の調査では死亡または自力帰国者らが三二九七人に達し、残りの一万〇七四七人が台湾に留まっているとしている。疎開者一万四〇四四人中、縁故者がある人はわずかに二五九六人、八割を超す一万一四四八人は頼るあてのない無縁故者であり、しかも多くが老人、婦人、子どもであり、死者は一一六二人と説明する。「沖縄から一万二四四七人」は、四五年の「台湾統治概要」にある疎開者数と同じだ（七五頁参照）。

自力ヲ以テ生計ヲ営ミ難キヲ以テ僅ニ持参ノ小資ト月十五円ノ台湾総督府補助金ニヨリ辛クモ生活シ来リタル者ニ有之候然ルニ疎開地ノ多クガ辺鄙ノ境ニアルト地方ノ風土ニ慣レサル為メ「マラリヤ」病ニ冒サルル者続出シ別シテ冬季ヲ迎ヘテ彼等ノ生活ガ最近頓ニ窮境ニ陥リ内死亡者一、一六二人ニ達シ悲惨見ルニ忍ビザル実情ニ有之候

而シテコレ等ノ内健康ナル者ハ便船ヲ得ンガ為メ基隆、蘇澳ニ来集セル者約二千五百人ニシテ是等ハ軒下、空爆家屋等ニ雨露ヲ凌ギ中ニハ懐中乏シキ為メ往々不良ノ行為ヲナストノ噂高ク同郷人トシテ洵ニ恐縮ニ勝ヘサル処ニ御座候

「死者一一六二人」は、沖縄からの疎開者のほぼ一割だ。すべて無縁故者だったのか、縁故者のある人も含まれていたかははっきりとしない。「死亡または自力帰国者三二九七人」のうち、どれだけの人が亡くなったかも不明だ。

嘆願書はさらに、戦前の台湾在住沖縄県人約一万五〇〇〇人の大部分は資力のない労働者だと説明、要望として三点を挙げている。

一、早急な送還と船舶事情から先島諸島の無縁故者を優先すること
一、故郷への食糧補給を併せ考慮すること

一、送還不能な残留者の生活救済

台湾総督府も動いた

台湾総督府、第一〇方面軍もまた、南風原らの「在台沖縄県人に告ぐ」という広告の直後、沖縄県人の早期帰還を求める至急電を東京に送っている。

一一月四日付の台湾軍管区参謀長、諫山春樹から次官に宛てた「台参電第一七九九号」だ。

一　沖縄県人ニシテ台湾ニ強制疎開セシメラレタル者約一万名（本島三千、宮古五千、石垣二千五百）ニ上リアリ

二　右人員ノ大多数ハ老人婦女子ニシテ台湾ニ縁故者ナク従来ハ官ノ宿営援助及官費補助（一人一日五十銭）ヲ受ケアリタルモ、総督府ノ接収ニ伴ヒ実質的援助ハ中絶状態トナレリ。加フルニ終戦後ノ物価昂騰ニ依リ所持スル金品ヲ消費シ尽シ「マラリヤ」患者続出スルト共ニ生活困窮シ全ク悲惨ナル境遇ニアリテ速カニ帰還セシムルノ要アリ。

三　依ツテ連合国側ニ折衝ノ上、早期帰還並ニ食糧対策実現方配慮アリ度。

台湾警備総司令部は一二日、南京の国民政府軍何応欣総司令官から一通の電文を受け取る。旧日本軍岡村寧次支那方面軍司令官からの沖縄県人台湾疎開者救済要請を伝える電文だった。内容

は諫山が一週間ほど前に東京に打電した要望と符合する。

諫山の要望に基づいて東京が南京の岡村に連絡したのか、あるいは諫山が岡村に直接国民政府軍への伝達を求めたのか。これまでの推移からみて日本軍首脳が沖縄県人に関心を持っていたとは考えにくい。岡村もまた彼らの窮状をどこまで知っていたのか。諫山が九月九日に南京で行われた日本軍の降伏式典に安藤利吉方面軍司令官の代理で出席するなど旧知の岡村に打電したと考える方が理にかなっているようにも思える。

約一か月後の一二月七日、台湾地区日本官兵隊善後連絡部（旧第一〇方面軍）渉外委員長になっていた諫山は、陳儀台湾警備総司令（台湾省行政長官）に改めて「沖縄県疎開民帰還輸送並救済に関する件」と題した要望書を出している。


戦争中沖縄県（沖縄本島、先島列島）ヨリ、台湾ニ疎開シタル者約一万参千名（人員表添付）ナリ、其ノ大多数ハ老幼婦女子ニシテ、台湾ニ縁故者ナク、従来ハ総督府ヨリノ扶助金（一人一日五十銭）ヲ受ケ生計ヲ営ミアリタルモ、終戦後其ノ所持金モ消費シ盡シ、且物価ノ昂騰、加之悪性「マラリヤ」ニ依ル死亡続出等ニ依リ、生活ハ極度ニ困窮シ、全ク悲惨ナル境遇ニ在リ、又一部ノ者ハ、便船ヲ求メントシテ、基隆、蘇澳等ニ出デ、寒期迫ル街頭軒先等ニ起居シ居リ、目途モナキ便船ヲ待チアル状態ニ在リ、為之沖縄県人会連合会ニ於イテ、之ガ対策トシテ、帰還輸送ノ促進及食糧ノ確保等ニ八方奔走シアルモ、徒ラニ時日ヲ経過スルノミナリ、右ノ如キ事情御高察ノ上、帰

還輸送及ビ救済事業（特ニ食糧問題）等ニ関シ、特別ノ御配慮並御指示賜リ度申請ス

要望書は別表として九月末現在の疎開者数をまとめた「沖縄県疎開者調」を付けている。疎開者総数は一万二九三九人（無縁故者八五七〇人、縁故者四三六九人）。無縁故者の出身地は沖縄本島が一五〇七人、宮古郡四八九二人、八重山郡二一七一人としている。「九月末現在」という時期と用紙にある「台湾陸軍倉庫調製」から、台湾総督府か方面軍によって調査が行われたと思える。しかも時期については「民国三十四年九月末現在」と記載されていることから、すでに国民政府軍の「監督」下にあったと推測される。

台湾省政府関係者からの沖縄出身者の保護を訴える公文書も残っている。

台北の南西部にある新竹州接収管理委員会が台湾省行政長官に出した同州大渓郡の「琉球疎開者」についての一二月一四日付け要望書だ。要約次のように疎開者の窮状を報告する。

四四年一一月から琉球列島での戦闘が開始以来、大渓郡には約一七〇人の疎開者が暮らしていたが、ほとんどは働くことのできない婦女子ばかりで、日本政府の手当が頼りだった。だが、敗戦で政府はその手立てを講じられない。八〇余人は蘇澳港（南方澳）から漁船などで引揚げたが、一人三百元、荷物一件百元もかかり、工面がつかないためまだ五〇人ほどが残っている。餓死あるいは窃盗などに走る恐れもある。台湾全島でこのような人たちがなお

多数暮らしており、琉球列島がすでに平静になっていることから、一刻も早い引揚げを実現し、不測の事態を防いで欲しい。

諌山らの動きには「沖縄県人」救済に向けた強い願いを読み取ることはできる。しかし、台湾総督府、方面軍が組織立って疎開者に援助の手を差し伸べることはなかった。川平と共に台湾沖縄同郷会連合会を立ち上げた當山堅一は『琉球官兵顛末記』に「私の台湾戦後史」と題した一文を載せ、軍幹部に援助、助言を求めたが無駄だったと憤る。「『君らは戦争に負けた国民の惨めさを、全然知っていない。男は奴隷になって動力を捧げ、女は売春をしてでも糊口をしのぐのが、歴史の示す実態である』と言う。『夫や息子を沖縄に残して国策に協力した疎開者に、よその島で恥をかかさないで帰してやりたい。貴殿の力を借りに来たのだ』と述べたものの、何の助言も得られない。『何をぬかすのか』と憤慨しながら帰ってきた」

一方で當山は「日本軍の貯蔵米三百袋ほどを、疎開民のためにもらいうけることになったと堅次（當山の実弟＝筆者注）が報告してきた。しかも要請も努力もしないのに、日本軍経理部長から五十万円添えてあった」とも書く。「五十万円」は當山らの募金活動の目標額と同額だった。

諌山の要請、當山のいくつかの回想は、当時の方面軍に公私合わせた様々な対応があったことを示している。

「本島」と「先島」は別なのか

敗戦後からの台湾在住沖縄人の引揚げを追って少しばかり気にかかったことがある。先島諸島の自治体などは相当数の沖縄本島出身者が台湾にまだ残っていた時期、なぜ先島諸島への「一時引揚げ」の道を探らなかったのだろうか。先島諸島にも疎開者の救援活動に奔走した台湾沖縄同郷会連合会にも「とりあえず先島まで」という積極的な動きは見られなかった。その頃の先島諸島の状況のいくつかを『沖縄県史10沖縄戦記録2』にみる。

食糧難は台湾同様石垣でもたいへんなもので、畑に出てもイモのカズラ一本みることができませんでした。

調味料も勿論ありませんので海水を汲んできてそれで汁をたくというぐあいでした。野菜とよべるのはありませんので野生のやわらかそうな雑草はかたっぱしから食用にしました。

船から降り立った八重山は、人の姿も見えず、栄養不良らしく頭の毛がはげおち、やせて腹だけが異状にふくれあがった子供たちがあちこちにたむろしていました。桟橋から家につくまで大人にあうことはありませんでした。

すべての人が苦しい混乱期に、彼らを収容するとなると住宅、食糧など負担が増大することは目に見えている。そのような余裕はどこにもなく、こうした考えはいわば無理なこととして捨てられたのか。あるいは台湾にいた方が少なくとも食糧の目途が立つと思ったのか。

石垣島で発行された「海南時報」は四六年六月一一日、同連合会の平川先次郎副会長の「本島で全部受入れ得ない際は八重山にも分割して移住させて貰ひたい」という話を載せる。平川は沖縄本島への引揚げ交渉及び同本島の受入れ状況視察のため焼玉エンジンを備えたいわゆる「ぽんぽん船」で那覇に赴く途中に石垣島に立ち寄った。

宮古島の同年二月二五日付「みやこ新報」は「沖縄本島より油積取りの為来る二十八日金剛丸が就航するが、今回は特に沖縄本島に本籍を有し引揚希望者を乗船せしめ帰還させることになった」と報じている。金剛丸が実際に引揚者を運んだのか、あるいは就航がその後も続いたのかなどの続報はなく、詳細は不明だ。

『琉球官兵顛末記』にも興味深い記述がある。小波津春雄の「兵役回想」は「いよいよ二十一年四月末、一万屯級の輸送船に乗船、基隆を出港した。途中船内で赤痢が発生するアクシデントがあったが、やっと浦賀港の沖合いに着いた。本土引き揚げ希望者は下船し、沖縄帰還者は宮古へ下船して、宮古高等女学校に集結、しばらく滞在したが、（中略）その後、沖縄本島へ帰還することになり、池間島の仲間氏所有の漁船で久場崎港に上陸し、インヌミヤードイの収容所に入所した」と綴っている。

二つの記事と回想は、少なくとも先島諸島と沖縄本島との行き来は比較的自由に行われていたのではないかと推測させるには十分のように思われる。しかし、平川の「八重山移住案」は日の目を見なかった。

沖縄本島と先島諸島は同じ沖縄でも全く別なエリアなのかもしれない。沖縄人に何がしかの「意識の差」があるのかということまで言及するのは言い過ぎになるだろうか。

二つの地域の歴史は琉球王朝時代には主従関係にあった。『観光コースでない沖縄』にその一端を借りる。

首里王府は王朝体制を維持、存続していくために、さまざまな施策を講じていった。主要な一つに、宮古・八重山統治の強化がある。一六二九（八重山は一六三二）年、在番がおかれ、在地役人を介しての間接統治から直接統治へと変わった。人頭税が整備、強化され、数え一五歳～五〇歳未満の男女が納税義務者として、主に男は粟（八重山は米）、女は上布を納めさせられる。身分制―税を取り立てる側と納める側―士農の分離も確立する。

日本復帰前の沖縄の動乱期を描いた小説に馳星周の『弥勒世』（角川文庫、二〇一二年）がある。その一節に「沖縄の人間は本土の人間の差別に晒されてきた。沖縄の人間はその鬱屈を離島の人間を差別することで晴らしてきた。宮古、石垣――離島の人間はさらなる離島の人間を差別してきた。途切れることのない連鎖。生きとし生けるすべての人間は、他者を差別するという一点で共犯者だ」という件《くだり》があったことを思い起こす。

二〇〇八年一二月二一日の「沖縄タイムス」は「『復帰』のはざまで 奄美復帰55年」という連載企画の文中で、移住先の那覇で就職などの差別に苦しんだ奄美出身者の「事件があれば『大島か宮古か』と言われた」という言葉を紹介している。沖縄本島ではこうした言い回しが日常茶飯だったのだろうか。

5. 旧総督府は疎開者救済所になった

沖縄僑民総隊が組織される

本土と先島諸島への引揚げがほぼ終了した四六年春になっても、沖縄本島出身者だけはまだ帰国の許可が下りなかった。

「台湾省日僑遣送紀実」は琉僑の送還について「韓琉僑輸送」に要約以下のように述べている。

琉僑の輸送（送還）は、元々日僑の輸送規則に基づいて行った。台湾省から琉球に輸送すべき人は一万四九〇九人で、先島列島、奄美列島、沖縄本島の区別があった。先島列島と奄美列島の人は四月中までに四九六八人を送り返したが、それ以外の沖縄本島の人は米国側が許可せず、艦船も提供する意思表示がなかったため、長い間引き延ばされ、送還できなかった。それ故大部分の人を集中して救済した。

台湾に残された沖縄本島出身者の中でも身寄りのない無縁故疎開者らは住居も食事も衣服さえも不自由な生活を強いられたことはすでに述べた。琉球官兵、台湾沖縄同郷会連合会は、彼らの窮乏を救う手立てとして、旧台湾総督府に緊急避難させる。取りあえずは雨露が凌《しの》げ、食事の心配もまずない。路頭に迷わせないための沖縄人同士の知恵だった。

旧総督府はすでに琉球官兵約八百人によって整備が終わっていた。将兵らの共同生活に無縁故疎開者たちが入り、さらに敗戦によって職を失った人たちも全島から集まってきた。南洋群島からの引揚者たちには遺骨と共に暮らす人も多かった。

「沖縄僑民総隊」という組織が新たにつくられ、懸案事項の食糧確保に奔走する。人々の飢えは極限に近く、ドジョウ、カエルなどがご馳走になり、食用になる雑草はすべてが「野菜」になった。畑、庭などを荒らす害虫でしかなかったアフリカマイマイなども取りつくされた。妙案がなかなか浮かばない中で、琉球官兵幹部は台湾警備総司令部が流用禁止とした本土引揚げ部隊の食糧「放出」を決断する。

台湾省日僑管理委員会も琉球官兵幹部の判断を追認、新たに一人当たり一日米四五〇グラム、副食費五円を支給する方針を打ち出した。さらに六月一三日には「沖縄僑民ヲシテ地方建設ニ尽力セシムル為」として台湾沖縄同郷会連合会を通じて、事務員、看護婦、家政婦、作業員らのほか、電気、土木、運転手、造船技術者らの特殊技能保持者らの各種労務斡旋に乗り出した。

集団生活は衛生管理が難しかった。僑民総隊幹部には伝染病などが発生した場合は引揚げがさらに遅れるのではという危惧が常にあった。むき出しのコンクリート床に敷いた絨毯《じゅうたん》替わりの藁《わら》は病原菌の温床にもなった。医薬品、予防接種器具といった衛生器材のあてはなく、医師の當山堅一、堅次兄弟が戦時中に台北市内の防空壕に避難させておいた医薬品などをやりくりする日々だった。

琉球官兵は疎開者らを保護するための夜警も行った。中村春菜は「戦後台湾における沖縄籍民の引揚げの様相」で官兵の一人の「中国人の中には、屋根を破って侵入し（女性を）襲う者もいましたので、夜も二、三人の兵隊は起きて警備にあたっていました」という証言を伝える。

琉球芸能が心を和ませる

人々の苦しい生活を支えるための芸能大会は当初、無縁故疎開者を救済する募金活動の一つとして始められた。台湾紙「人民導報」は四六年二月二四日、台北沖縄同郷会主催による「琉球舞踊音楽空手の会」の旧台北市公会堂での開催を報じ、「台湾新生報」も五月二〇日、難民救済基金を募集する「琉球芸能（舞踊、劇、空手）大会開催」を伝える。

台湾という「異国」に取り残され、いつ帰国できるかもわからない沖縄の人たちにとって故郷の芸能はどれほどの慰めになったのかと想像する。沖縄という風土に育まれた文化の強さを知るにつれ、戦前の皇民化教育の一環として、例えば沖縄本島中頭郡主席訓導会で取り上げられた琉球音楽舞踊の学芸会での禁止の話に、その無謀さを思う。

台湾沖縄同郷会連合会は疎開者の子どもたちの教育にも腐心する。小中学生の教室は台北市役所から旧国民学校の一部を借りた。教師経験者は多く、教員には困らなかった。

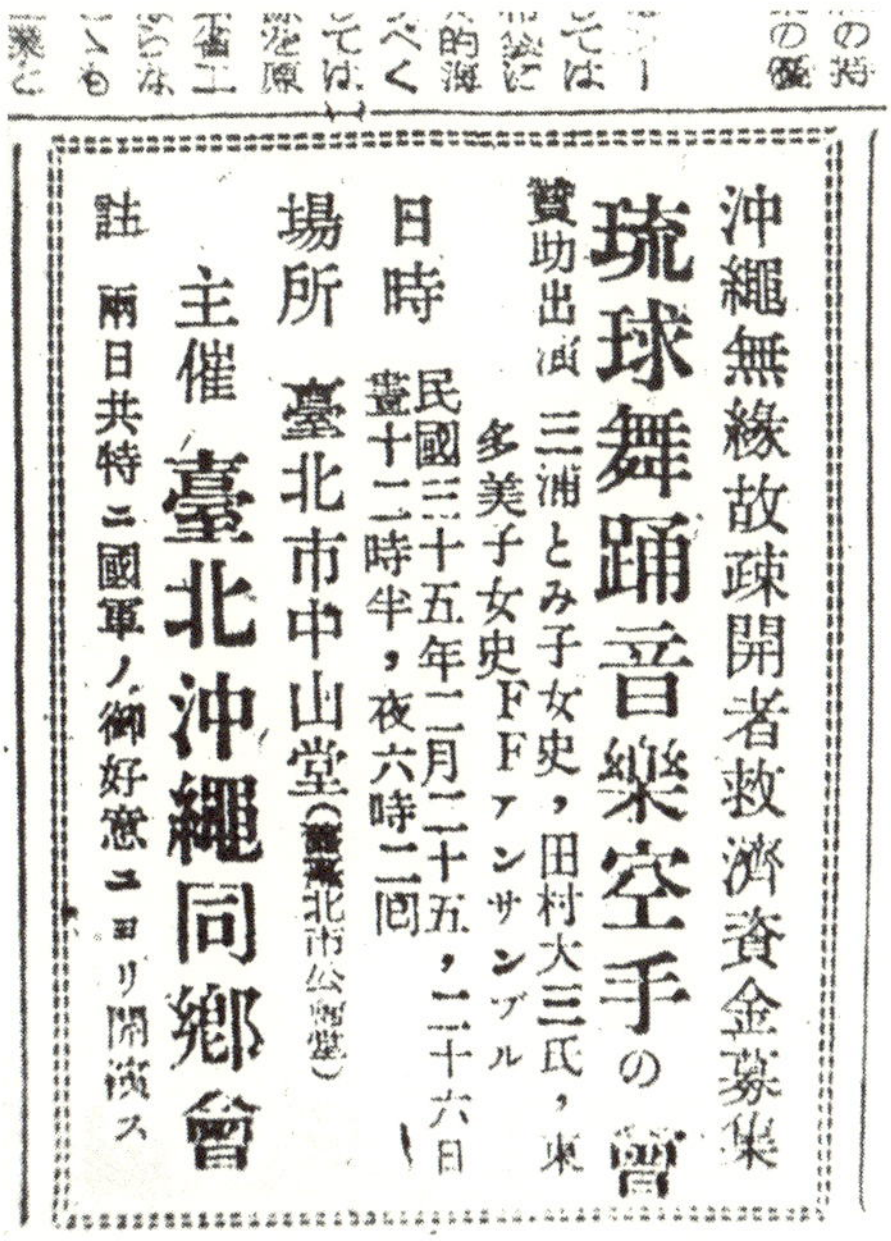
沖繩無緣故疎開者救濟資金募集
琉球舞踊音樂空手の會
賛助出演　三浦とみ子女史，田村大三氏，東多美子女史ＦＦアンサンブル
日時　民國三十五年二月二十五，二十六日
晝十二時半，夜六時二回
場所　臺北市中山堂（舊臺北市公會堂）
主催　臺北沖繩同鄉會
註　兩日共特ニ國軍ノ御好意ニヨリ開演ス

疎開者救済に多彩な顔触れが揃った（台湾新生報 46 年 2 月 24 日）

戦火で焼失した沖縄県立図書館の再建に向けた献本運動では本土に引揚げる教育関係者らの蔵書二〇〇〇冊以上が次々に寄せられた。中でも台湾大学（旧台北帝大）にあった琉球王朝の東南アジアとの交易を記した「歴代宝案」の写本は、琉球史を知る上でなくてはならない貴重な資料だった。川平の依頼で写本づくりを担当した友寄景勝は、できるだけ早く筆写しなければと指

にペンダコができるほど根を詰めて書く。最後は大学から借り出した原本を川平宅に持ち込んで完成させる。

沖縄本島出身者らの引揚げは、沖縄占領米軍の主体が海軍から陸軍に代わった四六年七月から具体化していく。一日も早い帰国に向けて台湾在住沖縄人の状況を米軍に知らせる調査書の作成づくりも始まり、田里維成が担当する。

田里は旧総督府二階のコンクリート床にゴザを敷き、夜を徹して作業を進める。八月上旬、美濃罫紙にカーボン紙を挟み、本文七九頁、付録統計表九頁の「沖縄籍民調査書」四部が完成する。田里は沖縄本島への引揚げの際、上陸地久場崎での混乱で紛失してしまったが、八一年に琉球大学図書館の伊佐眞一が米スタンフォード大にあったジョージ・H・カー・コレクションから見つけ出す。

『琉球官兵顚末記』の最後に資料として掲載されている「調査書」によれば、当時の台湾全体の沖縄県人は一万一三三二人。台湾省政府に留用された一七九一人を除く八三四一人が引揚げを待っている状態だとしている。内訳は琉球官兵と親族一〇〇九人、民間人は旧総督府に二四二四人、台北、高雄、花蓮など全島に四九〇八人と分かれていた。

「調査書」は旧総督府に集まった人たちを語る。

当集中者ハ戦争ノ要請ニ因ル疎開者並一般在留者ノ帰還希望者ニシテ特ニ疎開者中南洋群島ヨ

リノ引揚者ハ夫ヲ或ハ兄弟ヲ現地防衛ニ残シ防衛不適任者タル妻女、姉妹ハ可弱キ腕ニ愛児ヲ引連レ本島ニ集団疎開シタルニ航行途中二度ニ亘リ魚雷ノ襲撃ヲ受ケ為ニ過半数ノ人命ヲ失ヒ□□□□□二三八四名ノ中一一六六名ニシテ其ノ後土地不馴ノタメ「マラリヤ」其ノ他風土病ニ依リ之亦次々ニ斃レ現在総員七八〇名ニシテ又沖縄本島ヨリノ疎開者モ男子ヲ沖縄防衛ニ残シ婦女子小児ノミ疎開シ無事本島ニ到着シタルモ之亦前述ノ如ク風土病ノ為相当ノ犠牲者ヲ出シタルノミナラズ携行ノ衣類其ノ他多ク生活費ニ消費シ其ノ生活状況ハ真ニ見ルニ忍ビザルモノアリ現在僑民総隊ニ於テ親兄弟ヲ失ヒ孤児トナリタル者総数八十名ニ達シ之等ノ者ハ其ノ現状一層甚シ

引揚げが間近に迫り、本島出身者らは基隆港の倉庫内にゴザを敷き、柳行李《やなぎごおり》、リュックサックなどで仕切りをつくって引揚船を待った。手足を自由に伸ばせないほどの狭さだったが、帰れるという喜びが上回った。所持金は一人一〇〇〇円と制限されていた。本土引揚者たちの所持品と比べると、沖縄人の持物は質が格段に落ちた。衣服なども新品を持ち帰れた本土組に対して、古着姿が少なくなかった。最後まで伝染病対策は怠らず、汚染された海水からの伝染を防ぐため、海水浴と魚釣りは厳禁だった。基隆港には中国船をはじめとする外国船が出入港している。中国船員にコレラ患者がいたというような話は日常だった。

引揚げ希望先はすべてが沖縄本島ではなかった。「調査書」の「帰還先調」には宮古島七〇五人、八重山島八七〇人とある。川平の「わが半生の記（9）」にも引揚げ計画の立案段階で「沖縄本島、

宮古、八重山の三カ所に区分して綿密な計画をたてなければならなかった」とある。先島諸島の人たちが以前からの在住者か、疎開者、あるいは留用を終えた人かははっきりしない。

一〇月二四日、米軍の上陸用舟艇ＬＳＴＱ０７８号による第一次引揚げが民間人と将兵一二一八人を乗せて基隆港を出発する。以後、上陸用舟艇二隻のピストン輸送が続き、最後は一二月二四日の駆逐艦「宵月」だった。ハンセン病患者らは病院船「橘丸」によって引揚げが行われた。引揚船、病院船の基隆出港日、乗船者数などは『琉球官兵顛末記』と『沖縄籍民』の台湾引揚げ証言・資料集』（赤嶺守編、琉球大学法文学部、二〇一八年）とでは若干異なっている。

『日僑遣送紀実』は「八月初めの国防部からの指示で、米国の備忘録を受け取った。そして本省における琉僑で送還されるべき者は厳格な検疫の後の送還が可能になり、また艦船の派遣もあって運送の任務にあたった。これによって台湾に居住していた沖縄本島とその他各島の残っていた人たちは検疫及び各種手続を経て、一〇月下旬から返還が開始され、一二月下旬に終了した。各県市から基隆港に来た九九五一人の内、継続留用者一二人、事件によって台北市警察局に拘留された五人、基隆の集中所から逃亡した三人、死者二人を除き、出生者四人を加えた九一一六人と琉球官兵八一七人の計九九三三人を送還した」と総括する。

『台湾引揚・留用記録　第一巻』の「解題」は、日本人留用者らが引揚げた「第二次還送」の中で「沖縄籍民の還送も一方で実施され、九九二八人の沖縄籍民が『帰国』した。アメリカ管理下にある沖縄籍民（沖縄本島住民）の引揚げには、アメリカ軍のＬＳＴ艦二隻『Ｑ０７８』『Ｑ

074』が投入されたが、少数の者が病院船『橘丸』、かつて駆逐艦であった『宵月』で還送された」としている。

沖縄本島への引揚げにこだわる

台湾沖縄同郷会連合会は疎開者らの悲惨な状況から一日も早い帰国を求めていたが、その行先は本土ではなく、あくまで沖縄だった。引揚げが遅れているにもかかわらず台湾滞在延長願いを出したことでもその強い意思を知ることができる。

延長願いは川平朝申の「わが半生の記（7）」に、日僑管理委員会で日本人送還を直接担当した周夢麟組長との話し合いという形で書かれている。

川平は「昭和二十一年の春がめぐりきた」という書き出しからその顛末を語っていく。

川平はまず周の考え方を「沖縄県人も日本人だから一緒に日本本土に同じ船で引揚げるべきである……と主張した。沖縄は米軍に占領され、日本政府の施政権はおよんでいない。日本人だと自覚するなら当然日本本土に引揚げるべきである」と述べる。

周の発言は示唆に富んでいる。まず沖縄の人を日本人であると規定、同じ船で引揚げるべきだとし、「日本人だと自覚するなら」という但し書きをつけている。

川平は周の解釈は正しいと述べる。台湾で暮らしていた沖縄人の恐らくほとんどの人が同じような考えだったのではないか。しかし、沖縄県人の願いは沖縄本島、先島諸島など「沖縄県」への引揚げであり、周のいう「日本本土に同じ船での引揚げ」は望んでいなかった。

川平は周の申し出に「日本本土に引揚げても、家も土地もない沖縄県人にとっては、日々の生活に苦しむだけであり特にこれからの冬の寒気のきびしい季節にはがまんできない……沖縄からの疎開者にとってはたえられないことであるので、生活になれた台湾に残留することを許してもらいたい、と頼んだ。それも勿論沖縄に引揚げができるまでの期間である」と述懐する。

周のやりとりが「春がめぐりきた」頃だとすると、「これからの冬の寒気の……」は、日本本土での滞在が長引くことを予想しての発言だったのか。

翌日、川平と与儀喜宣・台湾沖縄同郷会連合会長は再び周と懇談する。

周は「みなさんの要請はよくわかります。ところが問題があります。我が中華民国と琉球は一世紀前までは兄弟の間柄でありました。また在台沖縄県人の中でも、沖縄人は中国人であるからこの際中国籍になりたい……と希望している人もいるようである。ところが中華民国は、琉球は日本であると考えており、貴方がたも当然日本に帰るべきである。それ故に日僑管理委員会で台湾を引揚げるまではお世話するわけである」と述べる。「沖縄の受け入れ態勢ができるまででよいから在台を許してもらいたい」という要望には「みなさんの方で沖縄県人を掌握することができますか。責任をもって日本人の中から沖縄人を区別することができるか。それができればみなさんの要請も承認できるでありましょう。実は沖縄県人でない者が沖縄県人に転籍しようと考える者も多くいると聞かされている」と回答した。

与儀は「その点なら安心して下さい。目下全島の沖縄県人会では至急在台沖縄県人の名簿制作の真最中である」と述べ、周は「沖縄県民を琉僑として扱い、沖縄への入域が米軍から許可されるまで、台湾在留を認めることにしましょう」という言質を与える。

周の「中華民国は琉球は日本であると考えている」という発言は、沖縄人を日本人とは異なる「琉球人」として対応してきた国民政府の基本方針と矛盾する。台湾省政府幹部である周がそのことを理解していないはずはない。彼の発言は個人的な見解の域を出なかったのではないか。「琉僑として扱う」という発言も、台湾に住む沖縄人の全容を日本人と分けて把握したい日僑管理委員会が連合会を「利用」したと言っては言い過ぎだろうか。

与儀らは周との約束に従い「しのびないことだがこの際は約束通り琉僑と日僑の区別をしなければならない」との結論に達する。その結論は苦渋の結論だったのか。沖縄の人たちにとって「日僑」と「琉僑」の分離は既知の話であり、ただ、彼らがそのことを追認しただけではないのか。

与儀らはなぜ、日本人として沖縄に引揚げたいと言わなかったのか。周は米軍が台湾在住沖縄県人の沖縄本島への引揚げを拒否していた状況を把握できる立場にあり、あるいは与儀らもこのことを知っていたからこそ、在留延長を願い出たのだろうか。この話し合いは、同連合会副会長の平川先次郎が六月の本島視察に出る前に行われたとみられる。すでに石垣島の「海南時報」に掲載された平川の先島諸島分散移住案を紹介したが（二〇四頁参照）、こうした発想は、同連合会の大勢意見とはならなかったのだろう。

台湾滞在が延びたことによって疎開者らの苦しみは続くことになった。本土に行くよりは少しでも勝手知った台湾の方がいいということだったのかもしれない。結果的には一年以内に帰国が実現したのであり、良かったとする考え方もあるだろう。しかし、台湾在住沖縄人、台湾疎開者の正確な数は不明という状況下で一体どれだけの人が命を落としたかの調査は十分には行われていない。「沖縄籍民調査書」にも「風土病のため相当の犠牲者が出た」とあるだけだ。滞在延長の申し出がベストの選択だったのかという疑問は残る。

日本人であることが自明の理であり、だれよりも「自覚」していた人たちが、「故郷沖縄」への引揚げをいかに円滑に進めていくかの段になって、図らずも自らの存在を日本人と区別しなければならなかった。この決断は「日本人」ではなく「琉球人」という地位に甘んじることを良しとさせたのか。これも一つの方便として日本人としての気持ちを胸に仕舞い込ませたのか。

周はまた「沖縄県人でない者が沖縄県人に転籍しようと考える者も多くいると聞かされている」と話している。

沖縄県人への転籍のメリットは何だろうか。考えられることの一つは、沖縄県人の方が台湾に残れる確率が高いということだ。日本人であれば国民政府が必要と認めた留用者以外はすべて日本に帰される。しかし、日本人ではない琉球人であれば、滞在期間が延長され、場合によっては留まれる余地があるのではと思惑を巡らす人がいたとみることもできる。

国民政府の日本人送還業務がほぼ終わっていた四六年五月、基隆沖で中国の会社に雇われて中国・福州に向かう琉球人の乗った船が遭難、救助されたという事件があった（「人民導報」、五月二〇日）。琉球人であれば、日本人に比べて、台湾に残るハードルが低かったのかもしれない。

川平は「沖縄県人であることを卑下していた者のみが他府県に転籍し、得々としていたのであるがその人々のことを私は、『転籍民族』と呼んでいた。その転籍民族が、沖縄県人は特別扱いを受けることになる、と知るとわれもわれもと沖縄同郷会連合会の事務局に琉僑の証明書をもらいに来る始末であった」と批判している。「沖縄県人が特別な扱いを受ける」が何を意味しているかは定かではない。しかし、少なくとも彼らはプラスになると思ったのだろう。

国民政府・台湾省政府は、「少数民族」である琉球人が台湾に残留することを必ずしも好ましいものと考えていたわけではないはずだ。一般人の留用希望者に「日琉韓」別の調査票を用意した意味は一つには「民族的差異」を明確にしたかったことにあるのでないか。そして、琉球人として送還する意図もそこにあった。

6. 奄美人も「琉球人」になった

中国に「奄美」の認識はなかった

奄美群島出身の人たちの引揚げはどうだったのだろうか。同群島は鹿児島県に属しており、鹿児島県人として引揚げが行われるはずであった。しかし、国民政府・台湾省政府は彼らを琉球人として扱い、沖縄の人たちと同じように処遇した。

中央研究院近代史研究所档案館の沖縄関係外交文書には戦後の駐日代表団第一組製と記された「琉球領土沿革図」がある。駐日代表団は連合国軍占領下の東京に派遣された中国代表団だ。「沿革図」の琉球は、奄美大島の北で境界線が引かれ、国民政府の考える琉球の境界を示している。戦前、琉球の帰属について論議した国民政府の国際問題討論会は奄美群島を「奄美」という固有の存在として認識していなかった。

少しばかり奄美群島の歴史を振り返る。

サンゴ礁に囲まれ島々の山に照葉樹が茂る奄美は、村落ごとの共同体社会が長く続き、鉄文化の移入が遅れたこともあって生産力は発展せず、八、九世紀になって初めて階級社会が生まれた。一二世紀末の鎌倉時代から室町時代にかけて大陸、南方、本土との中継貿易が活発化したが、

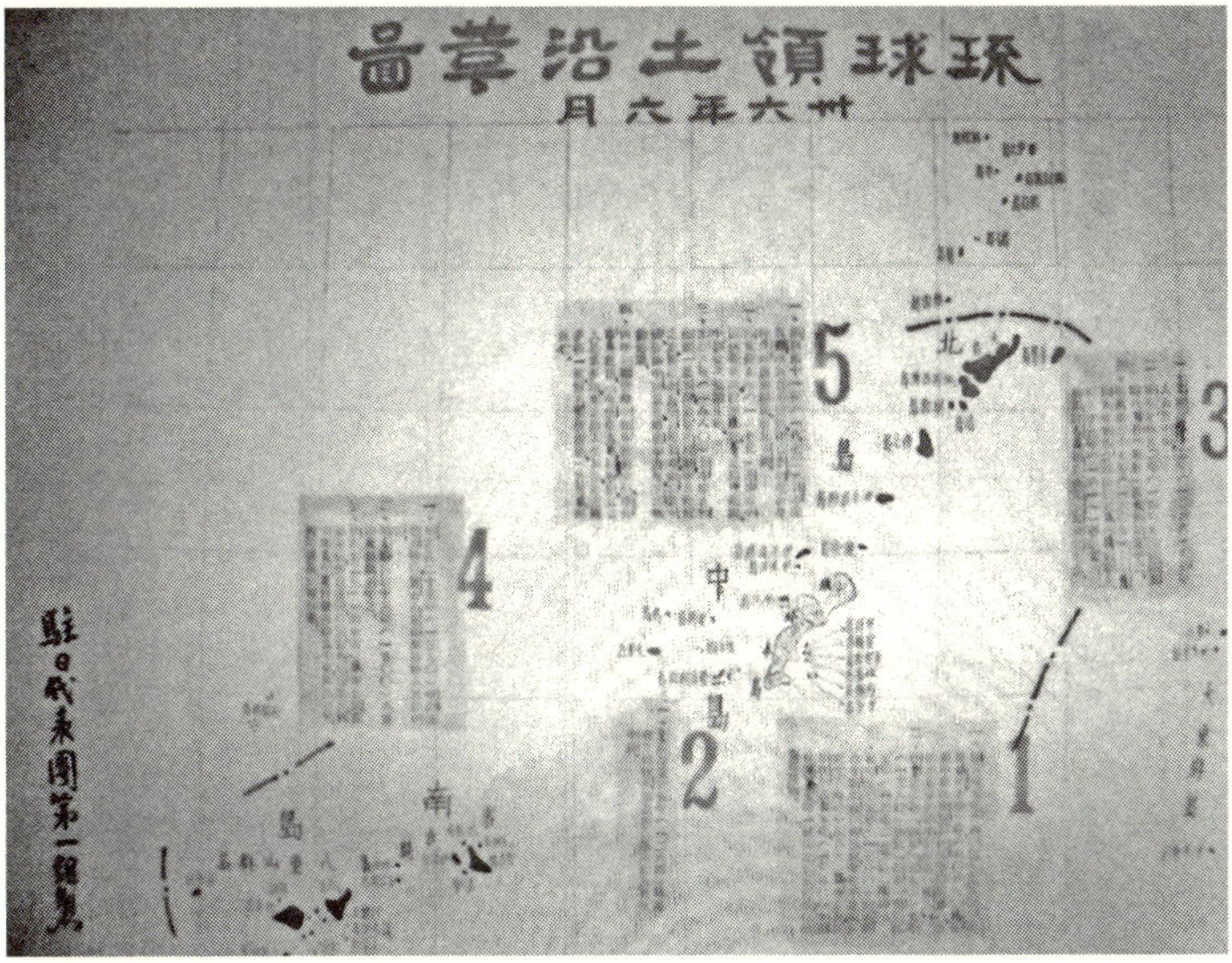

国民政府駐日代表団の「琉球領土沿革図」。奄美は「北島」沖縄本島は「中島」先島は「南島」となっている

奄美大島などに統一政権が生まれることはなく、一五世紀中頃には沖縄本島に誕生した琉球王朝の支配下に入った。『名瀬市史 中巻』（名瀬市誌編纂委員会、一九八三年）はこの時代を「那覇世（ナハンユ）」と表現する。一七世紀に入った直後の一六〇九（慶長一四）年、鹿児島の島津藩は琉球に侵攻、奄美群島もまた同藩の直轄領になるという「大和世（ヤマトユ）」の時代を迎える。明治維新後も鹿児島県の一部という状況は変わらず、大戦終結まで続いた。

日本の敗戦は奄美群島の地位を劇的に変化させた。

連合国軍総司令部（GHQ）は四六年一月二九日、「若干の外廓地域を政治上行政上日本から分離することに関する覚書」を発令する。北緯三〇度以南の琉球（南西）列島（口之島を含む）は、日本の範囲から除外されることが宣言され、奄美

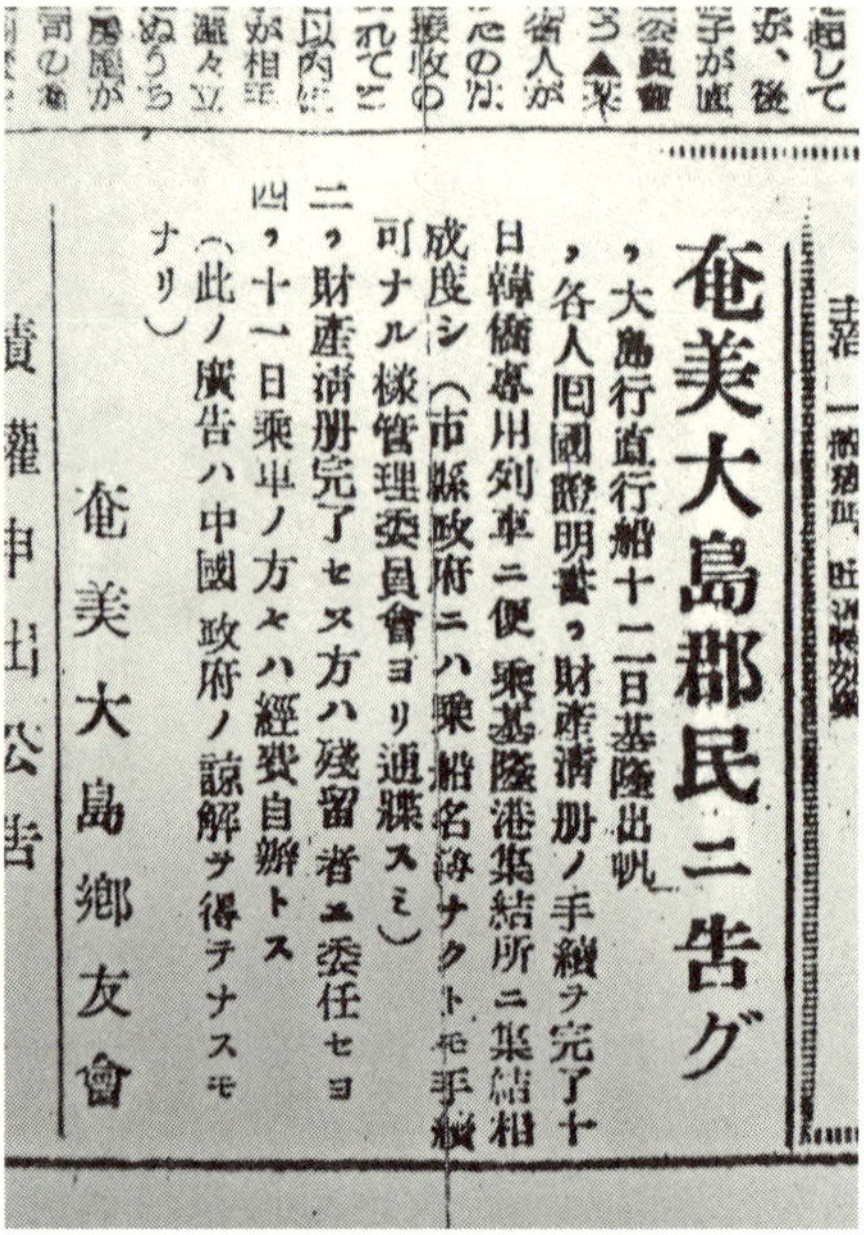
奄美大島郡民ニ告グ
，大島行直行船十二日基隆出帆
，各人国籍証明書，財産清冊ノ手続ヲ完了十日準備専用列車ニ便乗基隆港集結所ニ集結相成度シ（市県政府ニハ乗船名簿ナクトモ手続可ナル様管理委員會ヨリ通牒スミ）
二，財産清冊完了セヌ方ハ残留者ニ委任セヨ
四，十一日乗車ノ方々ハ経費自辦トス
（此ノ廣告ハ中國政府ノ諒解ヲ得テナスモナリ）
奄美大島郷友會
債權申出公告

奄美大島直行の引揚船が台湾在住奄美人に伝えられる（台湾新生報46年4月10日）

群島もまた琉球の一部として日本から引き離されたことになった。米軍の単独の決定だったか、国民政府が想定している「琉球」の範囲に沿ったかは定かではないが、「那覇世」が復活した格好だ。

奄美の人たちは戦前は鹿児島県民であり、沖縄県民ではなかった。台湾でも本土から来た内地人として沖縄人とは異なる暮らしをしており、差別的なことも経験しなかったのではないか。しかし、戦後は日本人とは別の琉球人のカテゴリーに組み込まれ、米軍の発令はこの状況を決定的にした。自分たちの身分が支配者によって変わっていくことに彼らはどのような思いを持っていたのだろうか。

琉球人になった奄美の人たちの引揚げは紆余《うよ》曲折《きょくせつ》をたどることになった。

台湾の新聞は四六年三月末から四月上旬にかけて、奄美群島への引揚げに関する記事、広告を立て続けに掲載する。

「台湾新生報」の三月二九日付け広告は「奄美大島郡民ニ告グ」を掲載する。

近々直行船アル見込。直行船ニテ帰国希望ノ方ハ四月三日迄必着スル様家族名簿送付相成度　奄美郷友会世話人若山正良

1、名簿ハ本籍、現住所、性別、氏名、生年月日
2、送付先　奄美郷友会
3、尚残留者モ右ニ準ジ送付願度

この「近々」は延期される。

二日後の三一日には、東京発の「奄美大島への引揚当分延期」という見出しで、二八日付連合軍総司令部の指令に基づき奄美大島諸島と南西諸島への帰還は当分の間停止する事となったという記事が載る。

しかし、四月一日の広告は数日前の「奄美大島郡民ニ告グ」という広告より具体的だ。

台北市台北県在住ノ奄美大島郡民ニ告グ
一、直航船ニテ帰国セラルル方ハ
1、至急諸準備ヲ整ヘルコト
2、四月二日迄第二高女兵事連絡支部内奄美郷友会へ連絡セラレタシ

3、基隆市郡在住者ハ基隆市連絡支部へ連絡ノコト
　蘭陽三郡居住者ハ直接基隆兵事連絡支部へ四月六日迄集結スルコト

九、一〇日付け紙面にも奄美大島郷友会名で、奄美大島行の直行船が一二日に基隆を出帆するので各人は韓僑専用列車に便乗して基隆港に集結といった内容の広告がある。

奄美群島に向かう引揚船が出るという動きがあったことは確かだろうが、報道にあるような直行船が実現したかはわからない。また『台湾省日僑遣送紀実』に記載されていた「四月中までに奄美群島と先島諸島の約五千人を送り返した」（二〇六頁参照）に、広告によって集まった人たちが含まれていたかどうかもわからない。

一方で九日の「奄美大島の日僑十日に集中」という記事は「日僑管理委員会では、本月十、一一日両日に本省各県市に居留する奄美大島列島先島、吐噶喇列島の日僑を夫々集中還送する事に決定した由であるが（後略）」とあり、奄美群島民を日本人である「日僑」として扱っている。台湾省政府の奄美の人たちの扱いに統一がとれていなかったのか、同紙記者が「日僑」と「琉僑」を混同していたのか。

引揚船に先島諸島、奄美群島に順次立寄り、最終的に本土に向かう船があったことは『琉球官兵顛末記』の「台湾引揚げ船リバティ96号輸送船」（前原信明）からもうかがえる。

三月二八日、輸送船「リバティ96号」は、本土出身者のほか、本土への帰国を希望した沖縄県人、先島諸島に引揚げる人たち二七〇〇人を乗せて出港する。宮古隊、八重山隊、与論隊、鹿児島隊、大阪隊、東京隊に分かれ、最終目的地は浦賀だった。

輸送船は出港後、八重山付近で数人の腸チフス疑似患者が発生、浦賀に直行する。浦賀での検疫の結果、患者は一五三人にもなり、船は無期限の隔離となった。

浦賀港沖での隔離は約二か月後に解除になる。当初乗船者全員の浦賀下船を主張していた輸送隊長も「内地組の浦賀下船、沖縄組のUターン」に同意する。

六月一日、リバティ96号は奄美大島の名瀬港沖に到着、与論隊一五一人が連絡船に移り、無事上陸することができた。船は引き続き宮古、石垣に向けて航海を続けた。

各地に立ち寄る引揚船はこの「リバティ96号」だけだったのか、あるいは他にも同じようなコースをとった船がいたのか。沖縄県人にも本土への帰国希望者が少なくなかったことから、度々あったのでは、という推測は可能だろう。

復帰後再び「日本人」になる

琉球人になった奄美人の苦しみは帰国後も続き、多くの人が米軍基地建設などで活況を呈していた沖縄に出稼ぎに行く。同じ米軍政下にあった沖縄への移動は難しくはなかった。

先に二〇六頁で触れた「沖縄タイムス」の「『復帰』のはざまで 奄美復帰55年」は、加計呂麻島に生まれた内山照雄の話を伝える。

八人兄弟の四男として生まれた。「食糧を探していた記憶しかない」。山の頂上まで芋を植え、雑草まで食べた。沖縄から来た商人がチョコレートを見せてくれた。「あっちは仕事も食べ物もたっぷりある」。兄弟五人で沖縄に渡った。しかし現実は違った。面接票に「奄美大島」と書いた途端に門前払いされた。

一九五三年一二月二五日、奄美群島は日本に復帰する。琉球人だった奄美の人たちは再び日本人になった。沖縄には当時、奄美群島人口の約四分の一にあたる五万人前後の奄美人が暮らしていた。「外国人」になった人たちは公職には就けず、奄美出身の立法院議員も失職する。在留許可証を保持しなければならず、沖縄から出るときも事前に再入域の許可を準備する必要があった。

軍の修理工場、木工所、印刷所に職を見つけた内山の生活は再び苦境に立たされる。「『復帰』のはざまで」は「米国民政府は、奄美人を徹底して排除する政策を打ち出した。選挙権もなく、銀行の融資や不動産の所有は制限された。耐えかねて、沖縄人と養子縁組して琉球籍を得る人が相次いだ」と状況を描き、最後に内山の言葉として「国は簡単に国境を動かすが、私らはそうはいかない」と書いた。

二〇一三年、沖縄奄美連合会が創立六〇周年記念誌として『愛郷無限 沖縄に生きる奄美人』を出す。台湾から奄美、沖縄に生きた人たちの略歴が綴られている。抜粋を拾う。

勝美代治　明治三五年七月七日生まれ、喜界町中間出身。昭和一二年四月　台中州警部補、昭和二一年三月　台湾より引き揚げ同年五月退官、昭和二七年三月　第一回琉球政府立法院議員に当選、昭和二八年一二月　奄美群島復帰により帰郷、昭和三〇年　来沖し、那覇市にて司法書士・行政書士事務所開設

上田齊　昭和二年五月二六日生まれ、瀬戸内町古仁屋出身。大中卒後志願して兵役に就き加古川陸軍通信学校にて修業したのち台湾に渡り終戦を迎える。戦後故郷に引き揚げていたが一年後に来沖。琉球農林食料局に勤務したのち、琉球銀行に入社（後略）

正本昭二　昭和二年七月一四日生まれ、喜界町池治出身。台湾生まれで台湾育ち、戦後奄美で奄美タイムス新聞記者として三年勤務の後来沖、米国陸軍司令部人事管理課勤務を経て、昭和四九年米ファーモスト乳業系列下の沖縄ブルーシール乳業（株）に入社（後略）

正本は記念誌に「戦地派遣に反対貫く」を寄せる。

全軍労（全沖縄軍労働組合）との団交で、私はいつも米軍側通訳として出席していた。（中略）米軍の方針に正面切って反対したこともある。ベトナム戦争が泥沼化していた一九六九年、米軍は大型タグボートをベトナムに派遣しようとした。那覇軍港で働くウチナーンチュの船員も戦地に連れて行こうとした。給料を五、六倍に上げて、それで、全軍労は派遣反対闘争を始めた。米軍の一員であったが、これには絶対反対であった。自分だけでなく、人事部で働く日本人の専門官全員が反対した。「何でウチナーンチュが戦地に行って、犠牲にならなきゃいけないのか」と。本来なら労務管理者として、組合の説得や交渉をしなければならない。しかし、「戦地に沖縄の人を出すべきでない」と、そういう仕事を全部ボイコットしましたよ。

7．台湾に暮らした朝鮮人もいた

韓籍官兵が生まれる

台湾には朝鮮人も暮らしていた。第一〇方面軍の一員として台湾防衛にあたった将兵もいれば、朝鮮半島から直接来た人、本土経由で渡って来た人もいた。彼らの「日本人」としての生活は、沖縄人と同様に敗戦によって一変する。

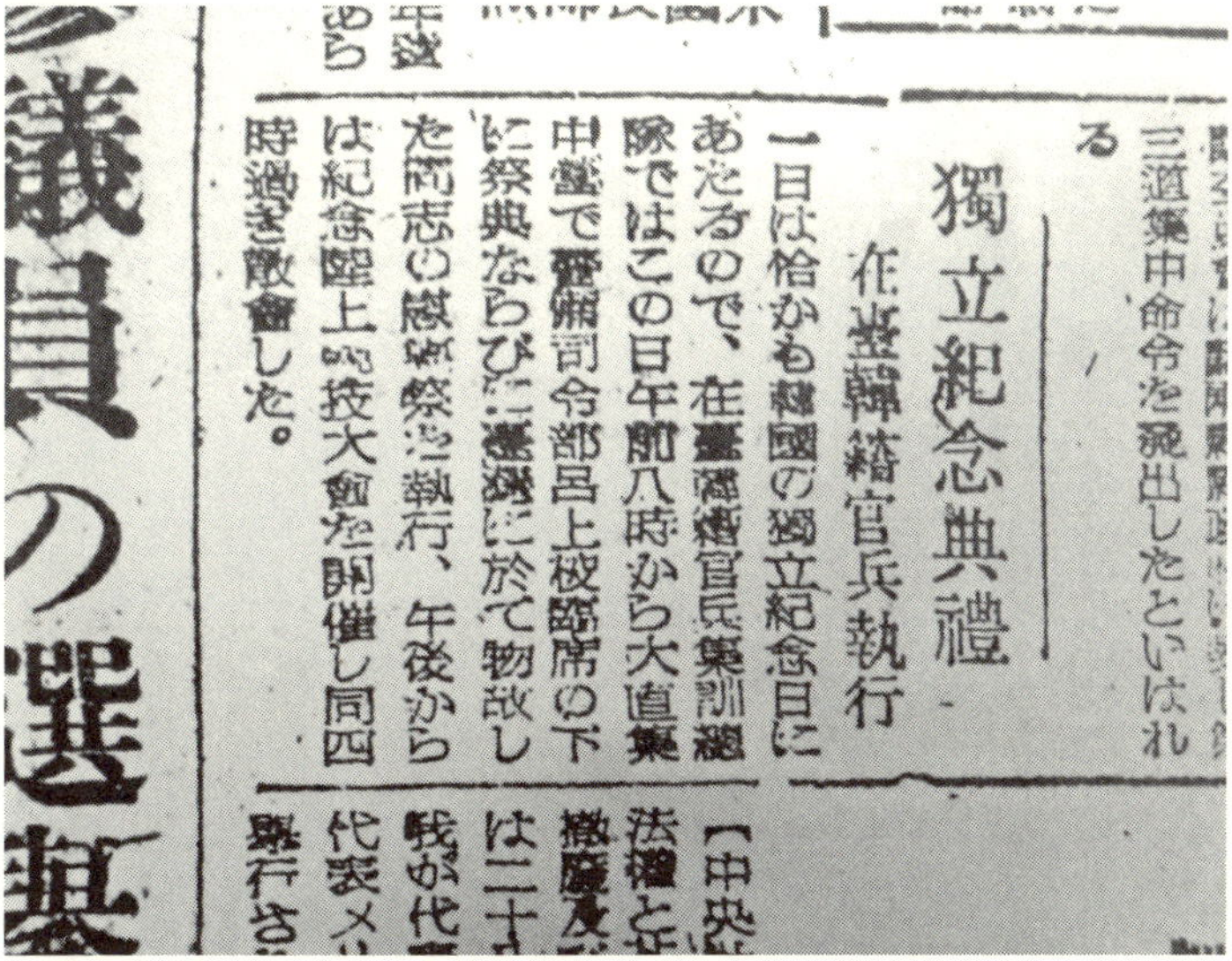

獨立紀念典禮
在臺韓籍官兵執行

一日は恰かも韓國の獨立紀念日にあたるので、在臺韓籍官兵集訓總隊ではこの日午前八時から大直集中營で警備司令部呂上校臨席の下に祭典ならびに遷湖に於て物故した同志の慰靈祭を執行、午後からは紀念壁上の拔大會を開催し同四時過ぎ散會した。

韓籍官兵によって「三・一独立運動」を祝う式典と物故者慰霊祭が行われる（台湾新生報 46 年 3 月 3 日）

国民政府の朝鮮への対応は大戦中からはっきりしていた。国際問題討論会、カイロ会談でも戦後の「朝鮮半島の独立」は自明のこととされた。『中華民国史事紀要』によれば、大戦末期の四五年五月には軍事委員会は大陸で捕虜とした日本軍将兵の中で朝鮮人将兵に関しては健康回復に留意し、韓国の独立運動に参加させる意向を示していた。

方面軍に所属していた朝鮮人将兵は、台湾警備総司令部の「軍事接収総報告・臺灣日軍兵力番号人馬武器艦艇飛機数量総表」では約九百人とされたが、四六年六月二五日付けのまとめでは、陸軍一三〇三人、海軍一七人、民間人（韓僑）二一七七人と記録されている。

台北に集められた将兵は「韓籍官兵集訓総隊」という名称を与えられる。総隊長以下三大隊に分かれ、一大隊は三中隊で構成され、一中隊には四つの小隊からなっていた。歩兵が最も多く五五五人、他に航空兵一〇一人、砲兵七一人がいた。憲兵も九人含まれていた。将兵の学歴は大学卒が一三人、専門（高等）学校卒四七人、中学卒二〇〇人。最も多いのは小学卒の七七九人だった。

四五年一一月二九日付け「台湾新生報」は、台湾警備総司令部が方面軍の安藤利吉指令官に対して朝鮮人将兵の名簿を提出させ、新たに成立した韓籍官兵集訓部隊として訓練を行い、船舶があり次第、韓国に帰ることになっていると報じている。訓練には三民主義などの「教育」も含まれ、祖国帰国後は建軍に貢献するよう求め、すでに除隊した官兵、軍属についても訓練を受けるよう指示している。

ただ、韓籍官兵は方面軍がすべての将兵を率先して集めたわけではなかったようだ。『あゝ台湾軍』には「朝鮮籍軍人の処遇」という件《くだり》がある。

比島増援の第一九師団（虎兵団）等の一部が近海で遭難中の部隊内に朝鮮籍の兵員が柳軍医大尉以下計約一〇〇〇人居た、彼らは（中略）軍の規律に従わず遂に一部隊を編成、斗六（台北北部＝筆者注）附近に位置して米、中両軍の進駐を待った。又同国系市民も在台朝鮮同胞同志会を結成し気勢を挙げ些《いささ》か持て余すことがあった――この部隊の給養も軍が担当。その要求の殆ど大部を容れて我が軍人以上の衣類毛布を支給した。

フィリピンに向かった部隊の約一〇〇〇人が台湾に留まったとするならば、方面軍に元々所属していた韓国人将兵は三〇〇人前後ということになるだろうか。

韓籍官兵集訓総隊の成立式典は一二月六日に行われる。七日付の「台湾新生報」は式典に出席した警備総司令部の陳儀総司令が「韓国の建国と建軍はかかって諸君の双肩にあり、宜しく一致団結、建国の大理想に向かって邁進せよ」という激励の挨拶を述べたことを伝える。在台韓国人の引揚に関する業務の窓口としてつくられた韓僑帰国警備委員会は帰国を前にした四六年一月二六日、台北の中山堂に警備総司令部幹部らを招いた感謝晩餐会を開く。陳儀はここでも「中国と韓国はもともと兄弟の間柄にあり、不幸にして抗戦のため物質的の援助は出来なかったが、精神的の援助はやってきた。これから物質的援助も出来ることと思う」と述べ、中国と韓国との友好な関係をうたっている。

集訓総隊は日本統治時代の「三・一運動」として知られる独立運動記念日には、警備総司令部の了解を得て、台湾で死亡した仲間たちを弔い、新しい韓国に向けた意気込みを確かめ合う記念式典も開いている。二三日付けの「台湾新生報」は総隊長が同社を訪れ、「台湾省軍官民」に感謝の言葉を述べたと伝える。

日軍中における矛盾に充ちた生活、終戦と共に訪れたわれ〳〵の解放、本省の光復とそれに続く集中生活、そして今百余の白木の箱を抱へ数万の喪き友への憤涙と共にこの地を立たんとする現実に思ひを致すとき万感胸に迫るものがある。

朝鮮出身将兵には台湾永住を希望する人たちもいた。敗戦直後の警備総司令部は当初、こうした人たちの願いを受け入れていたが、間もなく地方永住を許可した人も含めて全員を帰国させる方針に変更する。

一般朝鮮人も「祖国光復」を迎えた

台湾に戦前、一般の朝鮮人はどのぐらい暮らしていたのだろうか。

台湾総督府総務局の「台湾人口動態統計」は朝鮮人の足跡について一九一〇（明治四三）年末の常住人口に戸口調査、転入出などからの推定値として二人を記録している。同統計によると二一（大正一〇）年から百人を超え、以後増加の一途だった。

大戦が中国大陸から太平洋地域へと拡大していった四二（昭和一七）年末の「台湾人口動態統計」などによると、常住人口は二六九二人（男一〇一三人、女一六七九人）だった。この年の台湾への渡航者は七六八人（男四六二人、女三〇六人）、台湾を離れた人は八二三人（男六九三人、女一三〇人）で離台の人が多かった。

金奈英は「日本統治下に移動した在台湾朝鮮人の研究」（『現代中国事情』第一四号所収、二〇〇七年）で、朝鮮人の台湾への移住について「一九一八年、日本経済は不況で、米価が暴騰した。それゆえ、日本政府は国内の経済安定を目指し、朝鮮からお米を輸入する。また、朝鮮の土地改良を行うことと共に日本人居留民の流入がなされたことなどによって、朝鮮農民は自分たちの生活基盤である土地を失ったため、脱出口を探した。その一つが日本に職業を求めることだったのであり、渡日する人々が年々増えていった。（中略）中には日本ではなく、台湾を選択した人々もいたのである」と書く。

台湾省政府は四六年春までに在住朝鮮人調査を行い、「台湾省日僑遣送紀実」は二一九七人と報告している。「軍事接収総報告」よりは二〇人多いが、当時少なくとも二二〇〇人前後は確認されていたようだ。

「日僑遣送紀実」はまた、朝鮮への引揚者を一九七四人とし、残りの人たちについては配船の手配がつかないなどの理由を挙げている。金奈英は「在台湾朝鮮人の教育状況」（『現代中国事情』第二四号所収、二〇〇九年）で、『僑民史』（台北・中華民国韓僑協会、一九九三年）を紹介「当時（一九四五年＝筆者注）基隆には七〇〇人の韓人が祖国の光復を迎え、大部分が祖国に帰る目的で集まっていた」という件《くだり》を伝えているが、彼らが無事に帰国できたかはわからない。

引揚げの第一船は三月二二日、二一七人がまず「氷川丸」で韓国に向かった。女性も一一七人含まれていた。第二船は四月二四日の「リバティ45」号で一七四九人が帰国する。二九日にも本土に向かう「リバティ96」号に五人が乗船した。引揚げは米軍派遣船としているものの、実際には都合のつく船の利用もあったのではないか。

その後も韓国人同志会による朝鮮人への働きかけは続き、同年七月に「在台湾韓僑ニ告グ」と題した新聞広告で「台湾ニ現在残留セル韓国人ハ男女ヲ問ズ左記（基隆市＝筆者注）ノ同志会迄本籍及ビ現住所並ニ姓名生年月日ヲ通知サレタシ」と呼びかけている。

「日僑遣送紀実」は最後の送還船を「一二月二〇日、橘丸で男女三人」と記録する。

台湾にはもっと多くの朝鮮人がいたという指摘もある。

『僑民史』によれば「日本統治末期には、日本に強制徴用された人々や、戦争物資運搬船の船員をはじめ、機関服務者、労働者、技術者、学徒兵など、一万五千人に及ぶ僑民が働いていた」という（「日本統治下に移動した在台湾朝鮮人の研究」）。

日本人の台湾永住は実現しなかったが、朝鮮人は地方永住許可のおりた将兵が帰国命令に変更されるなど、方針が定まらなかった可能性がある。残留が黙認されたか手加減が加えられたかもしれない。

「日僑遣送紀実」と『僑民史』の朝鮮人では数字に大きな開きがある。日本人と一緒に台湾を離れた朝鮮人が多かったとも推測できる。敗戦前後の朝鮮人の実態と戦後どれだけの人が残ったかなどについてはなお、不明な点が多い。

朝鮮人慰安婦は与那国島で遭難した

朝鮮人は水産業のほか、商業、日雇い労働など様々な仕事に就き、女性は沖縄人と同じように

久部良港。港奥の左側辺りに朝鮮人慰安婦の墓があったとみられる

女中、接客業が多かった。遊郭などで働いていた人の中には従軍慰安婦として海南島などに連れていかれた人もいた。

『沖縄県史10 沖縄戦記録2』は、基隆から宮古島に向かう途中、与那国島で米軍の機銃掃射を浴びて遭難した朝鮮人慰安婦の話を伝える。

宮古島平良市で歯科医師をしていた池村恒正は四四（昭和一九）年末、軍から台北帝大医学部に医薬品を取りに行けという指示を受ける。軍の小型機帆船で台湾に向かっての帰途、朝鮮人慰安婦五三人を乗せる。慰安婦には軍人二人が付いていた。与那国島久部良港沖に一時停泊したが、北方から来た飛行機一機の攻撃を受ける。池村らは繰り返し攻撃してくる敵機に海へ逃れるが、久部良の警防団の人たちも助け出すことが出来なかった。慰安婦は四六人が犠牲になり、池村は残った七人を連れて宮古島までたどり着き、軍に引き渡した。

湾になった港（与那国島久部良港＝筆者注）のつけ根の所に小高い砂地の丘があった。五十体程、アダンの枝を集めて火葬し、その丘に骨を埋葬しました。生き残った女性たちから名前をきき三文字の姓名を記し簡単な墓標を立てました。

与那国町役場でこの話を知っている人には会えなかった。墓標を立てた場所は定かではなかった。

第六章　沖縄本島の引揚げは遅れる

1.「軍事的必要性」が帰郷を拒否する

ニミッツ布告が発布される

日本の敗戦は日本人とは異なる「琉球人」という民族を生み出し、故郷もまた米軍（海軍）の占領地「琉球」になった。連合国軍（米陸軍）が占領した本土との間に統治態勢に微妙なズレが生じ、そのことが本土から沖縄本島への「沖縄県人送還禁止」に深く係り、同時に台湾からの引揚げで沖縄本島出身者だけが遅れた理由にも決定的な影響を与えた。

米軍は四五年三月二六日、慶良間諸島に上陸「米国軍占領下ノ南西諸島及其近海居住民ニ告グ」と題された「米海軍軍政府布告第一号（ニミッツ布告）」を発布、沖縄を本土とは実質的に切り離した。「ニミッツ布告」は布告第一〇号までの通称とされる。

「アメリカの沖縄統治関係法規総覧Ｉ」（月刊沖縄社、一九八三年）は布告を次のように伝える。

日本帝国ノ侵略主義並ニ米国ニ対スル攻撃ノ為、米国ハ日本ニ対シ戦争ヲ遂行スル必要ヲ生ゼリ。且ツ是等諸島ノ軍事的占領及軍政ノ施行ハ我ガ軍略ノ遂行上並ニ日本ノ侵略力破壊及日本帝国ヲ統轄スル軍閥ノ破滅上必要ナル事実ナリ

治安維持及米国軍並ニ居住民ノ安寧福祉確保上占領下ノ南西諸島中本島及他島並ニ其ノ近海ニ軍政府ノ設立ヲ必要トス

沖縄の太平洋軍（米海軍・ニミッツ最高司令官、米国海軍政府）は八月に住民代表者会議を招集、諮問機関「沖縄諮詢会」を設立して本格的な軍政をスタートさせる。「日本人」としての身分を失った沖縄県人の受け入れも軍政の重要な仕事になった。

敗戦当時本土には一〇万人以上の沖縄県人が暮らしており、連合国軍最高司令部（GHQ＝SCAP、米陸軍）司令官マッカーサーは「琉球人」である彼らの沖縄への送還を推し進めたものの、一二月になって日本側に計画は進んでいるものの沖縄本島だけは送還の道が開かれていないと伝える。

送還禁止理由は異なった

四六年一月二日、GHQは沖縄本島出身者の送還に関した「連合国最高司令部発帝国政府宛覚書（AG三七〇・〇五）」を発令、送還を不許可とした。その理由に「軍事的な必要性」を挙げ、送還の可能性については調査中とした。「軍事的な必要性」の説明はない。

米陸軍歴史編纂所の『琉球列島の軍政　一九四五―一九五〇』（沖縄県史資料編第14巻現代2アーノルドG・フィッシュ二世、宮里政玄訳）は「マッカーサーは、他の琉球列島出身者よりも数の多い沖縄（本島＝筆者注）出身者が重要な社会的、経済的負担になっているということから、可能な限り速やかな引き揚げを望み、ニミッツ提督に対して在日沖縄人を受け入れるよう繰り返し要請した。ニミッツは、当然ながら、食料（ママ）と住居の不足を理由に受け入れを拒否し続けた。海軍が沖縄を統治している限り、マッカーサーは沖縄出身者の引揚げによって日本本土の占領の負担を軽減することはできなかった」と書き、本島除外の一つの手がかりを提供する。

那覇では米国海軍政府（米軍政府）が一月二九日、「沖縄米国海軍軍政本部指令第一〇九号二万四千沖縄人復帰計画案」（アメリカ沖縄統治関係法規総覧Ⅳ）を策定している。

復帰案は「約二万四千の沖縄人が今、沖縄への輸送を待っている。至急報によればこれらの人達は大部分は、週に大凡四千五百人の割合でＬＳＴ型の船に依って沖縄に輸送されるだろう。これらの人々は僅かの衣類しか持っていず女、子供が多く健康状態はよくないと思われる」と立案趣旨を語る。

案はこの「二万四千人」がどこの沖縄人かは明記していない。一〇万人を超える本土全体の沖縄人よりはるかに少ない。数字的には台湾在住沖縄人に近いが確かではない。本土の鹿児島などの収容所で待機している人たちかとも推測されるがはっきりしない。

この計画は実現しなかった。『沖縄　空白の一年　一九四五―一九四六』（川平成雄、吉川弘文館、二〇一一年）には「この『沖縄人復帰計画案』は、食糧および住居の不足という経済的理由でニミッツによって拒否される」とある。

ニミッツは彼の部下が沖縄の状況を把握した上で作成した案を退けたことになる。本土からの送還を拒み続けている以上、計画案を認めることは出来なかったということだろうか。

食糧と住居が不足しているという拒否理由は正当なものだったのだろうか。

沖縄戦の「戦場」になった沖縄本島が悲惨な食糧不足に陥ったのは確かだろうが、先島諸島の事情もまた厳しかったことは、人々の話からも見て取れる（二〇三頁参照）。米軍政府は四五年九月末、先島諸島住民の中で本土に送還すべき「日本人」の調査を行い「栄養失調は深刻ではないが、マラリア、赤痢、結核が蔓延しており、琉球の他の島々でも同じような状態と思われる」と報告している。過酷な状況下に置かれた地域は、必ずしも沖縄本島に限らなかったはずだ。経緯は不明ながら、マッカーサーからニミッツに宛てた「沖縄本島南部は医療及び公衆衛生面からみて島内の別の地域への移動は許可されるべきだ」との四六年一月一三日付けメッセージをみても、本島のすべてが引揚げ不可能な地域ではなかったことをうかがわせる。

ニミッツとスタッフとの間の意思の疎通に問題があったのかもしれない。『沖縄県史料　戦後2　沖縄民政府記録1』によれば、米海軍首脳は学者肌の将校で構成され、沖縄を理解し、比較的寛大な施政で臨んでいた。復帰計画案が最終的に了承されなかったのは、生粋の軍人であるニミッツと意見が合わなかったとみることもできる。

敗戦から半年も経ずに沖縄本島が送還除外地域になったことから、大戦末期の日本攻略作戦でのニミッツとマッカーサーの確執がなお尾を引いていたという考え方も捨てきれない。

四六年三月、米国の国務、陸軍、海軍からなる三省調整委員会は、沖縄の米軍政府に受け入れ準備が整うまで本土からの琉球への送還を禁止することを決める。この決定は沖縄本島を対象にしているとみられ、ＧＨＱによる各方面への連絡でも本島を除く他の島々への引揚げについては問題なしとしている。

ＧＨＱは三月一六日、送還に関する基本指令とでもいうべき「連合国最高司令部発帝国政府宛覚書（ＳＣＡＰＩＮ―八二二）」を発令する。付則三―一七「日本からの琉球への送還」には、一月二日の覚書と同じく「沖縄本島への送還については現在、軍事的な必要性のために禁止する。送還の可能性については調査中」としている。

二つの覚書とも本島への送還禁止理由とした「軍事的な必要性」が、具体的に何を意味しているかについて述べられていない。台湾からの引揚げ延期とどのように関係しているかについても触れていない。

なぜ軍事的な事情だったのか。戦争はすでに終結しており、軌道に乗った米軍による沖縄占領になんら問題の見当たらないこの時期、那覇の米海軍と東京の陸軍の首脳同士の意見の相違が「軍事的な必要性」だったのだろうか。

沖縄本島の人口増加への懸念を指摘する指令もある。一月二六日のＧＨＱ覚書が「沖縄本島がいつ人口増を支えるだけの地域になるかは予想できない」としていることは、ニミッツが拒否した「食糧と住居の不足」につながるかもしれない。

南方からの引揚げが米軍全体にプレッシャーをかけた可能性もある。

米海軍の『軍政活動報告一九四五年四月一日―一九四六年七月一日』（沖縄県史資料編20 軍政活動報告（和訳編）現代4）は、四六年一月末から四月一六日にかけてマリアナ諸島や旧日本委任統治地から二万九八〇九人の民間人が沖縄に引揚げたと報告する。

米陸軍歴史編纂所の『琉球列島の軍政』はそのあたりの事情について「ミクロネシアからの引き揚げ者（マリアナだけでも二月に二万七人）がバックナー・ベイに到着し始めると軍政本部（海軍＝筆者注）は、日本本土と朝鮮の陸軍司令官も海軍の例にならうことを懸念した。そうすれば、すでに人口過剰の沖縄の人口はさらに三分の一も膨れ上がることになる」と触れている。米軍は沖縄本島中部の中城湾を、沖縄戦で戦死したバックナー陸軍司令官の名前をとって「バックナー・ベイ」と呼んでいた。

ただ、いずれの場合でも「軍事的な必要性」を補完する理由には当たらないような気がする。

日本側の資料をみる。

引揚援護庁が一九五〇年三月にまとめた『引揚援護の記録』には、GHQの四六年三月一六日の覚書が「引揚げに関する基本指令」として記載され、第四部「琉球より又は琉球の引揚・琉球人の日本よりの引揚」で「軍事上の必要より沖縄本島への引揚は禁止せられ居り同島人の引揚の可能性は目下検討中なり」とある。

『引揚援護の記録』は加えて「南西諸島方面への送還」について「昭和二一年（四六年＝筆者注）一月から一般日本在留者の送還に入ったが、一月には、まず南西諸島方面への輸送にあたることになり、九州地区は鹿児島港からそれ以外の地域在住者は浦賀から、それぞれ送還を実施した。ところが、たまたま帰還者中に天然痘が発生し、三月一八日ついにこの送還を停止せられたために、（後略）計画輸送は昭和二一年八月一五日再開、同年一二月まで行われた」と報告する。

沖縄本島に特記した内容ではなく、「軍事的な必要性」、食糧不足などは挙げていない。台湾など外地からの引揚げ停止の有無についても触れていない。同記録に付記されている年表にも、四六年初めの沖縄本島への引揚げ禁止の記述はない。

ＧＨＱと日本政府との連絡機関として設置された外務省外局「終戦連絡中央事務局」の「終戦報丙第一九五号（昭和二十一年五月十八日）」は「ＧＨＱとの連絡　琉球方面送還中止の件」として次のようなコメントを載せている。


「ハウエル」大佐（ＧＨＱ引揚業務担当＝筆者注）より一昨日御話しせし琉球方面送還の件は参謀長の許にて種々の議論を生み殊に奄美には食糧無く又沖縄本島に於ては現在既に十三万八千名が米軍の「パブリックチャージ」となり□る際更に多数を送還することに付異論あり、結局右計画を一応「ストップ」して現地の事情を充分調査の上再考究することとなれり、本件には海軍との関係も影響あり自分の案は結局「オーヴァールール」されたる次第なりと述べたるに付琉球方面の送還時期が不明となりた□とのことなりや或は送還が□絶中止せらるる可能性もある次第なりやと問ひたるに今の所□し兼ぬるも何れ三、四週間以内には決定あるべしと答へたり

沖縄本島への送還の遅れについて様々な意見があったとしているが、琉球を統治していた「海軍との関係も影響あり」が決定的な要因だったのではないか。

本土とのバランスをはかる

沖縄民政府の初代知事になった志喜屋孝信が就任直前の四月一九日に書いた日記は、本島送還の遅れを巡る問題にある一定の答を示唆している。

一九八〇年二月一三日付「琉球新報」の「志喜屋孝信日記・嘉陽安春編」にみる。

帰還者の受け入れ計画

ワトキンス様（米軍政府政治部長＝筆者注）の話、「台湾に沖縄人が一万人いる。日本は十万こすかも知れぬ。現在沖縄にはこれだけ入れることは困難である。台湾から一万や一万五千人は問題ないが、内地から十二万五千人も入れては問題。それを全く入れないで台湾だけ入れると重大問

題だがどうすべきか。非公式に諮問す」。右に対し委員（沖縄諮詢会委員＝筆者注）から、台湾だけからでも帰りを希望するとの意見もあり、更に研究することとす。

志喜屋の日記によれば、台湾から沖縄本島への送還の遅れは、物理的な問題ではなく本土と台湾とのバランスを図った結果と受け取れる。ワトキンスの発言は、本島が台湾から一万人、一万五〇〇〇人を受け入れることについては支障ないが、本土から一〇万人以上の受け入れは無理だと、明瞭だ。「重大問題」とは、台湾だけの引揚げを認めることで生じる東京のマッカーサーからの異議申し立てではないか。そして、那覇の米軍はこの重大問題の発生を避けた。

2. 沖縄本島の「食糧不足」に根拠はなかった

台湾省は早期引揚げを望んだ

志喜屋日記にあるように、台湾から沖縄本島への引揚げだけでも可能だったのではないか。

米陸軍歴史編纂所の『琉球列島の軍政 一九四五―一九五〇』によると、ニミッツは四五年一〇月、太平洋・ミクロネシアの日本人を含む外国人の引揚げを決定している。彼は日本人と沖縄人を区別せず、二万三五〇〇人の沖縄人がすべて引揚げの対象になった。台湾は「内地」ではなく太平洋・ミクロネシア地区と同じように「外地」であり、ニミッツの考え方に沿えば、海軍としては台湾に残る一万余人の沖縄人の引揚げも問題にはならなかったはずだ。このあたりは先のワトキンス発言が裏付けている。

連合国軍最高司令部（GHQ）による四六年一月八日付けの国民政府軍への連絡では、一万九二四五人の琉球人の引揚げについては何ら問題はなく、（沖縄の）太平洋軍最高司令官（CINCPAC）に直接コンタクトするよう求めている。ただし同日付けの覚書では沖縄本島が除外地域とされており、基隆港で沖縄将兵が足止めされたという話に符号する。本土からの送還禁止と同様の対応がとられたとみることはできる。本島引揚げ拒否の理由はここでも述べられていない。

台湾省政府は三月二七日、沖縄の太平洋軍最高司令官あてに、台湾に留まる沖縄本島住民の引揚げは四月末までに米軍の引揚げ担当チームが台湾を去るという状況下で緊急の課題であるというメッセージを送る。

翌二八日、日本側も南京の支那派遣軍総参謀長が次官宛至急電報で沖縄県人の直接引揚げに関してGHQと折衝するよう求めている。帰還を希望する人員を若干の増減があるとしながらも「奄美群島三五〇〇（含ム吐噶喇群島）沖縄群島七八六〇（内軍二〇六七）宮古列島一九八五（内軍五三)、八重山列島一八七〇(内軍六五)」と付け加えている。

回答はしかし、台湾から沖縄への引揚げについては本島住民を除いて問題なしという内容だった。CINCPACが三一日付けで国民政府側に送ったメッセージも沖縄本島以外の人たちの引揚げについて障害なし、としている。

国民政府外交部文書をみてみたい。

外交部文書に中国戦区米軍南京司令部から中華民国陸軍総司令部あての四月一七日付け忘備録三九号がある。

その忘備録によると、台湾在住の沖縄本島住民は日本船(SCAJAP、連合国軍が船籍番号を振り直した船)でほどなく送還されるだろうが、ただ、米軍の引揚げ担当チーム(米陸軍顧問団)が四月二五日に撤退するので送還業務に携われないとある。

二五日付け忘備録五七号は、中国戦区米軍南京司令部は本部に問い合わせた結果、すべての沖縄本島住民及び他の島々の住民は日本船で送還する旨連絡を受けている。日本船の到着予定日は東京からの連絡があり次第貴陸軍総司令部から台湾警備総司令部・陳儀総司令に連絡してほしいとしている。

外交部文書に基づけば、沖縄本島住民の引揚げは時間の問題だった。台湾側の意向は日僑管理委員会・周一鶚主任委員が四月三日「台湾新生報」の記者に「沖縄人は間もなく送還」と楽観的に話したことからも推し量ることができる。

日本船はなかなか来なかった。陳儀総司令は五月五日、中国陸軍総司令部に米軍に対して人数に応じた日本船の案配を打電する。総司令は二週間後の一八日にも米国側が約束した船がまだ到着していないとして同様の要請をしている。台湾省が求めた沖縄本島住民の一刻も早い送還はしかし、実施されなかった。

外交部文書の内容はそれまでのＧＨＱ指令とは一致しない。どう解釈すればいいのだろうか。

米国は台湾の事情を挙げた

米海軍の『軍政活動報告』は、台湾からの引揚げについて「南部琉球を経て少数ずつながら沖縄に着いたが、今春（四六年＝筆者注）に入って数千人がリバティー船ヒチコックによって南部琉球に到着した。現在約一万人の沖縄の人が台湾で引揚げを待っているが、アメリカの引き揚げ担当チームが台北から撤退したので、今のところ再開の目途を立てるのは不可能である」と書く。米軍は沖縄、奄美について、「沖縄群島（沖縄本島）」「「南部琉球（先島諸島）」「北部琉球（奄美群島）」と三分割していた。

『軍政活動報告』は米軍の要請による送還延期ではなく台湾に担当者がいないので送還業務を見通せないとしているが、引揚げが担当チームの手を離れて行われるであろうことは国民政府の外交部文書によれば明らかになっていたことだ。

ジョージ・H・カーは台湾からの沖縄住民の引揚げについて『裏切られた台湾』で、次のように書く。

一九四六年、マッカーサー将軍は在台日本人の大量の送還を指令していた。その中には一万四千九百六人の沖縄人が含まれていた。基隆港から遠い地方に住んでいた沖縄人は、住居は勿論のこと、家財道具を売ったりあるいは隣人にあげたり処分して台北と基隆に集結してきた。全体の約三分の一が沖縄に送還された時、マッカーサーからは残りの沖縄人は台湾に残留させるようにという新しい命令が来た。ひどく戦禍を受けた沖縄は、これ以上彼等を収容することが出来なかったのであった。

「新しい命令」は具体的な月日、「残りの沖縄人」が沖縄本島の人たちかどうかについては触れていない。「約三分の一の送還終了」という記述から判断すれば『台湾省日僑遣送紀実』に「先島諸島、奄美群島の沖縄人約五千人を送還した」とある四月末とも推測される（二〇六頁参照）。そして、この新しい命令こそ、台湾省政府が省議会への「施政報告」で触れた沖縄本島に限っての「半年内の引揚げは望めない」につながったのかもしれない。

ただ、施政報告に「半年」という期間についての説明はなく、いつから半年かについても不明だ。「軍事接収総報告」、GHQ指令など連合国軍側の資料にもこれに関する記述は見当たらない。

施政報告にある「住宅、食糧の不足」という引揚げ遅延理由も、米軍の意向を忖度したのか、あるいは実際にその旨回答があったのか。陳儀総司令の要請に対する回答の有無を含めて、それらのことを裏付ける資料は見つけられなかった。

沖縄民政府への説明もなかった

沖縄側の資料をみる。

米軍政府と沖縄諮詢会との間で定期的に開かれた諮詢会議に、台湾から沖縄本島への引揚げの遅れを示唆するものはない。

四六年四月二〇日の諮詢会経済小委員会は、軍政府財政部長ローレンス少佐の台湾視察報告が行われた。少佐の報告は概ね、次のようなものだった。


台湾で沖縄県人会と会い、沖縄の状況を話し、台湾の事情も聴いた。本月の末までに日本人は技術者を残して全員が帰還するが、沖縄人は別に残される。一万一千人程度が支那人政府下にあって、二千人程度は残り、その他は全員皆帰すと。帰る時期は何時になるかは分からない。南方から二千三百人程度が台湾に来ているが金がなく、沖縄県人や支那の援助を受けている、支那ではこれらの人々を炭鉱に使用するとのことだ。沖縄人の賃金は差別的待遇で支那人よりは廉値だ。

事業家らは良い地位にあって残る。

報告は沖縄人引揚げの遅れは台湾省側にその原因があると解釈でき、沖縄本島に理由があったとは読み取れない。

台湾に赴いた理由は台湾省政府と南部の貿易を復活させるための交渉であり、食糧問題についても米国から輸入するよりは近い台湾からの輸入を考えていると述べている。この場合の「南部」は「南部琉球（先島諸島）」のことだろうか。

川平朝申の「わが半生の記録（8）」はローレンス少佐が台湾に来た時の様子を伝えている。六月上旬の平川同郷会連合会副会長の那覇行きと入れ違いの来島としているが、四月の記憶違いではないか。少佐が二回訪れ、再訪時の話という可能性もなくないが、最初の時を書いていないのは不自然だ。少佐は川平に「沖縄は貴方には想像もできない程荒廃しており、台湾にいまいる沖縄人を帰すことはむしろ気の毒だ。沖縄に住むに家はなく衣食でも米軍の食糧から分けたり、スポイル品を配給しているほど」といった趣旨の話をしている。

この話は諮詢会議での説明と異なる。台湾側が残しているといった話もない。荒廃といっても、米軍との激しい戦闘があったことをみれば当たり前であり、引揚げを遅らせる決定的な理由にはならないように思える。むしろ少佐の発言は、川平をなだめるための話とも受け取れる。

米軍政府が沖縄諮詢会を発展的に解消する形で四月に発足させた沖縄民政府との五月に入って

からのやり取りにも、明快な理由は見出せない。

五月一五日の軍民連絡会議経済小委員会は、初代民政府知事になった志喜屋孝信が「台湾方面に流行病があるから該地から来る船を一定の港に出来ないでせうか」と述べ、二七日の軍民連絡会議は次のようなやり取りを載せる。

当山部長「台湾からの帰還者は如何なったか」
軍政府「台湾と連絡する機関がないから如何なったか分からない」

にべもないやり取りなのだが、『軍政活動報告』と同じく、「連絡できない」ことを理由に挙げている。

二九日は本土からの引揚げが近くあり食糧、住宅面で不安だとする民政府担当者に対して米軍政府は「今軍政府では食糧と材木の輸入計画をしている」と説明しているだけだ。

六月七日付の米太平洋軍の「琉球調査」は、沖縄本島の住宅と建設資材の不足に言及、本土からの引揚げは制限されていると報告する。沖縄全体の食糧問題は生産高が必要全体の四分の一に留まり、輸入を継続させなければならないとしている。台湾については早期引揚げに踏み込む。約一万人の本島住民がおり、ボートによって不法に本島に戻る人もいるが、これら住民についてもたらされる情報は人道的理由から速やかな引揚げを示唆していると伝えている。

宮古島で発行されていた「みやこ新報」は六月二一日「沖縄、比島等の米陸海軍食糧を日本政府へ払下」という見出しで、米陸軍の食糧がフィリピン、沖縄に計約二万七〇トンある、と報じている。沖縄本島が危機的な食糧不足に陥っていたのであれば、本土に食糧を送ることなど考えられるだろうか。

ＧＨＱ指令をみても、沖縄本島人の引揚げ延期が本島の食糧不足、住宅事情によるという理由付けは、次第に遠のいていくように思える。

3．米国は中国の琉球政策に同調する

米軍の狙いは軍事拠点化だった

中国が台湾進駐と同時に日本人と琉球人（沖縄人）に分けたことはすでに述べた。米国（ＧＨＱ）の戦後政策もまた「沖縄は日本の一部ではなく琉球である」という発想に基づいて進められた。米海軍の『軍政活動報告一九四五年四月一日―一九四六年七月一日』は、沖縄を「琉球」という独自の存在としてとらえ「琉球列島の住民　特質」の中で「歴史的に見て沖縄の人たちは一千年の記録された史料を有する誇り高い独立心の強い民であり、東洋の小独立王国として他の地域

と貿易を振興、外交関係を維持し、土着の優れた文化を持ち、近隣諸国からこれを多とされた民族である」と規定する。

大田昌秀も『沖縄の帝王 高等弁務官』（久米書房、一九八四年）で、元スタンフォード大教授J・W・マスランドが執筆した米国務省文書「ノッター・ペーパーズ」に触れ、「琉球諸島の地勢や人口、文化などについても簡潔に記述しているが、とくに目を引くのは、琉球人は、人種的にみて日本人とは異なっていてアイヌ人と同種かもしれない、といった記載である」として、後の沖縄占領に係る基本文書などに活用されているとみる。

米国の「琉球」認識は第二次大戦中からすでに始まっていた。

大田は同書に「ノッター・ペーパーズ」が提示する「琉球の処理」などを踏まえ、「沖縄の分離・占領は（中略）一九四三年頃から周到に計画立案され、沖縄戦の開始と同時に実施された」と書く。「琉球の処理」は、中国への譲渡、国際機関の統治、軍事施設撤去後に国際機関が定期的に査察するという条件で日本の保有とする、という三案を示していた。この三案は四章で述べた国民政府の琉球帰属案に似通った点も多い。

国務省文書は『沖縄県史資料編第14巻 現代2 琉球列島の軍政』を翻訳した宮里政玄も『アメリカの対外政策決定過程』（三一書房、一九八一年）で言及しており、中国移譲案について「マスランドは、中国が琉球の返還を要求する歴史的根拠は薄弱であり、琉球は中国の義務不履行の故に日本の手に渡ったのだと決めつけている。これはマスランドが、日本による琉球の取得は暴力によるものではないと考えていたことを示すものであろう」と述べている。

宮里はまた「マスランド文書から強いて結論づけるとすれば、それは日本本土と周辺諸島の非武装化・非軍事化を条件に、沖縄の保有を日本に認めるという意見が強かったということであろう」と分析する。

国務省内では、当初日本の保有案が有力だったが、次第に日本から分離するという考え方が支配的になる。日本との戦争が同時進行的に続いている状況下では安全保障上から沖縄を軍事拠点としたい軍部の意向は強く、必然的に主流意見となっていった。

沖縄を軍事上の要衝とするアイデアは、徳川幕府に開国を迫ったペリーの艦隊が那覇港に碇を降ろした一九世紀中頃まで遡ることもできる。「彼（ペリー＝筆者注）は、日本が開国に抵抗するのであれば、琉球を占領して軍事的拠点にしようと考えていたといわれる。見方によってはアジアの中心に位置することになる沖縄は、しばしば軍事的観点から重要視されることになった」（『観光コースでない沖縄』高文研）。

米国は日本の敗戦前から戦後処理について中国側と協議、交渉しており、当然その姿勢は知っていたはずだ。沖縄を重要な戦略基地として活用したい米国にとって、帰属先はどこかという問題は別にして、国民政府の考え方は好都合であり、沖縄と日本本土を区別する意図も共有したのではないか。しかも、四六年一月二九日にＧＨＱが発令した「若干の外廓地域を政治上行政上日本から分離することに関する覚書」によって、沖縄は日本から切り離され、米軍だけの占領地になった。

マッカーサーは「日本人には非ず」と言った

米国（ＧＨＱ）の本土での沖縄人分離政策は、沖縄人を朝鮮人、台湾人と同じ「非日本人」のカテゴリーに組み入れる「住民登録」の実施によって決定的になる。

四六年二月一七日、ＧＨＱは日本政府に対して三月一八日までに日本に居住する全ての沖縄人の登録を命じる。三月五日付けの「沖縄新民報」(沖縄新民報社、福岡市)は、その詳細事項を、氏名、年齢、性別、母国（沖縄）における住所、日本における住所、職業、帰還希望とその場合の帰還先の目的地、と報じる。

命令を伝える同紙は前文で「沖縄の帰属問題は何れにしてもポツダム宣言に明示されたとほり講和会議に於て正式に決定を見るが、再び日本の版図として舞ひ戻ってくることは全然なからうと思はれる」と悲観的だ。

沖縄の帰属は確かに講和会議に基づくとされていた。

同年二月一四日のワシントン発ＡＰ電は、米陸軍参謀総長アイゼンハワー元帥が米下院議員の質問に答えた「沖縄諸島は米国の恒久的領土に決定した訳ではない。その帰属はポツダム宣言に即して行われることになろう」という発言を伝え、台湾の「台湾新生報」も「英国外務次官が琉球（沖縄）の地位に関する下院議員の質問に書面で、その他の日本領土と同様に講和条約が決定する問題であると回答した」というロンドンからの四月一六日発中央通訊社電を掲載する。

しかし、米国による沖縄の軍政が軌道に乗ってくると、「琉球領有」の意思はより鮮明になっていく。

四七年七月四日の「うるま新報」はマッカーサーが六月二七日に東京の米大使館で米国新聞編集・発行者らに語った沖縄問題についての見解を載せる。米軍占領後に創刊された同紙は沖縄の人たちにとっては貴重な情報源になっていた。

琉球はわれわれの自然の国境である沖縄人が日本人でない以上米国の沖縄占領に対して日本人が反対しているようなことはないようだ

記事はUP通信を転電したもので、見出しは「米国の沖縄占領に日本は反対せず〝琉球人は日本人には非ず〟」と刺激的だ。

宮古島で発行されていた「宮古民友新聞」九月八日付け紙面でも記者団に語ったマッカーサーの安全保障と国境問題に関する考えは明らかだった。

沖縄（沖縄本島＝筆者注）を含む琉球及び小笠原諸島はアメリカに与えられねばならない。そ

れらの島々は今や「アメリカの戦略的第一線」となっている。事実アメリカの領有によって日本の将来は侵略から保障される

国民政府は琉球と琉球人の存在こそ共有したものの、米国の一方的な「沖縄領有」が加速度的に進むことに反発する。

マッカーサー発言から四か月後の四七年一〇月二七日、石垣島で発刊されている「南西新報」はデリー発ラジオプレス電で国民政府・張群《ちょうぐん》行政院長の談話を伝えている。

マ元帥重大聲明
米國の沖繩占領に
日本は反對せず
〝琉球人は日本人に非ず〟
ソ連に傾く
解放諸國動向
米ソの平和條約を說く
前國務次官ソ連を罵倒
女運轉手
受驗出來ます
日本國會審議に入る

沖縄はいまも「米国の自然の国境」なのか（うるま新報47年7月4日）

琉球を中国に帰せという案は中国行政委員会の全委員が支持している案であり、また中国の対日講和に関する意見は国際連合会議中国代表王世傑《おうせいけつ》（王世杰＝筆者注）氏の日本からの帰国をまって決定される筈である。

同紙は数日後、米軍政府スタッフ、パオ

レスの「デマに過ぎない」という反論を載せ、一一月三日には続報として、石垣島を一〇月末に訪れた彼が記者会見で述べた「アメリカ人は必ず琉球を自国に帰属させたいと思っている。アメリカは多くの犠牲を払って琉球を占領し又現在多くの軍事施設を有する軍事的に重要な島嶼である事が主な理由である」という話を紹介している。

一九七二（昭和四七）年の日本返還後も、米軍基地に「キャンプ・ハンセン」「キャンプ・シュワーブ」など沖縄戦で戦死した米兵の名前がつけられているように、コメントは米軍が沖縄に駐留する意味の核心をいまに伝えている。

4. 日本政府は「琉球」を追認する

総督府は沖縄早期引揚げを打診する

中国と米国（GHQ）が沖縄人を「琉球人」として扱ったことに対して日本政府の対応はどのようなものだったのか。

四五年九月二二日、台北から沖縄県人の引揚げに関する一通の電文が東京に送られた。台湾総督府総務長官から内務省内務次官宛に送られたもので、二日後に内務省管理局が受け取っている。

電文は「台湾が受け入れた沖縄県疎開者と南洋群島からの引揚者が本籍地への帰還を希望しており、便船があった場合は引揚げさせてよいか」という内容だった。

内務省管理局長経済課長は一〇月一日「沖縄県民の本籍地還送に関しては連合国最高指揮官の許可を要す」と回答する。備考として、同件は厚生省の所管だがいまだ具体案を作成していない、と付け加えている。

敗戦から一か月しか経っていない時だった。国民政府による台湾統治にはまだ間があり、日本人を「日本人」と「琉球人」に分ける政策を具体化させる前の話だ。しかも、沖縄に軍政を敷いた米海軍トップのニミッツは翌一〇月、沖縄人を「琉球人」として区別せず「日本人」として南太平洋から引揚げさせることを認めている。この時期に日本政府が台湾在住沖縄県人の引揚げに積極的に動けば道は開けたのではなかったのか。

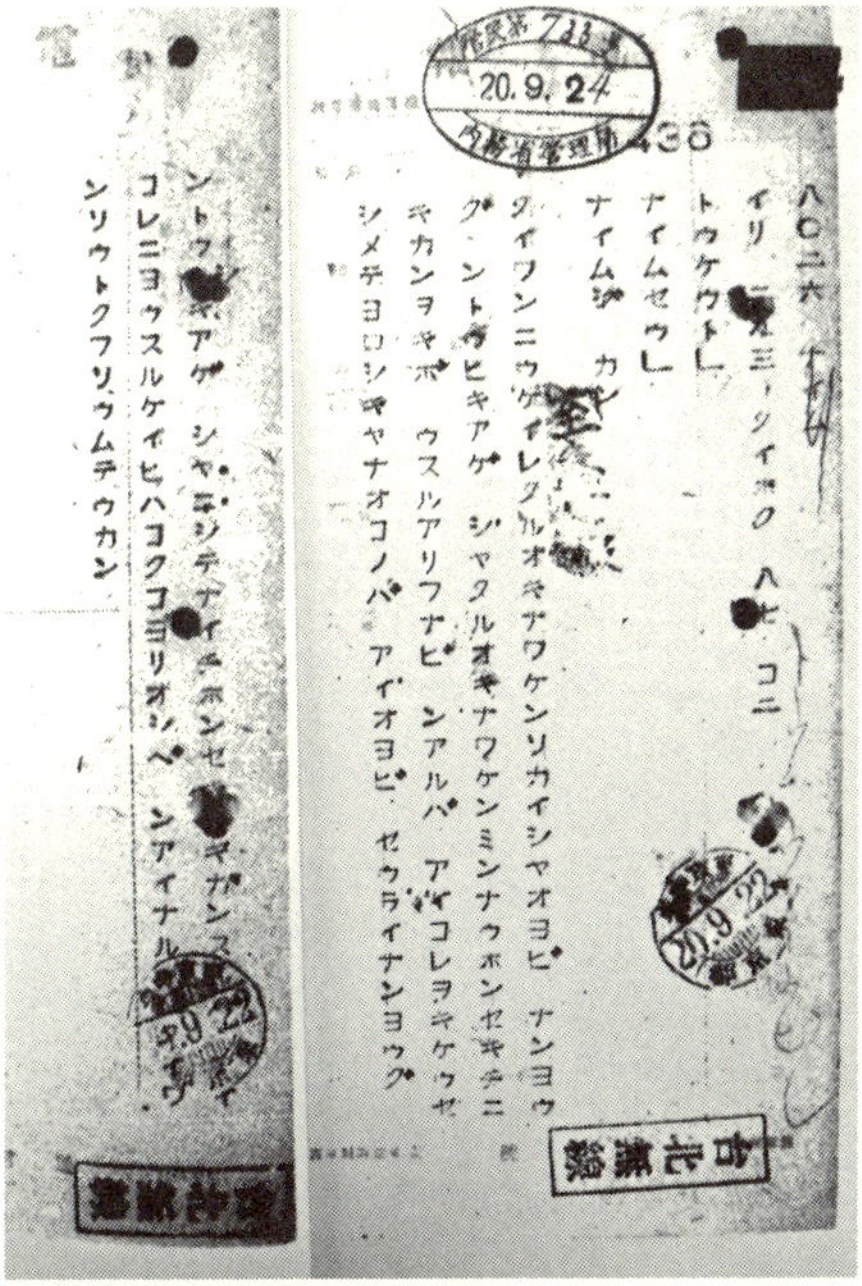

台北からの電文は「沖縄県民」引揚げの可能性を探った

本土出身民間人の引揚げが続いていた四六年三月二八日、支那派遣軍総参謀長が沖縄県人の直接引揚げを要望したことは先に述べた（二四五頁参照）。総参謀長は同月、もう一通の緊急電報を送っている。

緊急電報は、支那派遣軍内の沖縄及び北緯三〇度以南の鹿児島県帰還者は本土帰還者と同様に帰還させよとの指令があったので、台湾からの沖縄県人らの帰還も近く終了予定の民間人に引続き本土経由と考えられるが、人員が膨大なため直接沖縄などに帰還させるべきではないかとして、連合軍と折衝した上での至急の指示を求めている。この場合の「沖縄」は沖縄全体なのか、沖縄本島を除いていたのかははっきりとしない。電文には「台湾ヨリ沖縄ニ帰還スベキ人員約一八〇〇〇名（内軍人約二〇〇〇名）鹿児島県下離島ニ帰還スベキ人員約四〇〇〇名」とあり、台湾在住沖縄人の「総数」から考えて「沖縄全体」と解釈すべきだろう。

支那派遣軍及び第一〇方面軍、総督府には当然、GHQの「沖縄本島を送還から除外する」という方針が伝わっていたと思われる。それでもなお、「沖縄への直接引揚げ」を模索したと受け取れる内容は、台湾側に強い意向があったのかもしれない。緊急電報への回答が送られたかは不明だ。

日本政府にその後の動きはない。そして「日本人引揚げは四月末に終了した」とする「台湾統治終末報告書」が作成され、「留用者」ではない沖縄本島住民が一万人近くいたという事実には一切触れていない（一七七頁参照）。日本人はあくまで「内地日本人」であって、そこには沖縄人の存在は見事なまでにない。

三月から一か月の間に日本政府の考え方が諸々の避けがたい理由によって大きく変わったのだろうか。そうは思えないことは、敗戦直後すでに「連合国軍絶対」であり、国民政府の琉球人分離政策にも異を唱えなかったことからもうかがえる。「敗戦国」日本は、四六年初めには沖縄県人を日本人の枠から外したGHQ覚書を認め、「琉球」という新しい存在に暗黙の了解を与えてしまった。

沖縄人を「非日本人」として扱う

引揚援護庁が五〇年にまとめた「引揚援護の記録」からも政府の追認をみることができる。「引揚援護の記録」は海外からの日本人の引揚げ期間を図表として載せるが、台湾からの引揚げは四五（昭和二〇）年末に始まり四六年の四月が過ぎた時点で終わっている。沖縄人は随所で「琉球人」「西南諸島民」「南西諸島民」と表記されている。「非日本人送還比較図」での沖縄県人の名称は「西南諸島民」だ。

同記録の「送出援護（在日外国人の送還）」には、業務に携わる佐世保引揚援護局の一員の話として「朝鮮、南西諸島への送出作業に従事していると、いろいろ予想していなかった出来事にぶつかる。とに角『非日本人』として取り扱わなければならぬ。これら送還者には十分注意はしていたが、血の気の多い若い勤務員は、その感情をおさえるのにかなり努力を要し、時には年配の勤務員の応援を求むる場面もあって、今から考えると笑話になる事件も少なくなかった」といった話も掲載されている。

率直な感想といえばそれまでだが、ほんの少し前までは同じ日本人だった人たちを「非日本人」として扱えという指示は、どのような発想から生まれるものだろうか。こうした話が決して当時の「非常時の話」ではなく、現代にも通じる不気味さを内包しているように思えてくる。

台湾に残って日本人の引揚げ業務に携わった台湾総督府主計課長の塩見俊二は日本人の大部分が引揚げた四六年四月、日記に「徴用者とその家族及潜伏日僑と言われる住所不明の日本人等を合わせて約三万人が台湾に残留することとなった」と記し、彼らの統制、連絡、互助活動を行う日僑互助会事務局長になる（『秘録・終戦直後の台湾 私の終戦』）。二二日付けの日記には日僑互助会執行委員会打ち合わせを行い、今後の方針として「沖縄県人ノ件」という一項を書いているが、具体的な記述はない。日記はその後も執行委員会に触れているが、「沖縄県人」をどのように扱ったかについては書かれていない。

五月一七日付けの「互助会覚書」は職員の状況について①官庁的デアリ高圧的デアリ親切気ノナイコト②還送終リ萎縮沈滞セルコト③沖縄県人多数ヲ占メ人的要素ニ適切ヲ欠クコト、と書く。互助会にいた多くの沖縄県人は「留用者」と思われるが「適切さを欠く」の意味は不明だ。「日本人」との人数的なバランスが悪いということか、沖縄県人の労働意欲を問題視していたのか。

沖縄本島出身者の苦境を知り得た人々からは彼らの窮状を訴える報告書が東京に送られてい

た。

日本人留用者の世話、引揚者のフォローなどで台湾省行政長官公署日僑管理委員会に入った速水国彦服務員が、内務省の台湾総督府残務整理事務所に送った「留台日僑会報告書」だ。「留台日報」とも題され、外務省大臣官房文書課にも送付された。日本の「官庁」は五月三一日の勅令二八七号により台湾総督府が廃止されたことで消滅する。

速水は四月二一日の「留台日（留台日報）第一報」のその他として「沖縄県民の帰還希望者の日時は不明だが、沖縄県民同郷会から一部に困窮者がいるので救済してほしい旨の依頼があり、中国側と連絡して救済措置を講じ、有志者の寄付も募り、遺憾のないよう期している」という趣旨の報告をしている。

五月二四日の「留台日第四報」添付資料「沖縄本島民ノ還送用配船ニ関スル件」は、生活に困窮している沖縄人について一刻も早い配船を求めている。

台湾ニ居留シタル日本人中沖縄県民ニ付テハ計画還送ヨリ除外別途考慮セラレ日本人ノ一般還送終了後先島列島民ハ一応還送終了シタルモ沖縄本島民ニ付テハ還送スベキ方針示サレタルモ其ノ期日ハ未ダ不明ナリ而シテ本島ニ居留スル当該民ハ将兵約二〇〇〇人一般民約七〇〇〇人合計約九〇〇〇人ニシテ全島各地ニ散在シ居レルガ其ノ大部分ハ戦争中日本政府ガ疎開避難セシメタル老幼婦女子ニシテ何レモ生活力甚ダ薄弱ナル為日本統治時代ニ於テハ台湾総督府ヨリ生活費ノ

補給ヲ為シ居タルモ現在ハ支給セラレザルノミナラズ物価ノ昂騰ト疎開地ニ於テ患ヒタルマラリヤニ悩マサレ其ノ状況悲惨ノ極トモ謂フベキモノアリ

中国当局ニ於テモ之ガ救済策ヲ講ズルノ外還送用船舶ノ配船ニ関シ極力連合国軍司令部ト接衝中ナルモ未ダ確定セザル模様ナルニ付テハ第一号ニ於テ依頼シタルト同様適宜配船方配意願度

速水の報告からは、沖縄県民の引揚げは本土日本人とは別のことであり、先島諸島に次いで沖縄本島への引揚げ方針が打ち出されたが、国民政府とGHQとの交渉がなかなか進展しない、ことなどがうかがえる。

報告書はほぼ一か月おきに東京に送られ、その都度、沖縄本島出身者の窮状について触れているが、東京とのやり取りはない。本土からの本島への送還（引揚げ）が禁止されていた状況下にあって、台湾からすでに日本人ではなくなった彼らを帰すという考えは放棄されたのではないか。

「リュウキュウアイランズ」を翻訳する

日本人の「第二次還送」は一〇月一九日に始まる。多くが台湾省政府によって各種業務引き継ぎ等で残された「留用日僑」の帰国だった。引揚船に米国の支援はなく、台湾省政府が一隻を調達したのみだった。日本側は独自に引揚船を用意しなければならず、「日本政府としては、黙過することもできず、応援の船六隻を出す」（『台湾引揚・留用記録第一巻』河原功監修編集）ことで対応した。

政府が「黙過できず」に船を手配できたのであれば、第一還送時になぜ沖縄人の引揚げを考慮に入れなかったのだろうかと思う。第一次還送に使われた二一二隻の内、何隻かを那覇に回せば、沖縄の人たちの台湾での困窮生活は防げたはずなのではという疑問が生じる。国民政府側からは「何隻かを沖縄へ」という発言は出てこないだろう。日本政府が沖縄の人たちを以前と同じように「日本人」として積極的に対応しなければならなかったはずだが、そのような動きはなかった。河原は『台湾引揚・留用記録　第一巻』の「解題」で沖縄人の引揚げについて次のように述べる。

同じ日本人でありながら、「日僑」とは別に扱われる「琉僑」と呼ばれる沖縄籍民もいた。敗戦によって沖縄がアメリカの管理下となったため、中華民国の管理外に置かれた沖縄籍民は、人数も約一万人とそんなに多くないこともあって、台湾では微妙な立場に置かれた。特に各部隊にいた沖縄出身の兵士たちは、敗戦後すぐに別組織され、市街の清掃事業に従事し、日本人引揚げの「第一次還送」時には、集中営（岸壁に仮設された倉庫）の建設、引揚者の荷物運搬等にあたり、日本人還送の後回しにされた。

「微妙な立場」とはどのような立場なのだろうか。

微妙な立場への明快な答えは見出しにくい。「後回しにされた」とあるが、「後回しにした」当事者についての言及はない。これまで述べてきた「米軍の要請」などの「理由」についても、全く触れていない。

沖縄本島への引揚げの遅れは、日本政府の本土日本人と沖縄県人を分けた政策も大きな要因になったのではないか。沖縄本島出身者は沖縄本島に帰れないから日本人と切り離されたのではなく、最初から「琉球人」として扱われたために引揚げが遅れたともいえる。本土から沖縄への「送還」は、占領下にあってGHQの命令に逆らうことができないという理由が成り立つかもしれないが、植民地・台湾からの引揚げは同一に論じられる問題ではない。沖縄の人たちにとって、外国になった台湾からの「帰国」は、本土から沖縄に帰る「帰省」とは自ずと次元を異にする意識だったはずだ。

一九五〇（昭和二五）年三月、外務省特別史料課が「日本占領及び管理重要文書集　朝鮮人、台湾人、琉球人関係」を編集している。文書集は主に本土における朝鮮人らの法的関係などについて、連合国などの覚書、指令等をまとめている。「解説」にある「朝鮮・台湾・琉球の法的地位」は次のように記述している。

この文書集で琉球というのは（中略）日本政府の行政権の及んでいない北緯三〇度以南の琉球（南西）諸島（口之島を含む）を指しているのであって、諸指令中の Ryukyu Islands（リュウキュウアイランズ＝筆者注）の訳である。この地域は、わが国の行政区域に従えば、沖縄県と鹿児島県大島支庁管内（十島村竹島・黒島及び硫黄島を除く）とを含むものである。琉球人という場合は、この地域の人を指し、諸指令中の Ryukyuans の訳である。

琉球人は、身分法上も内地人であり、琉球に対して日本の行政権が停止されていても、その身分法上の取扱は一般内地人となんら異ならない。

「琉球人」は、沖縄県人、鹿児島県人、日本人であり、行政権が及ばないので便宜上、連合国側の英語表現を翻訳したという解釈は、戦後五年経った後の好都合な「見解」にしかすぎない。

第七章

沖縄の戦後は「琉球」から始まった

1.「アメリカ世」の故郷に帰る

久場崎港に引揚げ記念碑が立つ

沖縄本島の南東部、中城湾は知念半島と勝連半島に挟まれた広大な海域だ。二二〇平方キロの湾は東海岸を大きく抉《えぐ》って広がる。湾から見上げる山地は標高一五〇メートルから一七〇メートルの丘陵が続き、六つの郭からなる中城城跡がある。

中城湾は戦前、連合艦隊、練習艦の寄港地になり、皇族の沖縄訪問時にも利用される。一九二六（大正一五）年の高松宮来訪時は「春光麗《うらら》かな中城湾に高松宮あす御来港　長門を始め精鋭二十六隻威風堂々海を圧して入港」（三月二五日付け「琉球新報」）と報じられた。本土からは本島西海岸に位置する那覇よりも太平洋に面して真直ぐ南下できる東海岸の方が効率的だったのだろうか。大戦初期の四一（昭和一六）年には湾口の津堅島に重砲陣地が置かれたが、要塞は沖縄戦で米軍の猛攻を受け、壊滅する。湾が米軍占領後に「バックナー・ベイ」と呼ばれたことはすでに触れた。勝連半島の先端にはいまも、米第七艦隊の軍港として機能しているホワイトビーチがある。

中城湾と台湾の関係は、一八九四（明治二七）年の日清戦争直後まで遡る。近衛師団長・

久場崎港の引揚者。台湾から引揚げてきたと思われる（那覇市歴史博物館提供）

北白川宮《きたしらかわのみや》能久《よしひさ》親王麾下の日本軍は下関条約によって植民地とした台湾に向けて同湾を出港する。上陸地は台湾東海岸の南方澳から北にほどなくのところだった。

　敗戦後の四六年秋から冬にかけて台湾から沖縄本島に引揚げて来た人たちもまた、那覇ではなく中城湾の久場崎に上陸した。台湾に近い那覇港など西海岸の港はすべて米軍に接収され、引揚船が着岸できる港は沖縄本島の南を大きく回った久場崎港しかなかったのだろう。

　引揚者が見た故郷は木々が鬱蒼と茂っていた昔の風景ではなかった。米軍の濃緑色をしたテント、かまぼこ型兵舎が林立し、急勾配の坂道を米兵のジープが走り回っていた。川平朝申は中城湾に入っていく引揚船の船上からカービン銃の男らを眺め、「琉球松が一本も見られない。雨傘を広げたような榕樹（がじまるの木）だって見えなければ、朱瓦の屋根さ

久場崎桟橋（那覇市歴史博物館提供）

えも見ることが出来なくなった」と述べている（「わが半生の記（9）」）。

引揚者は久場崎の桟橋を下りた後、沖縄人係員の身体検査を受ける。頭の先から爪先までＤＤＴを振りかけられて真っ白になった姿のままトラックに乗せられ、久場崎収容所などに向かう。帰村時に便利なように出身地別に割り振られたテント内は床板が敷かれ、荷物などを入れても三〇人前後の人を収容できるほどだった。引揚者の過去における職業、技能の有無などがチェックされ、故郷移送後の参考にされた。引揚者同士の付き合いはあったが、収容所外の人たちとの交流はほとんどなかった。収容所での生活は早ければ二、三日で帰村手続きが終わった。

久場崎港一帯はいまは砂利採取会社の砂置場になっていた。桟橋のあった辺りは埋め立てられ、岸壁さえも形を留めていなかった。白、グレーの砂利

「戦後引揚者上陸碑」は私有地内に立ち、目立たなかった

の山が並び、砂利を運び出すダンプカーがひっきりなしに行き交っていた。国道から砂置場への車道脇には小さな畑がつくられ、砂利採取会社の人たちが農作業に勤《いそ》しんでいた。のどかな景色の中で、ダンプの動きだけが辺りに躍動感を与えていた。砂置場から先の海は太平洋に向かって空との境界を曖昧《あいまい》にしていた。

一角に引揚者の上陸を記念した三つの石柱が立っていた。「戦後引揚者上陸の地」と刻まれた碑には「この地は太平洋戦争終結後の一九四六年八月一七日から同年一二月まで本土からの帰還者や海外からの引揚者が軍用船から初めてふるさと沖縄の地に上陸した場所である。帰還者や引揚者は、上陸すると頭からＤＤＴをまかれ、衣料などの配給を受けた後、久場先収容所や沖縄市のインヌミ収容所に送られ、その後各地に移住した。この間に、久場崎港に上陸した引揚者の数は拾万人を突破したと言われる」とあった。「石柱は県外からの引揚げをイメージさせる舟の形をモチーフにしています。この舟は八月一七日の日の出を軸線とし、八月一七日に上陸が始まったことを示しています」とも記されていた。

中城村が二〇一六年に設立した護佐丸歴史資料図書館によると、中城村からは九州に疎開していた人が多かったが、台湾についての詳細はまだ不明という。久場崎収容所があった地区は区画整理によってすでに一般の住宅地になっていると説明してくれた。「護佐丸」は、一五世紀中頃、首里王府に攻略された中城城最後の王の名前だ。

米軍政府が連合国軍最高司令官に送った一九四七年一月九日付けの「琉球人の引揚げ最終報告」によると、本土、台湾、中国大陸、マリアナ諸島からの引揚者は約一六万にのぼり、引揚者用住宅確保のため、約四万七〇〇〇立法メートルの木材、約四二万六〇〇〇キロのセメント、約一四〇万キロの釘を東京に要請した。食糧は米陸海軍の余剰物資が充てられた。引揚者を久場崎の波止場から収容所へ、さらにはそれぞれの郷里へと運んだトラックは一日平均七五台にもなった。

引揚者の仕事は、農業、漁業といった第一次産業に加えて台湾時代の経験を生かした官庁、学校勤めも珍しくなかった。元々貧しさから外地に飛び出した人たちには次男、三男の人も多く、農業をやるにも土地がないといった人たちも少なくなかった。しかも台湾から持ち帰ったわずか

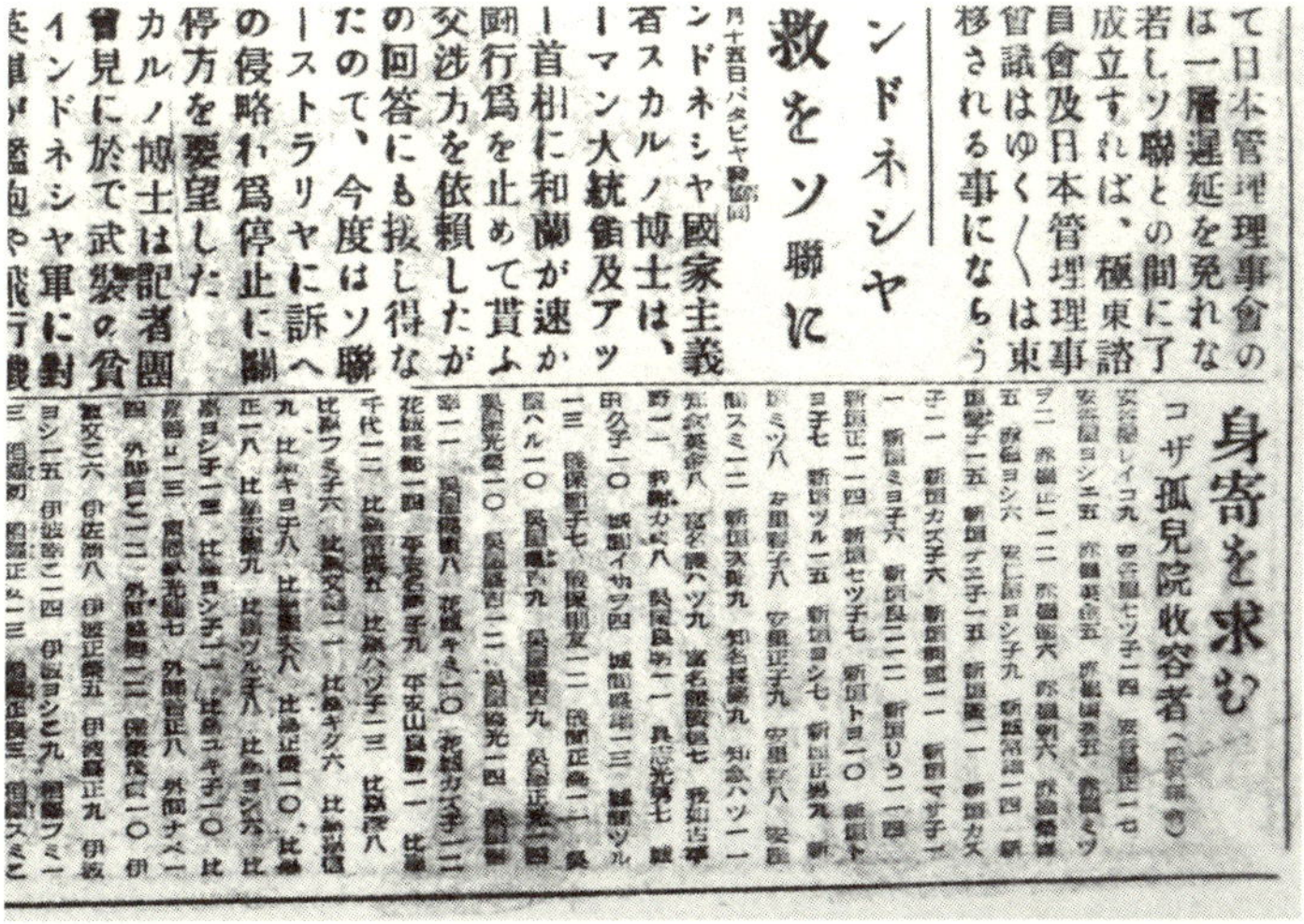

て日本管理理事會の
は一層遅延を免れな
若しソ聯との間に了
成立すれば、極東諸
員會及日本管理理事
會議はゆく／＼は東
移される事にならう

ンドネシヤ
救をソ聯に

ンドネシヤ國家主義
者スカルノ博士は、
ーマン大統領及アツ
ー首相に和蘭が速か
鬪行爲を止めて貰ふ
交渉方を依頼したが
の回答にも接し得な
たので、今度はソ聯
ーストラリヤに訴へ
の侵略行爲停止に斡
停方を要望した
カルノ博士は記者團
會見に於て武裝の貧
インドネシヤ軍に對

身寄を求む
コザ孤児院収容者

孤児院からの「身寄を求む」記事が日を置かず掲載される（ウルマ新報45年11月21日）

な日本円は米軍政府によって兌換することができないなど、暮らしは苦しかった。

英語が身近な社会が生まれていた

沖縄で生まれ台湾に渡った人には、再び帰ってきたという懐かしさと郷里を捨てたという感情が揺れ動いていた。

『沖縄における台湾引揚者の生活史』（琉球大法文学部社会学研究室）は伝える。

やっぱり郷愁の念ってゆうのが強くなってね、沖縄、何もなくてもいい、親兄弟いなくてもいい。沖縄にってね。台湾に渡って……二三年間、二四年間、親をみてなかったわけですよね。（中略）だから、戦争に負けてね、引き揚げてくるって事はね、ものすごく敷居が高かったんですよ。

地元の人に言わせれば、これは引き揚げ者だからっつって、結局は、差別とか、食糧がないからね、食糧もらうためには、頭下げに行ったらバカにされたりね、そういうことはあったですよ。

台湾生まれの人たちにとっては、初めての沖縄だった。

毎日ね、毎日逃げ出したかったね。最初は。とりあえず、とにかく何もないでしょ、もうこの辺りも草も生えてないでしょ。

こっちはなかなか馴染まないんだよね、生活に。裸足で歩かないといけないし、下駄はないし、朝から芋ばっかり食ってるから、栄養失調になりよった。

女学校に入ってきてもね（中略）私の真似したって人が沢山いるの、友達にも。「あんたの見よう見真似でね、へぇー、ないちゃー（内地人）たちはこんなするのかねぇって思ったよ」って。

荒廃した沖縄を前にある種の謝罪に近い気持ちに襲われる人もいた。

沖縄の人は僕なんかが体験しなかった苦しみを経てきてるわけね、生き残ったっていうこともあるしね。それと比べて僕なんかは、生き延びてきたけれども、戦争の苦労っていうのは、まあ僕なんかもあることはあったけれど、沖縄におった人は、もうそんなどころじゃない訳でしょ。

（中略）そういういろんな種類の苦しみを体験しなかったために、罪悪感がある。罪悪感じゃない、何ていうんかな。……罪の意識じゃないんだよね、申しわけないっていう気持ちよね。苦労をともにしなかったっていうね、変な気持ちだろうな。あんまり、説明してもわかってもらえないような。まあこれは外地、外地引き揚げ者はみんなそういう気持ち持っている。沖縄戦を、くぐってこなかった人はね。

引揚者たちは、沖縄がすでに「アメリカ世」になったことを実感する。

英語が人々の暮らしの中で身近な存在になっていき、英語教員養成所が開設され、沖縄民政府翻訳課は学生らの英語教材に「英学生の友」という雑誌を月二回発行する。「うるま新報」はこの販売を受け持ち「ハイスクール生並に一般勉学者に取って（ママ）正に福音というべきであろう」と報じる。「沖縄新民報」にはコザ小学校の横文字の門札を前にした先生らが写真入りで紹介され、「この学校も校舎には恵ぐまれず（ママ）いまのところ青空学校らしい」と付け加えた。

沖縄民政府知事の諮問機関として発足した沖縄議会は、戦時中の議員らで構成されていたにもかかわらず、本土での公職追放令を沖縄でも適用すべきとの議案を反対多数で否決する。議員らにはすでに「脱日本」という感覚が生まれていたのか、独自の展開を見せる。

米軍政府は東京の連合国軍とは別に台湾と間に、沖縄側からは塩漬けの魚、豚肉、フカヒレなどを輸出、台湾からは茶、セメント、タバコなどを輸入するといった貿易を具体化させていく。

七月四日の米国独立記念日祝賀行事には琉球に古来から伝わる唐手（空手）、角力（相撲）の演武を取り入れるなど琉球人を相手とした施策に腐心する。

戦争の痕跡はすぐには消えない。

四六年六月二八日付けの「うるま新報」は、「沖縄島基地司令官 日本兵に告ぐ」という見出しで「日本政府は沖縄に居る全日本兵を七月三一日迄に帰国させる事を東京ラヂオ放送した。米国軍は此の政策に就いて保澄（ママ）してをり諸君が残兵として隠れてゐるのは不利である 早く出て来たがよい！ そして巡査や憲兵に自首せよ そうすると彼等は諸君を軍収容所へ一時収容した後帰国さす様に保澄してゐる」と報じた。

沖縄民政府衛生部は養護施設などで暮らす孤児、養老院の孤老らの健康診療に乗り出す。どれだけの子どもたちが親を失ったのか。

浅井春夫は『沖縄戦と孤児院―戦場の子どもたち』（吉川弘文館、二〇一六年）で、孤児たちを「沖縄戦研究における空白のテーマ」ととらえる。

戦争の実相は、世帯主と家族を失うことにより、多くの孤児と孤老を巷にあふれさせ、交戦中の占領政策のなかで次々とつくられた収容所に孤児院と養老院が設置されることになった。

さらに、孤児院、養老院の管理運営は四六年六月から沖縄民政府に移管されたとし、八月までの状況を「軍政活動報告」から「沖縄島には一〇の福祉施設が営業開始、入所者は四九五人。うち約四〇%が養老施設、六〇%が戦争孤児施設であった」と紹介している。

外間米子は『戦後をたどる―「アメリカ世」から「ヤマトの世へ」』（那覇市歴史博物館編集、琉球新報社、二〇〇七年）に、変わりゆく社会を描く。

米軍の「捕虜」となり、着の身着のままで収容された住民は、生きていくためには米軍から支給される衣類や食糧に頼らざるを得なかった。女も男も米軍の軍服があてがわれ、食糧は米の他にチーズ、バター、ソーセージ、卵の粉、アイスクリームの粉など、これまで食したことのない、珍しいものばかりであった。

米国の保護の下に平和な国を築く

「アメリカ世」は沖縄の人たちに、「沖縄県民」から「琉球人」としてのアイデンティティーを再び意識させ、独立した琉球への想いにつながっていく。

本土では四六年二月、沖縄学の伊波普猷らの学者グループに名護市出身の徳田球一らの共産党員らが加わって沖縄人連盟の全国大会が開かれる。琉球政府の元主席、大田政作の『悲運の島沖縄―復帰への渦を追って』（日本工業新聞社、一九八七年）は、目的の第一として米国統治下の

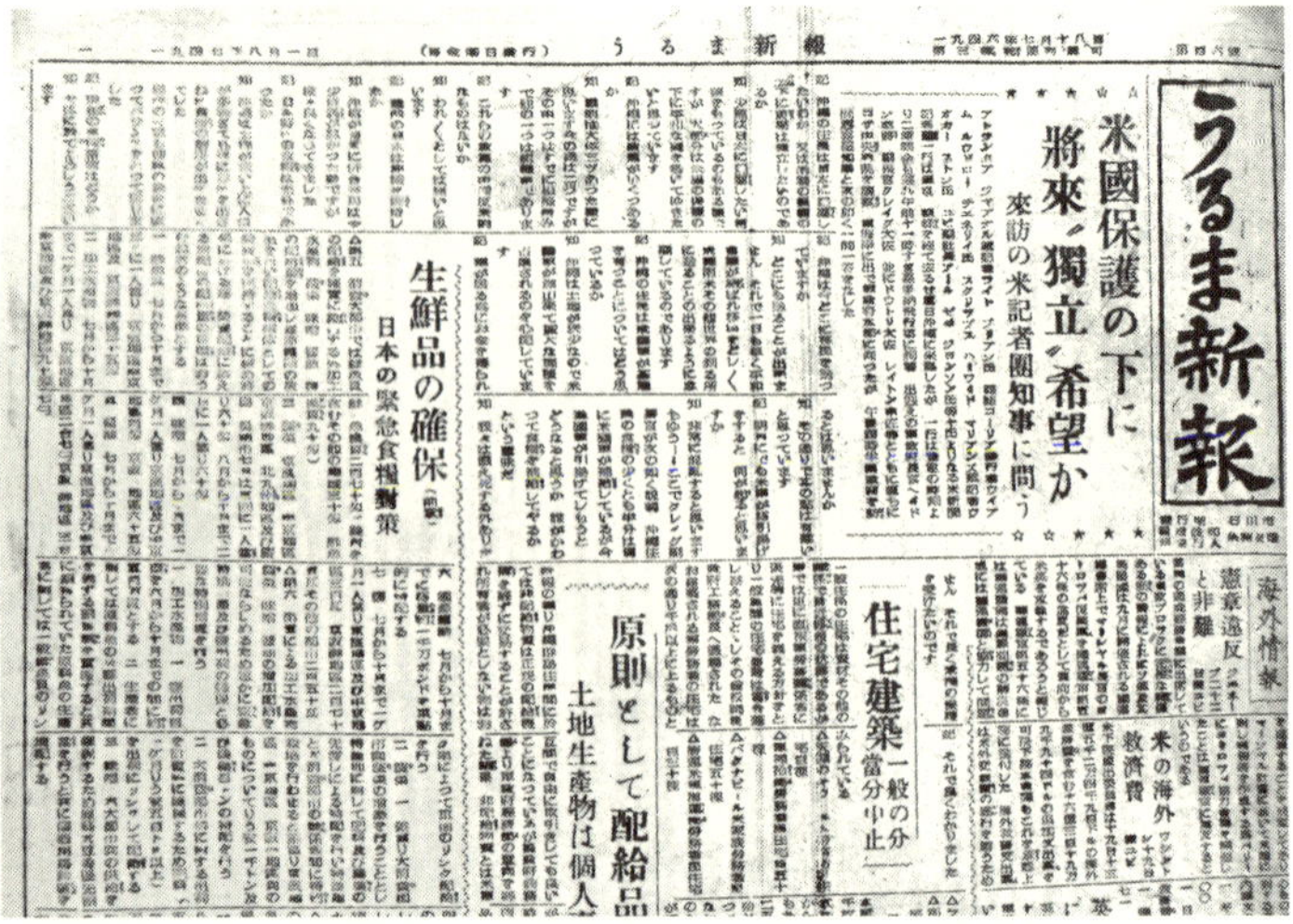
うるま新報

米國保護の下に
將來"獨立"希望か
來訪の米記者團知事に問う

生鮮品の確保
日本の緊急食糧對策

住宅建築
一般の分當分中止

原則として配給品
土地生産物は個人

海外情報

憲章違反と非難

米の海外救濟費

敗戦から2年、沖縄が目指したものは何だったのか（うるま新報47年8月1日）

人民代表機関の創設を挙げ、「その指標が、独立にあったことは十分うかがえる」と書いた。

沖縄議会は沖縄の将来について、米国に帰属するのか国際管理下に置くのか、あるいは日本に帰るのか、といった議論を展開、新聞紙上でも度々、話題になる。「うるま新報」の四七年八月一日紙面は、米新聞記者らの沖縄訪問を伝え、記者らの「沖縄の住民は日本に帰属したいのか、又は米国の保護の下に将来は独立したいか」という質問に、沖縄民政府・志喜屋孝信知事が「少数は日本に帰属したい希望を持っているものもある様ですが、大部分は米国の保護の下に平和な国を築いてゆきたいと思っています」と答えたことを報じている。

独立の気運はしかし、沖縄民政府の諸々の行政機能が円滑に回り始め、社会が落ち着きを取り戻していく中で広がることはなかった。

先島諸島の与那国島では、米国に属するのか日本回帰かといった考え方とは別に「台湾と一緒になる」という発想が生まれる。米軍の支配下に組み込まれたとはいえ、沖縄本島から西に遠く離れた島への影響力は限られている。「支配者」が消えたような島では、戦前から台湾と生活圏を共有してきた人たちにとっては自然な気持ちだったのだろう。

四九年一〇月、二年前に就任した初代与那国町長、浦崎栄昇の辞任に伴う戦後公選制二回目の町長選挙が行われ、三人の候補者のうち一人は「台湾復帰」を掲げた。

浦崎は当時の状況について、『空白の沖縄社会史—戦果と密貿易の時代』（晩聲社、二〇〇〇年）で島の混乱期をまとめた石原昌家のインタビューに答えている（『与那国町史第三巻歴史篇』）。

石原　終戦直後の浦崎さんの後の選挙の時でしょうかね、あの三名の方が立候補しましたよね。

（中略）

石原　松田長茂さんが「日本復帰論」で慶田元貞則さんが「与那国独立論」、大城萬助さんが「台湾復帰論」だった、ということなんですが、それはどうなんでしょうか。

浦崎　あれは主義主張を唱えてのものではないんですよ。ただあの……。

石原　考え方が、そういう考え方をもっていたという事ですか。

浦崎　ええ、まあ。終戦直後は、なんですね日本人への或る程度の恨みもあったわけです。もう沖縄の制度の変わり方というのは、ひどいものですからね。（後略）

（中略）

石原　大城萬助さんあたりが台湾復帰を唱えていたというふうなお話ですね。その背景としての与那国と台湾の結びつきですね。そのへんはどういうふうに、その当時ごらんになってましたか。

浦崎　大城萬助というのは漁師ですよ。久部良（与那国島西端の集落＝筆者注）でくり舟をもってから生活しおったんですよ。

町長選は「日本復帰論」を唱えた松田が当選、大城は落選する。

大城は自分の生活感覚から台湾との結びつきを訴えたのだろうが、漁業関係者とは別に台湾との一体化を主張する人たちもいた。多くは台湾から引揚げてきた人たちだった。

八重山毎日新聞の連載企画「どぅなんの人たち（第二部）」は、九七年六月二七日から六回にわたって引揚者を中心に起きた「台湾帰属論」を追っている。

同紙によれば、帰属への方策などを巡って盛んに論議を繰り広げ、蒋介石にあてた陳情書まで用意したという。メンバーの一人、大浦太郎の記憶を頼りに「内容（要旨）」として、次のように伝える。大浦は敗戦直後に南方澳から引揚げた一人だ。

終戦時の社会混乱や生活の低迷により、島は無政府状態に陥っており、見通しが付かない状態だ。与那国としては、これを立て直すには、戦前から経済、漁業活動が同一圏内にあった台湾に早急に帰属し、民心を安定させ、経済を復活させたい。よって、台湾への帰属を陳情する。

陳情書は米軍政府などに情報が洩れて、日の目を見ていない。台湾との一体化についての思想的な背景は何かというよりは、台湾が近いという皮膚感覚の延長線上にあったような気もする。

2.「琉球人」意識が堰を切る

最大の戦争被害者は琉球人だ

台湾に暮らした沖縄人の琉球人意識の芽生えは早かった。四五年一〇月二五日の光復節からわずか三日後の二八日、「台湾新生報」に掲載された「琉球人に告ぐ」という広告は語りかける。

在台琉球同胞諸君　戦争は既に終結し台湾は今や光復を慶祝しつつあり、然るに今度の戦争の最大の被害者は我々琉球人である。一族一家は非命に斃れ或は四散して流亡の民となり、疎開者の如きは正に餓死線上に彷徨しつつある。我々は我々が直面せる苦難を自力で相互救済しなければならぬ。速に各居住地に於て救済委員会を結成せられんことを望む。右顧左眄《うこさべん》し、或は拱手傍観《きょうしゅぼうかん》する利己主義者は民主々義的解放の歓喜より永遠に追放さるべきである。

広告主は台中州の島袋紀成・在台琉球人救済会結成提唱代表だ。台湾が中国の管理下になった直後の意思表示は沖縄の人たちが潜在的に感じてきた「琉球人」という思いが、晴れて公に出てきたともいえる。「島袋代表」がどのような思想的背景を持った人だったのかは不明だ。広告もこの一回だけだった。

「琉球人」は一気に噴出する。

島袋の広告から半月後の一一月一三日の同紙には赤嶺親助の「一琉球人」という一文が載る。

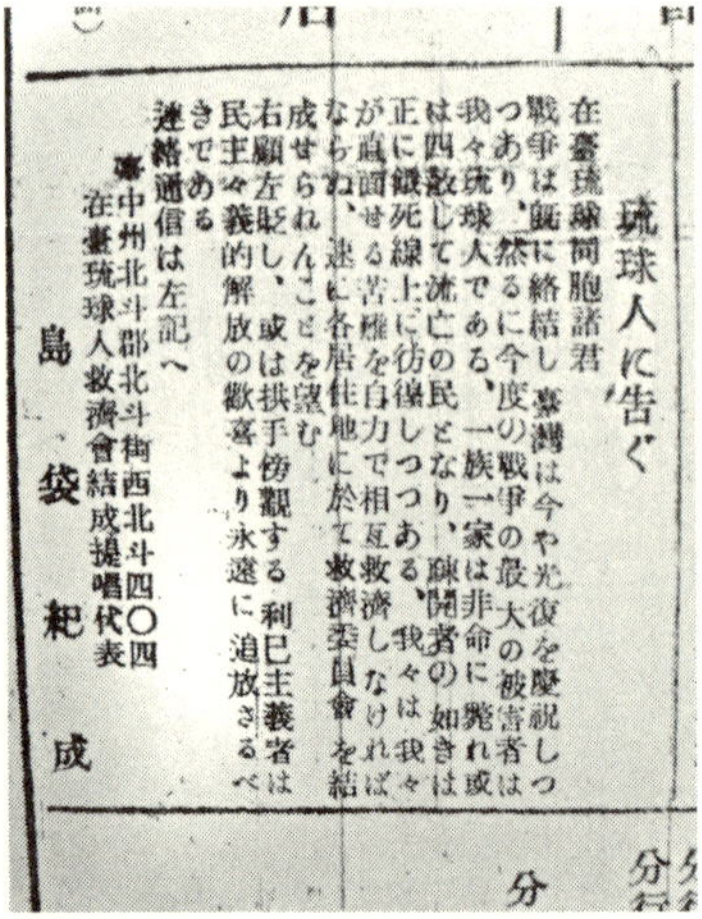
琉球人に告ぐ
在臺琉球同胞諸君
戰爭は既に終結し臺灣は今や光復を慶祝しつゝあり、然るに今度の戰爭の最大の被害者は我々琉球人である、一族一家は非命に斃れ或は四散して流亡の民となり、疎開者の如きは正に餓死線上に彷徨しつゝある、我々は我々が直面せる苦難を自力で相互救濟しなければならぬ、速に各居住地に於て救濟委員會を結成せられんことを望む
右顧左眄し、或は拱手傍觀する利己主義者は民主々義的解放の歡喜より永遠に追放さるべきである
連絡通信は左記へ
臺中州北斗郡北斗街西北斗四〇四
在臺琉球人救濟會結成提唱代表
島袋紀成

敗戦を期に沖縄人は「琉球人」に戻った
（台湾新生報 45 年 10 月 28 日）

（前略）私等は成程日本内地人と平等の圏内に入れて貰ふて居りましたが、それは表面のみで、裏面に於いては朝鮮人と共に君等も日本人かと極端なる差別待遇を受けて居□事は我等が喋々と申さなくとも既に一般社会人の悉知されて居る所でありませう。（中略）当地台湾に眼を転じましても、台湾が日本領土になったのも琉球人六十四名が台東に漂流し、当時の同地藩族に殺害されたのが原因で日本の犯す所になったので

ありますが、その最初の血税を払へる琉球人を日本は如何に遇したか。又甲午戦役（日清戦争＝筆者注）、日露その他の大小変にも琉球人は日本の為に忠誠を盡《つく》したりとは云へ琉球人はどこまでも琉球人でそこに多少共、肩を並べるだけの安心を与へたかと云ひ度いのであります。（後略）

琉球人としての激しい自己主張と日本人への怒りをストレートに表現した赤嶺の経歴については、又吉盛清が『台湾　近い昔の旅〈台北篇〉』（凱風社、一九九六年）で、那覇市小禄の生まれで「沖縄日日新聞社」を経て一九三八年に渡台、専売局に勤務するが、「地図とカンテラを持参していたためにスパイ嫌疑を受け収監された」と書いている。この収監については、赤嶺守が「戦後中華民国における対琉球政策―一九四五～一九七二年の琉球帰属問題を中心に―」（『日本東洋文化論集』、琉球大法文学部紀要一九号）で、四一年に台北で琉球の中国帰属を意図した「旅台革命同志会」が結成されたが、計画が漏れたため、会長の赤嶺親助が「外患予備罪」で検挙された、としている。

赤嶺親助らが新聞に投稿した敗戦直後の台湾は、疎開で避難した人たちの救済活動も動き出していた時期である。台北市の医師、南風原朝保らが「在台沖縄県人に告ぐ」という広告を掲載して、台湾在住の沖縄県人の把握に努めていた。

南風原らの活動と島袋、赤嶺らの主張に具体的な接点があったかは確かではない。ただ、国民政府に傾倒していたともとれる行動はとっていたようだ。石垣市市史編集室の『市民の戦時戦後体験記録第二集』で、台中高農在学中に学徒兵として出征した崎原當弘の「旧海軍駆潜艇に便乗」という手記が掲載されており、その一節に「児玉町で医博の肩書を持つ大きな病院を開業している南風原病院の院長（故人）や、赤○某（那覇在）らが琉球人協会なるものを組織し、『偉大なる母の国、中華民国のふところに今吾々は帰った』と病院前に立看板を出し、読むに堪えない日本人の悪口を並べ立て、一躍戦勝国民になったつもりで、肩で風を切って出入りする姿は邦人のひんしゅくを買っていた」という件《くだり》がある。

「南風原」は南風原朝保であり、「赤○某」は赤嶺親助であろう。赤嶺はともかく、南風原の気持ちはどうだったのか。心底からそう思っていたのか、あるいは台湾で引き続き仕事をするためには国民政府に寄り添うことがベターだと考えたのか。南風原と共に台湾疎開者らの救済に尽力した川平朝申は「わが半生の記（9）」に「南風原朝保博士は自分だけは台湾に永住できる、と自信ありげに語り、集駐営（沖縄人が集まった旧総督府、基隆岸壁倉庫など＝筆者注）への督促にも応じなかった。『自分には中国の要人がついていて、台湾に残ってよろしいと確約しているから、帰る準備をする必要はない』どうしても私の説得を聞いてくれなかった」と振り返っている。

南風原が「台湾総督府中央研究所衛生部業績第二百九十七」として発表、一九三六（昭和一一）年一月の台湾医学雑誌第三五巻に「血液型ヨリ観タル沖縄県人」というタイトルで掲載された論文に限れば、「日本人」とは異なる独立した琉球人としての認識は希薄だったようにも思える。

彼は沖縄人一万二三八五人の血液調査を沖縄本島から与那国島まで三年間かけて実施した。結果は「A型三五・八〇%、O型三一・二四%、B型二一・八四%、AB型一〇・一二パーセント」であり、「日本人ノ分配率標準タル、A型三八・〇、O型三〇・〇、B型二二・〇、AB型一〇・〇ニ近キ数値ヲ現ハシタル」とし、「沖縄県人ノ系統ハ日本民族ガ其主流ヲナセルモノト信ゼザルヲ得ズ」と結論付ける。沖縄県人が東南アジアの民族、アイヌあるいは中国人らと類似していると いう指摘があることについては「余ノ調査シタル沖縄県人ノ血液型分配率トヲ比較研究スルニ、何レノ国民又ハ種族ニモ類似点ヲ発見シ得ズ」と述べている。

南風原の孫、与那原恵の祖父への思いが『美麗島まで』(文藝春秋、二〇〇二年)にある。

朝保は琉球王国以来の沖縄芸術の独自性を自らの誇りとし、台北の文化人に沖縄文化を紹介することに熱心だったのである。沖縄人を日本民族の流れを汲むと結論づけることで、彼は日本文化と沖縄文化の「同一性」を語ろうとしていたのであろうか。(中略)医師・南風原朝保は台湾において、自らの軸足を「日本人」と「沖縄人」のどちらに置いたのだろう。

中国への帰属を求める

沖縄人の中には中国の一部になるべきだという人たちもいた。喜友名嗣正《きゆなつぐまさ》もその一人だった。一六年四月にハワイのホノルルで生まれる。琉球王国喜友名親雲上の子孫であり、福建省南安県に先祖を持つ。戦前は沖縄県水産試験場技師の職を得ていた。「蔡璋」という中国名を持つ。四六年一月一日に台北で発刊された「人民導報」は二月二八日から二回にわたって彼の「琉球との其の観点」を掲載している。

一九四五年八月十五日日本の沖縄放棄により、琉球は日本の主権を離脱したことを、琉球同胞は□つかり銘記すべきである。

琉球帰属問題に関し、国際連合、或は米国自体の琉球諸島に指向さるべき管理行政の総てが、戦略上乃至米国の安全確保のための自衛権行使が、その原案となって発動されるにしても、民族行政の取決めに当っては、当然民意に諮るべきことであり、現在琉球本島に於ける米軍側の行政措置は此の希望に対して十分な保証を与へてゐる。

「カイロ宣言」に於いては、当然韓国と共に琉球問題が討議さるべきであった。

喜友名の「日本の沖縄放棄」という発想は正鵠《せいこく》を射て、明快だ。彼の琉球人意識は琉球は中国の一部になるべきだという意見へと転化していき、赤嶺と共に「琉球青年同志会」を結成、一〇月二八日、蒋介石に対して「琉球帰属に関する件」と題する稟奏文《りんそうぶん》を渡している。

「琉球とは台湾沖縄の総称なり」で始まる稟奏文は次のように訴える。

（前略）我等琉胞大方は彼の卅六姓系統たる福建広東系統なり。然らば我らは漢民族なり。然れば我等は大いに時局を論じ一日も早く中国の安定に貢献し琉球の帰属を明かにし全球和平に貢献せんと思ふものなり。依て我等の希望は琉球を中国に帰属せしめるを目的とする（中略）我等別送名冊記載の同志は永久中国の地台湾に残留し琉球帰属が不幸にして他国に属することあるも我等は永住帰化ない中国繁栄に貢献せんとす。（後略）

琉球青年同志会は四七年「琉球革命同志会」と改称、台湾省政府幹部らとの接触を図り、中国国民党もまた密かに革命同志会を通じて運動を支援することになる。四八年八月九日付けの党中央執行委員会秘書処から外交部長王世杰《おうせいけつ》への公文書は、琉球は元々中国の領土であるが現在は米軍の管轄下にあるため、秘密裏に琉球革命同志会を動かし、琉球政権を組織把握し、将来の講和会議時には琉球人民が投票によって中国の統治下に入るようはかれとしている。

王世杰への公文書が送られたころが喜友名と国民党のいわば蜜月時代であり、彼は公文書の日付と同じ日、南京の中央党部弁公室で蔣介石と会う機会を持っている。しかし、大陸での国共内戦に敗れた蔣介石・国民党軍は四九年五月、台湾への撤退を余儀なくされる。

許育銘《きょいくめい》・台湾国立東華大学歴史学系副教授はこうした国民党の状況変化を踏まえて「台湾の

防衛目的強化のために琉球問題を考えるようになった。これは大きな政策転換であり、国民政府は再び積極的に琉球独立運動を支持しなかった」（『戦後処理與地縁政治下的国民政府対琉政策・以四〇、五〇年代為中心』）と分析した。

喜友名らの運動は最大の後ろ盾を欠いて勢いを失っていく。彼らの目指すものが沖縄人を説得するだけの力を持っていたかという問題もある。「アメリカ世」になった沖縄で、あるいは台湾に残った沖縄人に中国に帰属するという考え方が浸透していったとは考えにくい。国民党、蔣介石の支援がどこまで意欲的だったかの疑問も残る。第四章で述べたように、蔣介石は琉球（沖縄）の中国帰属についてはあまり積極的ではなく、琉球問題よりもむしろ対米協調により重きを置いていた。米国の沖縄占領・統治が鮮明になってからも、四七年の張群《ちょうぐん》行政院長の「琉球を中国に返せ」という発言（二五七頁参照）はじめ各地の省議会などから、「琉球回収」の訴えが続いたが、国共内戦下で米国とトラブルを起こしかねない事態を望んだとは思えない。

台湾詣でが相次ぐ

台湾に退いた国民政府は国共内戦が硬直化するなかで、沖縄とのパイプを維持していく姿勢を見せる。五七年一一月の「中琉文化経済協会」設置である。経済人の相互訪問、定期航路の開設、沖縄からの留学生奨励などの交流促進を目的に、台湾側はトップに党中央常務委員の方治《ほうち》を充て、事務方には高座会会長の李雪峰《りせっぽう》がいた。高座会は戦前の旧海軍工廠などで働いていた台湾少年らの同窓会組織だ。沖縄側も最大手のコングロマリットである國場組・國場幸太郎社長らが顧問に名を連ねた。

協会設立後、沖縄から台湾への使節団が相次ぐ。特に戦後二〇年が経った六五年ごろからは郷土の復興を目指して各地から農業関係者らの台湾詣でが続いた。使節団の見学コースではマンゴー、サトウキビ、パイナップルなどの改良種を育てていた農業試験場が欠かせなかった。沖縄にとっては欲しくてたまらない果樹などの種子、苗を密かに持ち帰る人も少なくなかった。協会副会長を務めていた李は「だまって見逃していた」と振り返った。

留学生の台湾受け入れは医学関係から経済文化分野まで幅広く、それぞれ「華仁会」「華思会」といった組織も生まれ、沖縄社会への貢献度は高かった。李は「台湾で医者を育てて沖縄に送る。台湾の学校に入れて帰す、といった具合だった」という。

台湾と沖縄との経済交流の中心には國場組がいた。

國場幸太郎の台湾訪問は協会の設立より少し早い。五七年三月、東京での台北の木材会社と台湾ヒノキの購入契約を終えた直後だった。ヒノキ材は沖縄の住宅復興には欠かせなかった。台湾省政府からは沖縄から國場組の人が来るということで、日本語のわかる李に案内の依頼があった。李は省政府の各セクションの紹介に始まり、南部の嘉義では阿里山一帯で産出される木材の集材場でヒノキの検査風景を見せる。北西部の新竹にあるガラス工場なども連れていった。このことをきっかけに李と國場組の付き合いが始まる。

國場組は同年四月に台北連絡員事務所を立ち上げて連絡員に李を起用、台湾との経済活動を活発化させていく。五八年には沖縄汽船を設立、那覇から基隆に向けて貨客船を就航させる。台湾からの輸入品にはヒノキ材のほか、米、茶、砂糖、バナナといった農産物、雑貨、ガラス、セメント、鉄筋、アルミサッシ、アスファルト、石材加工用機械などがあった。沖縄には米国のカリフォルニア米が出回っていたが、台湾から蓬莱米が入って来ると、切り替える人が増えたという。

訪台の度に蒋介石はじめ国民政府要人らを表敬して親交を深めた國場幸太郎について『國場組社史』（國場組社史編纂委員会、國場組、一九八四年）は「琉中親善（中華民国台湾との交流促進）についても、最初は経済的目的から始まった接触が、人的交流へと深まり、幸太郎は台湾のよき理解者、友人として遇されており、幸太郎もその交流において信義を重んじ誠意をもって接している」と語る。

蒋介石はこの協会にどのような思いがあったのだろうか。「沖縄に共産党の勢力が入れば台湾に影響を与えるということで、沖縄を重視していた」という李雪峰の言葉を借りれば、蒋介石の心は大陸がすべてであり、そのために琉球があった、というべきか。李は蒋介石の言葉として「琉球は中国に帰属すると口にしたことは聞いたことがない。ただ、琉球を大事にしなさいとだけは言っていた」と話した。

3. 二人の主席は日本復帰を求めた

大田政作は総督府高級官僚だった

沖縄社会は琉球独立論、中国への帰属といった考え方が次第に現実味を失っていき、大勢は日本への復帰に傾いていく。沖縄の人たちがこうした流れを心から望んだものだったのかはわからない。

台湾から引揚げた大田政作、屋良朝苗は、共に琉球政府主席として復帰運動の先頭に立つ。米軍政下の行政組織は五二年、沖縄民政府から琉球政府へと変わった。

台湾の沖縄人は本土の人たちとの差別の中で暮らし、本土引揚げ時には後方支援まで負わされたが、それでも「祖国は日本」という考えに揺るぎはなかったのか。「本土」は二人にどのような影響を与えたのか。

大田は一九〇四（明治三七）年、沖縄本島北部の国頭村《くにがみ》で素封家の長男として生まれる。県立第一中学の修学旅行で本土の土を踏み、「勉強するなら東京だ」と、東京の中学に転校する。早稲田大学在学中に高級官僚、判事などに就くためには必須の高等文官試験を受け、行政、司法の両科に合格する俊英だった。

二九（昭和四）年、長崎地方裁判所判事に任官、翌年の那覇地方裁判所転勤を経て三八年九月に台北の台湾検察庁に赴任する。那覇での判事生活と植民地への異動については『私の戦後史』（沖縄タイムス、一九八一年二月）に「判・検事は高等官食堂で食事をしたが、そこでの本土出身裁判官らが県民生活の批判をようしゃなくやっていた。沖縄出身者としてその弁舌に不快感を覚えたことは一度や二度ではなかった。（中略）できたら初志の内務系統に転出できないかと思った。なかでも外地における差別行政に内心義憤を感じていたので、朝鮮か台湾に行きたいと思っていた」と書く。

二年間の検察庁勤務後、台湾総督府事務官兼警察官兼司獄官練習所教官となって念願の行政官に転出、四二年には三七歳で澎湖庁長官となる。

大陸と台湾とのほぼ中間に位置する澎湖列島は清朝時代から軍事上の要衝として知られ、季節風の強い島は地味に恵まれていなかった。大田は統制経済の中にあって台湾本島の港などに職員を常駐させ、供出米の残りを確保させるなど食糧確保に努める。

四四年の皇民奉公会機関紙「新建設」七月号は、台湾要塞化に向けた各州庁支部事務局長の檄文を掲載しているが、大田も澎湖庁支部事務局長として「地理的環境から婦人も総て起ちあがる」という一文を寄せている。

民防空に対し活動し得る者は全員之に協力するは勿論、澎湖庁は其の地理的環境上台湾要塞の最前線なる事実を直視し、特に婦人層の蹶起《けっき》を促し、防火救護訓練は固より炊出其の他の諸訓練を最高度に行つて居る。

米軍の空襲は澎湖列島も例外ではなかった。同年一〇月には三百機以上が軍施設、艦船に波状攻撃をかけ、同島の日本軍は壊滅状態になる。

四五年三月一八日付けの「台湾新報」に「澎湖庁も戦場だ」と言う見出しの大田のインタビュー記事がある。

最早庁下も戦場となった、此処における地方民生官としての重責を痛感し、この遂行に文字通り粉骨砕身、遺憾なきを期すべき日夜努力してゐる所である（中略）今日この場合では空襲によつて死ぬのは犬死で、敵の二、三人は殺して死ぬのが皇国民の死に方だというふことはすでに常識になつてゐる。

戦争末期のいわば極限状況下の心理状態をいま論議することは必ずしも的を射ていないだろうが、大田の心情は紛れもなく少年期に思い描いた「高級官僚になり国に尽くそう」（『私の戦後史』）という考えそのままであり、日本人である「沖縄県民」としての優等生以外の何物でもない。

大田は四六年三月末に基隆から本土に引揚げる。四日後に広島の呉港に上陸、かつて裁判官として勤務した熊本県の八代に落ち着く。八代では引揚者の住宅の世話、就職の斡旋などに尽力、五七（昭和三二）年、琉球政府の副主席として沖縄に帰る。五九年一〇月、当時のブース高等弁務官から琉球政府第三代の主席に任命され、行政手腕を発揮することになる。

主席としての大田のスタンスは日本復帰であり、そのことは「理屈を超えた民族的本能である」（『私の戦後史』）と、明確だった。最終決定権のない政府での行政力には限界がある中で、復帰と人々の生活向上を図るため、日本、米国との三者による委員会設置に腐心する。六四年、沖縄援助を目的とした「日米協議委員会」と事務面での「日米琉技術委員会」が設立され、大田の願いは一つの到達点を迎えた。

大田は六二年一〇月、琉球政府主席として皇居での園遊会に夫妻で招待される。『歴史の証言―米占領下における沖縄の歩み』（力富書房、一九八〇年）はその時の様子を次のように描く。

私ども夫婦は、とくに単独拝謁を仰せ付けられ、皇太子ご夫妻をはじめ皇族方のお集まりの席まで進み、まったく光栄の至りであった。池田総理のご紹介で、両陛下の三歩ぐらい手前に進み出て、次のようなお言葉を拝した。「はるばる沖縄から、ご苦労です。沖縄の皆さんが、戦後、復興に励んでいることを聞き、心強く思っている。みんな、力を合わせてさらに努力してもらいたい」これを拝して、私は「ありがたいお言葉を賜り、感激に耐えません。お言葉に従い、さらに努力を致す覚悟でございます」と、お礼を言上したところ、両陛下は、にっこりとうなずかれた。

台湾の行政官時代と琉球政府時代では、その時代背景は全く異なるが、大田の考え方は終始、日本人であり、沖縄県人であったのだろう。

屋良朝苗は台南で教鞭を執る

琉球政府初の公選主席になった屋良朝苗もまた、沖縄の将来については日本復帰が唯一の選択肢だった。

屋良は大田より二年早い一九〇二（明治三五）年、沖縄本島中部の読谷山村《ゆんだんざそん》（現読谷村）で生まれる。沖縄県師範、広島高師を経て沖縄女子師範、県立二中で教員生活をスタートさせる。二中教員時代、彼は朝鮮か満州で教えたいと考えるようになる。植民地の教育を手掛けたいという気持ちはどこか、大田の思考に通じるように思える。

屋良の思いは三八（昭和一三）年三月、台南州立第二中学への赴任で実現する。大田より半年早い渡台だった。台南には州立中学が二校あり、一中は本土出身者の子弟、二中は九割が台湾人子弟だった。彼は『私の履歴書』（屋良さんを励ます会、一九七一年）に「植民地青年にじかに接して私は幸運だった」と書く。

学生の住宅は閉鎖的で風通しもよくないところで勉強していた。そして本人や両親に会うと、ざっと八〇%のものは、将来台北医専など医学方面に進学したいと希望するのであった。台湾出身者は教師になっても会社にはいっても、行政官になっても前途に希望は持てないと思ったようだ。医者だけは実力本位で技術さえよければ差別はないのだ。

台湾生活の最後は大戦末期、兵長としての応召だった。部隊が山中の兵舎、先住民集落を移動しながら徹底抗戦に備えるなかで、米軍の沖縄上陸を知る。

引揚げ先は沖縄を選ぶ。「沖縄が全滅しているなら、私の帰る場所はない。本土に引き揚げようと思ったりした。しかし、玉砕した故郷を見ずして引き揚げることは人間として許されないと考えて、沖縄に渡れる日まで台湾にとどまる決意をした」

引揚げを待つ間、屋良は沖縄人が集まっていた旧台湾総督府で「副隊長」としてまとめ役を任され、「原子爆弾の原理」をテーマにした講演も行っている。なかなか引揚げの許可が下りない焦燥感に苛まれていた人々に彼の話はどのように伝わっていったのか。琉球官兵集訓大隊の隊長を務めた永山政三郎は「私たちに原子爆弾の話をしたあと、敗れたりといえども、日本人である意識に徹する意義を説いた。私は、ナポレオン軍の進駐の蹄《ひづめ》の音を窓外にきく中で、演舌（ママ）したというフィヒテの『ドイツ国民に告ぐ』の有名な場面を思わずにはいられなかった。氏の説き去り説き来たるところ、まさに干天の慈雨のごとく、満堂蘇生の思いにどよめいた」（『琉球官兵顛末記』）と振り返った。

沖縄に戻った屋良は名護高の前身である田井等高教諭を皮切りに、知念高校長、沖縄教職員会長など一貫して教育界に身を置く。教育への思いを『私の履歴書』にみる。

戦後の沖縄の街を「夜になると酒を飲み、歌三味線で舞い興じている場面がよく見られた」と語り、人々の心がすさんでいるときこそ、教育者が立ち上がるべきだとの思いから後輩の教職員たちと毎晩のように語り合う。

ときに私は教育者がこの体たらくでどうするのだと叱咤し激励したこともあった。しかしある友人から「戦場とならなかった外地から引き揚げてなにがわかる。沖縄戦の経験はともかく生き残ったというだけで安堵しているんだ。酒や歌で、生きていることを確かめているのだ」ときめつけられたこともある。私はこのときこそ教育者は決意をあらたにして立ち上がらねばならないのだと説いて回った。

屋良には台湾から引揚げてきた少なからぬ人たちが感じた後ろめたさとは無縁の強さがあったのかもしれない。

六八（昭和四三）年一一月、住民投票による初の主席選挙が実施され、革新系統一候補として立候補、当選する。琉球新報編の『近代沖縄の人びと』（太平出版社、一九七二年）は、「教育の復興は、祖国復帰とともにあるべきだ、という考えに立っていた。（中略）屋良のひきいた沖縄教職員会が、沖縄の祖国復帰運動の先鋒となり、屋良が革新三党を糾合しての主席候補として推されたことは、一面自然のなりゆきでもあった」と評した。

屋良の祖国への思いは、台湾で引揚げを待っていたころすでに確固たる信念としてあった。『私の履歴書』は「沖縄はすでに米軍が軍政をしき日本から切りはなされていた。しかし私はそのころから、いつの日か沖縄は日本に復帰すると確信していた。台湾を手放したことでもわかるように、ある民族を他の民族がいつまでも支配し続けることはありえない」と綴っている。

明治生まれの大田と屋良は、昭和初期の一三年に半年の差で台湾に渡り、澎湖列島と台南という直線距離で八〇キロ余しか離れていない地で暮らした。一方は高級官僚として天皇の為の死に方に思いを致し、逸早《いちはや》く台湾を離れる。一方は旧中学の教諭として台湾人学生らとの触れ合いから植民地の本質を学んでいき、最後まで留まる。後年になって共に、日本への祖国復帰に尽力することになるが、全く違った台湾経験をした二人の「日本人」であるという気持ちだけは終始変わらなかった。琉球としての独立という発想はなかったのか。

屋良は生まれてから日本人としての教育を受け、自ら教育者として生きてきた。敗戦後、多くの日本人が戦前の皇国史観に疑義を持ったが、彼には植民地教育の不合理性こそ体験しても、米軍の圧倒的な支配体制に組み込まれた教育からは天皇制に基づく歴史観を批判するまでの余裕は生まれてこなかったのかもしれない。大田の場合は少しばかりニュアンスを異にするようにも思える。戦前は確かに皇国史観に根差した教育の申し子的な言動だが、戦後の沖縄は彼に復帰以外の選択肢を与えなかったとも言える。米国に支えられてでも独立できるという状況が生じていたのであれば、あるいは変わっていたのかもしれない。大田の言う「戦前の沖縄は貧弱な一県であった。しかし敗戦の結果、一国並みの形体を強いられ（中略）戸惑いと難渋に苦悩しなければならなかった」（『歴史の証言』）という経験は一方で、彼に「国家」の持つ様々な付加価値というものを実感させていたはずだ。

彼らにとって「日本」とはそれほど魅力的な存在なのかとも思う。あるいは「なにがしかの魔力を秘めた存在」というべきなのか。第五章で述べた「愚直」ということに通じるものがあるのだろうか。

4.「国境」に変わった海を往来する

与那国は密貿易の中継地になった

日本の敗戦によって台湾は中国の一部に戻った。台湾と先島諸島の間に有史以来初めてともいえる「国境線」が生まれる。

海の上の国境線は漁をする人たちにとっては関係なく、人々の行き来も途切れることなく続いた。沖縄本島と同様に食料品はじめ様々な日用品が不足していた与那国、石垣の人たちにとって目の前にある台湾は戦前と変わりなくあらゆる物資の供給地だった。漁師たちは漁で獲れた魚を台湾の港に水揚げした後、日常の必需品を買い込んで帰ってくるという毎日が続いた。しかし、国民政府軍が台湾に進駐して取り締まりは厳しくなり、彼らの生活も次第に不自由なものになっていった。

石原昌家は『空白の沖縄社会史―戦果と密貿易の時代』で、与那国島西端にある久部良集落の漁師、糸数繁の話を伝える。一九四六年二月ごろだ。

どんどん台湾のセリ市に魚を持っていったのですが、ラン傘を持ち鉄砲を持った中国兵がくるようになってからは、バンバン撃ってくるようになりました。撃たれるようになってからは、自分たちが魚を台湾のセリ市に持っていっても、魚を奪われるような状況も生まれました。

それでも先島の人たちは生きていくために台湾へ向かった。商いは次第に国民政府軍の目を盗んで行われるようになる。密貿易の始まりである。沖縄を占領下に置いた米軍も先島諸島にまでは統治が十分に行き渡らなかった。

与那国島は台湾と先島諸島、沖縄本島との密貿易の中継基地としてそれまでにない華々しい時代を迎える。台湾、沖縄本島、本土から業者が殺到して商売に明け暮れる日々を島の人たちは「景気時代」と呼んだ。

台湾からの密貿易船は最盛期には一日に六〇隻から八〇隻が久部良港沖合に停泊したという。蓬莱米、砂糖、米粉、タバコ、石鹸、懐中電灯などがサンパン（小舟）に移し替えられて浜に運ばれた。米軍の横流し品は、薬莢、毛布、ズボン、薬品などだった。二〇隻から三〇隻ほどのサンパンには各地から集まった沖仲士、地元の若い衆がこぞって乗り込んだ。仕事は過酷だったが、新人教員の給料が月四〇〇円の時代に一日二〇〇〇円から三〇〇〇円の稼ぎになった。

台湾船について石原は「だいたいはカジキ漁用の『突き船』だった。（中略）久部良に上陸したらバーター品を物色して、一〇～二〇日間ほど滞在する。その間に目指す品物を入手できたら日本本土へ運んで行った。久部良を中継して台湾と日本を往来していた」と書く。業者らが取引する場所は、浜から丘に上がった辺りに建てられた簡易宿兼倉庫だった。農業で豚などを飼うよりは実入りがいいといって、急ごしらえの宿が次々に建てられ、台湾人も四〇〇人ほどが出入りしていた。

与那国町老人クラブ連合会の『創立二十五周年記念誌』（一九九一年）は当時の様子について古老たちの話を載せる。

宮良保全は「国際久部良ヤミ市」で、米軍の衣服から機銃類までを運び込んだ石垣のブローカーと台湾のブローカーのやり取りに触れる。

台湾から二〇トン位の発動機が久部良に入港して、物資を最寄りの家におろして、そこで双方のブローカーたちが、バーターするのである。バーターした台湾製品は、石垣に運んで米軍物資とバーターするルートがくりかえされていた。一方日本本土からの物資は、製材鋸、その他機械類で、みかえり品はサッカリンなどの生活必需品でしたが、これは主に与那国の船で与那国の人によって行われていた。

高良昌盛は座談会で「二軒しかなかった飲み屋は三八軒に、酌婦も二〇〇余人、食堂は一〇〇軒にふくれ上がりました。港に『みなと劇場』(現与那国石油)ができるなど、文化の伝播も石垣よりかなり早く、クリーニング屋もできていました」と話している。

敗戦直後は三二〇〇人ほどだった与那国島の人口は、二年後には六〇〇〇人まで膨らんだ。実際に町民として登録した人がどの程度だったかは定かではないが、密貿易に携わっていた人たちが「町民」になることは考えにくく、台湾人、本土からの業者、沖縄本島、宮古、石垣からの人たちで、常に万を超す人たちで溢れ返っていたのではないか。四八年六月四日付けの「八重山タイムス」は、人口二万人ほどの石垣市が料理屋一一店に対し、三分の一以下の与那国町では一〇店が営業していると伝える。

台湾沿岸の警備強化が繁栄を終わらせる

八重山民政府は密貿易に対処して米、麦、豆、サトウキビなど主要食糧品の八重山諸島以外への持ち出し、買い占め、売り惜しみなどを禁じたが、ほとんど効果はなかった。米軍政府による沖縄と台湾との公式な貿易も主食物、生ゴム、生糸、綿織物などは貿易対象外とするもので、米、砂糖といった食糧の闇取引を止める手立てにはならなかった。「八重山民政府」は米軍政府の下部組織として沖縄県時代の八重山支庁を踏襲する形で生まれた。同時期、沖縄本島には「沖縄民政府」、宮古島などの宮古諸島は「宮古民政府」が発足していた。

四七年二月二〇日、米軍政府は先島諸島に対して「南部琉球軍政府作戦命令第二八号」を発令、先島諸島の港に入港した船舶に対して警察は積載貨物及び乗客が航行許可を得ているかを確認、違反した場合は直ちに軍政府に報告することを義務付ける。二か月後には「南部琉球港湾に入港する台湾船は其の総ての積載貨物、乗組員及び船客と共に警察之を抑留し直ちに其の事情、抑留せる積載貨物及び乗組員、乗客に関し当本部に報告すべし」という「作戦命令第三一号」も発令したが、各港での取り締まりは有名無実化していた。

台湾から沖縄、奄美群島伝いに本土に向かう密貿易船の実態の一端は「奄美タイムス」の取り締まり記事からうかがえる。

同年二月一九日付けの同紙は「台湾人らの砂糖密輸団十名検挙　逮捕直前海中へ一万四千斤」

という見出しで事件を追っている。

台湾人、沖縄人混成の大掛かりな砂糖密輸団がこの程検挙され目下刑務所に収容されている。去る一月二日龍郷村龍郷の通称クジラ浜に漂着した聯馨《れんせい》号（三十五トン）がそれで同船は台湾からザラメ（一万五千斤）を積込んで日本々土へ向け航行中エンヂンの故障で中之島に漂着した。その際荷主は漁船に乗換えて本土へ逃亡し、残りの十名は一応台湾沖縄へ帰る可く中之島を出港したが又もエンヂンの故障で今度は龍郷のクジラ浜へ漂着したのが一月二日である。（中略）彼らは逮捕される前に積荷の一万五千斤の中から一万四千四百斤を海中に投じ大島署員が逮捕に向ったときは砂糖は六百斤しか残っていなかった。

武装した船もいた。三月二日付「奄美タイムス」だ。

廿八日沖縄軍政府（米軍政府＝筆者注）から大島軍政府（臨時北部南西諸島政庁＝筆者注）に入った情報に依ると沖縄附近でほうとく丸（宮古の船）を逮捕せんとしたが同船は其の儘北の方へ逃走した。詳細は不明であるが同船は武装してをり大島近海に出没するのではないかと見られているので警察当局は緊張して同船逮捕のため待機してゐる。

こうした密貿易船が与那国島を経由したかはわからないが、何隻もの船が台湾から本土に向かって航行していたのだろう。

島の経済が潤っていたことは、米軍政府が四八年七月に「B券軍票」を唯一の法定通貨とする布告を発布した時の日本円などの回収でも明らかだ。「B券軍票」は米軍が占領下の沖縄で発行した貨幣だ。

七月二三日の「海南時報」は、与那国島の一人当たりの平均額は一八五八円に達し、二位の石垣市の七五三円を大きく上回っていたと報じる。家畜の飼育数も激増した。戦前に比べ豚と鶏がそれぞれ二五七頭、牛も一三三頭増えた。山羊にいたっては六六一頭も増えたという。

与那国島の密貿易が精彩を失っていくのは、沖縄本島と香港、マカオを結ぶ大掛かりな密貿易ルートが活発化していってからだ。全島が戦場になった沖縄本島の至る所で見つかる薬莢などの軍事物資が大陸に渡り、代わって砂糖、石鹸などの日用品が本島に運び込まれた。

新しい密輸ルートは四九年、中国大陸での国共内戦に敗れた中国国民党軍が台湾に逃れ、全島の沿岸部を厳しい管制下に置いたことから生じた。五〇年一月二一日付けの「沖縄タイムス」は「与那国島　影をたつ密貿品　台湾の騒ぎひたひたよせる」と題し、中国共産党軍の海南島攻撃が与える影響について宮古民政府八重山出張所長の「与那国島を始め今まで盛んにもぐり込んで来た台湾からの密貿船がほとんど影をみせなくなっている。これは八重山警察当局の取締まりと台湾の沿岸警備の強化の故であろう」という話を伝える。ただ、同記事中にある「宮古民政府八重山出張所長」は疑問が残る。宮古民政府発足と同時に八重山民政府も立ち上がっていたからだ。

沖縄の戦略物資の共産党軍への流出を防ぐため、米軍政府もまた取り締まりを強化する。

五一年一月二九日の「海南時報」によると、米軍政府は五〇年一二月二六日付けで非鉄金属の貿易に関する禁止令を発令、軍政府の許可なく薬莢、青銅、銅、鉛、マンガン、亜鉛の領域外持ち出しを禁止、故意又は信ずべき道理にあった事由でも、売買、貿易、交換、輸送した場合は違反になるとした。与那国島の「景気時代」は終わった。

フェリーが台湾との交流を支える

五一年春、正式な琉台貿易が始まる。与那国島の青年らが発行した「与那国新聞」四月二日付け紙面の「琉台貿易第一船　枕木積載で出航」は、「琉日紙那覇支局発によれば待望の琉台貿易のトップ琉球丸は初荷物大島の枕木を積んでこの程晴の航海に上がったと報じて居る。（中略）輸出第二回からは久部良港の魚もクローズアップされるものと地元では大張り切りを見せて居る」と伝える。

台湾と沖縄本島、先島諸島の交流は、本島の有村産業が六二年末に那覇から宮古、石垣を経て台湾・基隆を結ぶ貨物船「八州丸」を運航させ、さらに七五年にはフェリー「玉龍」が営業を開始、次第に広がっていった。

沖縄本島からさらに南方、宮古、石垣の島々、そして太陽の国、台湾への船旅はカーフェリー「玉龍」が便利。
カーフェリー「玉龍」5,068トン
那覇　毎週　月・水・金曜日発
台湾(基隆)へは/毎週金曜日発
那覇
10時間
宮古
5時間
石垣
7時間
基隆
「玉龍」のキャッチフレーズは「太陽の国、台湾」だった

貨物船、フェリーと変わっていった「船旅」は、台湾と那覇、先島諸島を行き来する「担ぎ屋」を生んだ。

台湾からの持ち込み品は蓬莱米、梅干し、「紅葱頭」と呼ばれるネギの一種、観葉植物の「竹葉青」など農産物が多かった。鶏肉も人気だった。台湾出身者らが故郷の味を忘れられなかったこともあるが、沖縄産が美味しくなかったことも理由だったという。最新のデザインで仕立てられた衣類なども豊富だった。台湾は戦後になってもまだ時代の先端を走っていたのかもしれない。

日本から台湾に持ち帰るものには薬があった。薬が人気になる理由の一つに台湾の「日本製」と実際に日本で売られている商品とでは効き目が異なるという説もある。「日本では五、六粒飲めばいい丸薬も、台湾の『日本製』は一〇粒必要だ」といった話さえもある。

石垣港近くの繁華街に店を出す女性は台湾中部の出身だった。先島諸島の男性と結婚、石垣島に移住してきた。担ぎ屋の仕事は七九年ごろから始めた。

主役はクルーズ船になる。基隆港に停泊する豪華船

台湾の人たちがフェリーで商品を持ち込み、よく売れていたのを見て、自分でも船に乗るようになったという。

毎週土曜に台湾に向かい、月曜に帰ってくるのが普通だった。基隆に夕方着き、友人宅か定宿に落ち着く。仕入れの中心は新鮮な野菜とトレーナーなどの衣類だ。野菜は台湾出身者らを中心によく売れた。衣類は本土製品に比べてはるかに安かった。台北まで足を延ばして繊維工場で夜から翌朝の三時まで働くこともあった。

基隆市内に舶来品を売る店が一〇〇店ほど集まっていた「公園頂」という一角がある。酒類販売の店を出している呉振源は那覇まで商売に出かけていた。

台湾からはバナナを積んでいき、帰りには廃鉄、紙、米軍の払い下げベルトなどを運んできた。取引は米ドルだった。那覇と基隆を往来する商品も少しずつ変わり、那覇からは薬のほかに化粧品、干しシイタケ、貝柱などが加わっていく。貝柱などは日本本土から取り寄せさせていた。沖縄から船が着く日を台北の得意先まで知らせると、良い品を少しでも早く手にいれたい人たちはこぞって駆け付けた。一人一か月二万台湾ドルまでは免税だったので、友人らの名義を借りて商売したこともあった。彼らの船賃を負担しても十分採算が取れた。

基隆でフェリー業務を代行していた南昌船務代理公司の曹恵容によると、担ぎ屋は男女合わせて二〇人ほどで、荷物は専属のポーターに船室まで運んでもらったという。大きな荷を背負ってフェリーに乗り込む姿を想像していただけに、少しばかり意外だった。日本へのビザは台北の日本側窓口機関である交流協会まで出向いて取得する。通常は一年間有効の観光マルチビザがおりた。日本側でも那覇にある華僑分会に申請した。ビザを取るまでは一週間かかった上、一か月か二か月ごとに再申請しなければならなかった。

フェリーは基隆港の東岸壁に接岸する。日本統治時代の西岸壁とは反対側だ。埠頭ターミナルとはデッキでつながっており、台湾人は帰港時には必ず税関で荷物検査を受けた。友人は以前、担ぎ屋が台湾海軍か日本の海上保安庁にあたる海岸巡防署の船上にいたと話してくれたことがあった。船会社、担ぎ屋経験者らからは、民間人が艦船に上がるのは難しいという話ばかりが返ってきたが、「甲板を歩いていた」という目撃談は間違いではないはずだ。たまたまだったのだろうか。

先島諸島の生活情報誌の『やいま』（二〇一一年三月合併号、南山舎発行）は、広島大大学院総合科学研究科研究員、越智郁乃の「台湾への『旅』」を紹介する。

台湾系住民二世の女性は、小学生だった一九八〇年代の船旅を「無国籍で雑然とした空間」として記憶している。毎年夏休みになるといつもの船に乗り、馴染みの船員と顔を合わせる。同じ台湾系住民の子供らとその家族、「担ぎ屋」のおばさん、他の旅人らと同じ船室で過ごすひと時。次第にテレビが日本から台湾チャンネルへと変わるのを合図に、台湾が近づくことを意識する。

フェリーには最上の顧客だった担ぎ屋たちの仕事も、税関の目が厳しくなってくると採算を取るのが難しくなっていく。加えて安い中国製品がスーパーなどに出回るようになり、メリットの少ない魅力の乏しい商いに変わっていった。

二〇〇八年、有村産業が倒産、台湾と那覇、先島諸島との「普段着の付き合い」は再び途絶える。代わって毎年一〇万人前後の観光客が台湾から訪れる。九割の人たちが週一回の割で基隆を出港するクルーズを利用、半日ほどかけて石垣島などを周遊する。飛行機は夏の間だけ台北と石垣を週二便運航している。フェリー復活の話は聞かなかった。

5．二・二八事件は沖縄人も巻き込んだ

国民政府は台湾人の期待を裏切った

二〇一七年四月八日、台湾の二・二八事件で行方不明になった沖縄県人を追悼する「沖縄の集い」が那覇市で開かれた。父親を失った青山惠昭が、判明している犠牲者四人の遺影を前に挨拶する。「真相は闇から闇へ閉ざされて全く手掛かりが掴めず、風化に晒されるままでありました」「台湾の遺族や現地の皆さんとより一層の親善交流を深め、事件の真相究明を共に手を携えてすすめて行きたいと思います」

台湾現代史にいまも深く影を落としている事件は、台湾に取り残された沖縄本島人の最後の引揚げが終了してからわずか二か月後の一九四七年二月二七日夕に起きた。

台北市内を流れる淡水河近くの旧市街で煙草をヤミで売っていた女性が、取り締まりに当たっていた大陸出身の官吏らに「商品」すべてと現金を没収され、殴打される。騒ぎに集まってきた群衆らの一人が官吏によって射殺される。

小競り合いに端を発した事件は、二八日から国民政府・軍への大規模な抗議行動へと広がっていった。市民らは旧台湾総督府前のラジオ放送局を占拠、事件の経緯は全島に伝わっていった。

二・二八事件は戦後台湾最大の暗部だ
（台湾大図書館・「This Land Is Your Land」展、台湾大学生会）

四五年一〇月二五日の光復節以後、国民政府・台湾省政府は厳しい経済統制を敷く。専売局が煙草、酒、塩、砂糖などを一括管理、人々の暮らしは極端な品不足とインフレに襲われた。役人の腐敗、利権に群がる商人の賄賂攻勢は当たり前の社会になり、さらに「日本人」だった台湾人の意図的な排除は、台湾人失業者を増大させ、不平、不満はいつ爆発してもおかしくない日々だった。

台湾省の陳儀行政長官は、決起した台湾人との間に「事件処理委員会」をつくる。指導者の選別と大陸からの援軍を待つための巧妙な作戦だった。一週間後の三月八日、増援部隊が基隆に上陸、台湾人への無差別攻撃が始まる。省政府は治安維持と謀反人を取締まるとして連座制、密告奨励策を徹底、弁護士、新聞人、教師、学生らを次々に拘束、虐殺を繰り広げた。エリート層の集中的な殺戮は、日本統治の五〇年を台湾から一掃する狙いもあった。

『台湾の歴史』（周婉窈著、石川豪・中西美貴訳、平凡社）は、四五年四月に重慶で創刊された「台湾民声報」に載った二つの意見を紹介、時代の空気を示唆する。

この雑誌の中で「梟紹《げつしょう》」と署名している筆者は、台湾の接収に対して一〇項目の要求を提出している。

一、台湾総督の「委任統治権」とそれに類似する特権を台湾社会から排除する
二、（略）
三、祖国当局は、模範となるよう公僕を選んで、台湾に派遣服務させる
四、祖国当局は、直ちに、台湾の現下の物価指数を基準とする新しい貨幣制度を確立する
五、当局は言語及び文字について、〔急激な国語＝北京語強制を行うのではなく〕漸進的な変更政策をとる　（以下略）

さらに署名「孝紹《こうしょう》」という別の筆者は、以下のような警告を発している。

五〇年にわたり、台湾人は祖国への復帰を熱望してきた。（中略）祖国は、上下を問わず、み

な「五〇年もの間、日本に行っていた留学生」として台湾人民を見てほしい。この見方は大変重要である。もし日本の植民地、あるいは日本の奴隷として台湾人を見るならば（台湾人は普通みな反抗精神を持ち合わせているが）、中国が台湾を接収したとしても、中国による台湾の植民地化と何ら変わることがなくなるだろう。

周は「確かなことは、歴史が証明しているように、祖国による台湾接収のやり方とその政策は、彼らが提言したものとまさにまったく反対のものであった！その結果が、二・二八事件として現れたのである」と結論づける。

事件による死者、行方不明者は推定一万八〇〇〇人から二万八〇〇〇人といわれる。全容はまだ明らかになっていない。

台湾に家族を探して遭難する

沖縄人犠牲者の実態もまた不明だ。

沖縄県浦添市の青山恵昭の父、恵先は一九〇九（明治四二）年、鹿児島県の与論島で生まれ、三三（昭和八）年から台湾の基隆にある社寮島（現和平島）で漁船員として暮らしていた。基隆港の湾口にある社寮島は沖縄人漁師らが多く暮らしていた。四二年に沖縄県国頭村の渡慶次美江と結婚、翌年に惠昭が生まれる。

惠先は敗戦後、四六年五月に出征先のベトナムから鹿児島県に復員、家族に無事を知らせる葉書を出し、鹿児島に早く引揚げるよう伝える。

美江の基隆からの引揚げは一二月になった。

惠昭が母親から聞いた話によると、引揚船が少なかったこともあったのか、なかなか船に乗せてもらえなかったという。基隆での待機場所は港の先端にあった一八番倉庫だった。沖縄の人だけでなく本土出身の人も多かった。引揚船を待ち切れずに死んだ人もいた。

夫が鹿児島県人だったことから日本人として引揚げたのか、あるいは彼女自身の沖縄人としての引揚げだったかはわからない。日本人の引揚げは公式には四六年四月末に終わったとしているが、その後も留用者らが五月雨式に帰国していたようだ。

美江と惠昭を乗せた船は一二月中旬に出港する。途中、奄美群島に給油のため立ち寄る。船内はほとんどが本土から台湾に来ていた人たちだった。二人は正月を船上で迎え、ほどなく佐世保の引揚港になっていた浦頭港に着いた。

鹿児島に美江らが着いたのは三月初めだった。夫の惠先は直前の二月、美江らと再会するために基隆に向かう台湾船籍、台湾人船長の船に乗り込んでいた。惠先は基隆に着いた直後、二・二八事件に巻き込まれ、行方不明になる。

惠昭は「母と私と叔母の三人は、浦頭港から引揚者収容所まで来て、行先も定まらずしばらくはそこで過ごし、母は得意の和裁の手仕事をしていたそうです」と話している。収容所があった場所は「現在のハウステンボス」という。

美江らは収容所に留まらず鹿児島に直行することはできなかったのだろうか。「行先も定まらず」という話は鹿児島での夫の滞在先がはっきりとしなかったということなのか。

引揚船は、出港日、佐世保への帰港日からみて、『台湾引揚史』に「我が家の引揚げ記念日」を寄せた鈴木トキヲと同じ船か、あるいはほぼ同じ時期の船だった可能性が高い。

鈴木は出征した台中州立彰化商業学校勤務の夫とは別々の引揚げとなり、一二月二日に基隆に着く。約二週間後に乗船、一八日間の船旅の末、佐世保に入った。戦時中の輸送船を転用した船の船内は頭がつかえるほど狭く、全員雑魚寝《ざこね》の状態だった。食事は朝夕の二回で「五つの穀類の混合食一杯（七分目）に、こんぶのしょう油一わんだけのあてがいぶち」だった。

鈴木の手記には「空腹に耐えながらの十八日間、やっとのこと、佐世保の港に上陸できました。が、朝食をする間もなく、せきたてられた強行軍が始まりました。疲れた足どりで山道を約一時間、重荷を背負い、幼い子供たちの手を握りながら、よたよたの道のりを続けました。やっとの思いで着いた所は、元予科練の兵舎跡でした。（中略）数日の後ここをたち、一路私の本籍地の福井を目指して、汽車に乗り込みました」とある。

鈴木と美江らの佐世保帰港後の過ごし方の違いは、たまたまだったのかもしれない。ただ、美江が「普通の日本人」としての対応を受けたのだろうか、という思いは残る。前述した『引揚援

台北・二二八和平公園で毎年、犠牲者追悼の会が開かれる。青山恵昭らも参列する

護の記録』にある佐世保引揚援護局員の「非日本人として取り扱わなければならない」という言葉に沿うような処遇が、美江らにも適用されたのかどうか(二六一頁参照)。

夫の恵先もまた米軍の統治下にあった奄美群島与論島出身だ。鹿児島の親類宅に身を寄せていたので影響はなかったと思われるが、これも確かめようがなかった。

犠牲者家族に損害賠償が認められる

恵昭は一九九四年、父親の失踪届を受理される。二〇一一年三月、恵昭が台湾の台湾二二八事件紀年基金会宛に出した「台湾二二八事件被害者身分認定申請」にある証言をみる。

恵先は基隆に行く直前、石垣島でいとこの青山先澤の妻ミネに会っている。ミネは台湾と行き来する人たちの話などから不穏な状況を知っており、基隆行を思い止めようとした。「一泊だけのたしか三月はじめの六日から八日ごろだったと思う。台湾は今大変そうだから行かないほうがいいと言ったが子どもの小さな皮靴をみせて大丈夫と言いながら行ってしまった」

ミネの証言によれば、恵先は石垣から船で一日か二日かかるとして三月七日から一〇日までの間に基隆に入ったはずだ。事件発生後に国民党軍の増援部隊は八日に基隆に到着、すぐさま台湾人らに銃を向けた。恵先はその渦中に港にいたということになる。

恵先と同じ船に乗り助かった小橋川の話は具体的だ。「基隆漁港に入港したところを突然武装した軍隊が襲ってきた。みんなとっさに山へ駆け登って逃げたが恵先は取り忘れがあるといって戻ったところを、台湾人船長の息子と一緒に捕まり、縛られてトラックに放り込まれ連れ去られた。おそらく社寮島の千畳敷あたりで殺害されただろう」

事件当時、基隆で漁船長をしていた青山先澤は「カジキの大漁で帰ってきたところを軍隊に襲われ（幡生号一六トン、船主は台湾人の王氏）発砲されて数名が捕らわれ連れ去られた。自分は留用者ということでその場はしのいだが警察に二週間ほど監禁された。出てみると騒ぎは収まっていた。しかし、逃げて助かった同乗していた台湾人から、いとこの青山恵先のことを聞かされ必死に町中を探し回ったが信じられない話ばかりで絶望した」と語っている。

恵昭は台湾で事件によって父、恵先を失ったとして損害賠償を求める訴訟を起こす。二〇一六年二月一七日、台北高等行政法院は恵昭の訴えを認め、政府に六〇〇万圓（約二〇〇〇万円）の支払いを命じた。

恵昭の訴えは二度目である。最初は一三年、政府の委託を受けていた二二八事件紀年基金会に賠償を請求したが、政府内政部は外国人補償の法令はなく日本から台湾への戦後補償も不十分だとして、申請を棄却していた。再度の訴えに裁判所は事件の賠償を定めた特別条例「二二八事件処理及び賠償にかかる条例」を適用、いわば逆転判決を下した。一六年一月の台湾総統選で野党だった民進党の蔡英文主席が当選、真相追求に積極的な同党のスタンスが少なからぬ影響を与えたと思われる。

恵先以外に事件に遭遇して犠牲になった沖縄人は、〇七年二月、同事件の沖縄調査委員会（又吉盛清代表）が、与那国島出身者ら二人を公表している。与那国島出身の仲嵩實と石底加禰の二人は基隆港で故障した船の部品を取りに行って遭遇、石垣島出身の大長元忠は裁縫ミシンを購入するため台湾に出かけた。与那国島の二人は恵昭と同じように賠償請求の手続きを終えた。賠償請求が認められた外国人としては他に基隆で暮らす韓国人がいる。一七年一月に支払い命令が出された。恵昭は「母からは基隆で外に出たまま帰ってこない人がいたと聞かされている。沖縄全体では三〇人以上になるのでは」と話した。

恵昭ら犠牲者家族は台湾で二月二八日に行われる追悼の会に毎年のように参加する。基隆の和平島にも立ち寄る。恵昭は「沖縄の三人が行方不明になった和平島では、いく度に沖縄式の供養弔いをしていますが、現地の若者や遺族、お年寄りが寄り添って下さりほんとうに感謝に耐えません」と述べた。

島の先端に無縁仏を祀る万善公という小さな廟がある。惠昭は父親の遺骨も入っているのではないか、と思っている。管理者の邱という人が惠昭に「琉球人は戦争に負けて可哀そうだった」と話してくれたという。死者たちの霊を弔う歌は「骨まで愛して」だった。

6. 与那国から台湾を望む日がある

自衛隊駐屯地は与那国馬牧場の隣だった

台湾に最も近い与那国島が春の盛りを迎えるころ、真赤なディゴの花が鮮やかだった。空港前に公営バスの停留所はなく、手を挙げると止まってくれた。西端の久部良漁港までは約一〇分だった。

密貿易の港として栄えた集落はひっそりとしていた。時折、思い出したかのように車と人が通り過ぎていく。バス道のすぐ下はナーマ浜だった。かつて、道沿いには料亭が軒を連ねていた。台湾、本土、沖縄本島の人たちが目を血走らせながら体をぶつけ合い、人との人の話の先から物が金が躍って飛んでいった。

山手は急な坂になっていた。路地を登っていくと、空き地が目につく。一軒あたりの敷地は広かった。台湾人船主らが寝泊まりした簡易旅館、密貿易品を収納する倉庫小屋などが辺りに密集していたのだろうか。坂をさらに進んで浜を見下ろす。サンパンから下ろされた米袋を担ぐ男衆が波打ち際を喘《あえ》ぎながら運んでいく姿を想像するのは難しかった。いまでも変わらないのはアダンの茂みだけだろう。

昼下がりの港は静まり返り、水底は青かった。ナーマ浜に立って右手の防波堤と左側の西崎岬の間から西に海を追った。防波堤は三〇年ほど前に完成したという。それまではサンゴ礁が波を防ぎ、わずかに掘削されたところだけが航路として開けていた。

浜の南の外れに金毘羅宮を祀る小さな社があった。台湾の南方澳にも戦前、カジキマグロの豊漁を祈る祭りが開かれ、漁民たちが張り子のマグロを担いで港近くの砲台山にある金刀比羅神社に向かったという話があった。この浜の金毘羅様とどこかでつながっているのだろうか。小さな社にそのことをうかがい知るものはなかった。

西崎岬への階段を登っていく。岬口は左右に道が分かれており、右に行くと西崎灯台にぶつかる。左の道はそのまま島の南側にある比川集落へと続いていた。西崎灯台を後回しにして比川への道をたどった。左右に与那国馬《よなぐにうま》の牧場が広がり、体高一一〇センチから一二〇センチほどのポニーが草を食んでいた。古くから農作業などに使われていたという。車が馬糞をよけて通り過ぎていく。どこまでものんびりとしていた。道路から海側に数メートル先は断崖になっていた。打ち返す波の音が、ゆったりとした景色にアクセントを与えていた。

二〇分も歩くと陸上自衛隊沿岸監視隊の駐屯地があった。オレンジの屋根にクリーム色の壁は南欧の建物を連想させた。道路標識に駐屯地の説明がなければ、リゾートマンションと錯覚してしまうほどだ。

沿岸監視隊は約一六〇人から成り、二〇一六年三月に配備された。一三年の「南西地域の防衛態勢の強化、防衛力整備を優先する」とされた新防衛大綱に基づく実戦配備だ。東シナ海の中国軍などの動向を追う高性能アンテナ五基が設置されているといわれる。部隊の訓練を一七年三月二七日付け朝日新聞朝刊は「島への武装勢力の侵入を想定し、分隊長の指示を合図に六人がスクリーンに向けて模擬銃を撃つ。『撃て！』。土地が限られているため実弾演習場はなく、訓練には屋内シミュレーターを使う」と報じる。

戦前に島で生まれ「台湾帰属」運動に加わった大浦太郎は町史第三巻歴史篇『与那国島』の「密貿易時代・大浦太郎証言」というインタビューで、与那国の未来はという質問に「与那国は、台湾、中国、東南アジアに対する接点。だから国防上、やっぱり情報を主とした、ある程度の戦力、軍隊は、置くべきじゃないか、というのが僕の持論なんですね」と答えている。一九九六年の話である。二〇年後、彼の話は現実のものとなった。

駐屯地を背に聞く波の音は、与那国馬たちに語りかけたときとは全く異質な響きだった。

クロカジキは黒潮に乗ってくる

西崎灯台に戻る。アダンはここでも元気よく、整備された芝生には所々にソテツが生えていた。テッポウユリが咲いている。「日本国最西端之地」の碑が立っていた。海に漁船らしきものが見えた。風が強かった。雲の流れも速かった。

岬から浜に下りていく途中、立ち止まると港全体が見渡せた。港の奥は少しばかり小高くなっていて集落が続いていた。その一角に戦争末期に遭難した朝鮮人慰安婦が葬られたところがあるはずだ。「三文字の墓標」を見つけたいという思いが体を急き立てる。

浜の周りにあったわずかばかりの空き地は雑草に覆われていた。久部良小学校への道を上がる。家々の隙間にあった草むら、細い路地の行き止まりも、最近人の手が入った痕跡はなかった。墓標は探しようもなかった。近くの人たちもその話を知らなかった。

小学校からさらに海に向かって歩いていくと久部良バリにぶつかる。バリは岩場の深さ八メートルほどの割れ目のことで、人頭税に苦しむ人たちが妊婦に跳ばせて人減らしをはかったという言い伝えがあった。その先にかつては台湾の人たちが暮らしていた集落があったと宿の人が話してくれた。今は何も残っていないとも付け加えてくれた。

港の与那国町漁協でカジキ漁のことを聞いた。漁期は冬から春にかけてで、黒潮に乗って北上してくるクロカジキが狙いだ。多い日は三〇本近くあがるという。組合所属の漁船は三五隻ほど

久部良港ナーマ浜。往時より小さくなったのかと一瞬、錯覚した

で、漁場が島から約二〇キロと近いだけにほとんどの船は日帰りの漁だ。昔は突き棒漁が中心だった。台湾の人たちが沖縄漁民から教わったという「旗魚漁」だ。今は生餌で釣る船がほとんどだ。台湾の漁船は海が荒れると島の近海で避難停泊する場合があるが、港内までは入ってこない。嵩西茂則組合長は「昔の海は線引きなどなかった。お互いに相手の操業を黙認しながら漁を続けていた。久部良の漁師も戦前は台湾によく出かけ、買い物をして帰ってきた。漁場は漁師にとって農民の畑と同じように仕事場だ。漁船の性能が良くなり技術も向上してくると魚が減ってきて、なんでうちの畑に入って来るんだということになる」と話した。

国境の海は台湾と先島諸島の漁業を変えていく。漁師にとって生活の一部であった漁場は、一三年四月の日台間漁業協定で、尖閣諸島周辺の取り決めができた。マグロ延縄漁のやり方など詰めの話し合い

与那国空港売店には久部良港から台湾の山々を写した絵葉書があった。左端は西崎灯台

はいまも続いている。日本の延縄漁は南北に縄を張る。台湾は東西に伸ばしていくので、縄が日本の占有海域に入ってしまう可能性が常にあるという。南方澳の漁船は勢い、近海操業を強いられることになる。

古老は「日本の海にわずかに入っただけで罰金をとられる。大目に見てくれてもいいのでは。昔はヒノキ、米、台湾北部の石炭など、どれだけ持っていったか。少しでもそのことを思い出してほしい」と声を強め、蘇澳区漁会の蔡源龍理事長は「日本は台湾を一つの国として認めてくれない。国同士ならば互いに重複する排他的経済水域は共同で操業できるようになるのだが」と話した。南方澳には小笠原諸島の東まで船を進める船主もいると聞いた。

久部良の集落からは水平線の先に台湾が望める日がある。多い年で一〇回ほどにもなる。それも冬ではなく台風などが通過した直後がいいという。風があたりの雲を一気に運び去っていき、空気が澄み切るからだ。地上六メートルほどの漁協事務所の窓からも見渡せる。嵩西は「赤い土の山肌までわかることもある。うれしいもんだ」と表情を崩した。

空港ビルの搭乗待合室には台湾の山をアップした写真が飾ってあり、中央が太魯閣《たろこ》大山とあった。レストラン「旅果報」の壁は久部良港から見た山並みの全景写真が貼ってあった。片隅に一〇年九月一四日撮影と書かれていた。その日の天気を、石垣島地方気象台は一三日午後五時「八重山地方は、太平洋高気圧に覆われておおむね晴れるが、大気の状態が不安定なため、所によってはにわか雨がある」と予報していた。一〇日前には台風9号が沖縄本島付近を通過、与那国島周辺はその後熱帯低気圧の影響でぐずついた天気が続いたが、七日から太平洋高気圧に覆われていた。

いつかこの島から台湾を眺めてみたいと思った。限りない僥倖に恵まれた日、山の峰々はどのような姿を見せてくれるのか。海は穏やかで、雲一つない空が広がっているかもしれない。想像は膨らんでいった。

あとがき

沖縄本島北部は照葉樹が折り重なるように茂るやんばるの森が続いていた。スダジイ、タブノキなどが大きく枝を広げた下は大小様々なシダが群生して台湾の森を思い起こさせた。見晴らしのいい所に出ると、先端に緑を残して中ほどにはなにもない木々が目立つ。台風が塩気を含んだ雨風を運び込み、そのまま塩分が幹に付着したところからは枝が伸びないと聞いた。

二〇一七年冬、深い森の中の一本道を走り、東村高江の米軍北部訓練場N1地区ゲート前に行った。ゲートと両脇のフェンスは銀色に鈍く光り、八人のガードマンに守られていた。県道七〇号を挟んで米軍のヘリパッド建設阻止を訴える人たちの座り込み小屋が立っていた。ゲート奥の森からは物音一つ聞こえてこない。静寂に包みこまれた山に二キロも入るとオスプレイパッドがあるという。芳醇な自然の中に育つ異物のようなヘリパッドは想像するだけで不気味だった。

大阪からかけつけた機動隊員が建設に反対する沖縄の人たちに「土人」と叫んでから一年が経っていた。激しい抗議活動に約二〇〇人の機動隊員が警戒にあたった当時の緊張感はすでになく、緊迫した状況の追体験は難しかった。しかし、「土人」という言葉が発せられた森に立たなくてはという思いは強かった。日本人の機動隊員はこの森でなぜ沖縄人に「土人」と言ったのか。その問いをぶつけてみるだけでも「沖縄処分」を書くためには必要なことのように思えた。

一六年一〇月一九日付けの沖縄タイムスは「機動隊が『土人』発言 高江 作家・目取真さんに」の見出しで、工事用トラックの台数をフェンス越しに確認していた市民に大阪府警機動隊員が「触るなくそ。どこつかんどんじゃボケ。土人が」と発言した詳細を伝える。

そのころ私は、台湾と沖縄、日本の関係を第二次大戦直後に台湾から引揚げた沖縄の人たちを通じて思い描いていた。彼らが日本人引揚者の一員ではなく琉球人として帰ったという事実を知ったことがきっかけだった。敗戦と同時に台湾ではなぜ沖縄が琉球になったのかという疑問は次第に膨らんでいった。その過程で明治時代に沖縄の人たちを土人と表現した論文、大戦末期に台湾に疎開した人たちが自らを土人と言うことで本土の人たちの蔑視を批判する手記にぶつかった。高江での「土人発言」後、沖縄と日本の関係は何ら変わっていないのではという感覚は、取材に向かう心を暗くさせた反面、より深く掘り下げたいという気持ちへのエネルギーにもなった。

「沖縄処分─台湾引揚者の悲哀」は、台湾から引揚げてきた人たちの実態を縦軸に、中国（中華民国・国民政府）の琉球政策、米国の沖縄占領方針、日本の邦人引揚げへの取り組みなどを横軸として、両者を絡ませ、つなぎ合わせたものになった。

中国は大戦中に台湾、沖縄などの戦後処理の検討に入り、戦争が終わると直ちに台湾の祖国復帰を宣言する。沖縄は中国に帰属すべき琉球として、台湾に暮らしていた沖縄人を琉球人として扱った。日本軍を接収した報告書は、敗戦から日をおかずに部隊からの沖縄人将兵の分離を詳らかにさせた。

沖縄を占領した米軍は国務省文書などによれば、大戦末期すでに沖縄を琉球として軍事基地化する構想を持っていた。中国の琉球政策と対立することなくいわば呉越同舟的に「琉球」という存在を確立させる。沖縄の専横的な支配は、台湾在住沖縄人を苦しめた沖縄本島への早期引揚げ拒否にも及び、そこには米軍の内部事情という恣意的な理由しか見出せなかった。

日本は敗戦国とはいえ、敗れて一か月も経たない時に台北から東京に届いた沖縄引揚げの問い合わせに真摯に向き合わなかった。米軍の意向次第とすることで、沖縄はすでに日本ではないという認識が芽生えていたのだろう。台湾統治の最終報告書には台湾に留め置かれた約一万余人の沖縄人には触れずに「引揚げ完了」と結論づける。彼らが本土の県人であったならばどうだったのだろうか。

タイトルとした「沖縄処分」は、敗戦時の日本政府の姿勢は明治政府の「琉球処分」にその原点があるという思いからつけた。日本は琉球処分によって琉球の地と人々を沖縄県と沖縄県人としながら、台湾からの引揚げにあたっては再び琉球と琉球人として切り捨てるという沖縄処分を行った。琉球と琉球人をいとも容易《たやす》く受け入れた背景には、明治時代に初めて手に入れた「他者」という発想があったのではないか。

台湾と沖縄・先島諸島の人たちは先史時代から狭い海を越えて往来を繰り返し、大陸と沖縄本島の王朝時代にも漁民らの行き来は続いた。人々の様々な交流によって育まれた地域はやがて国家の論理によって翻弄されていく。沖縄県は徹底した皇民化教育の場になり、植民地・台湾は本土からの内地人、沖縄人、台湾人の差別意識が顕在化していった。

日本の敗戦は台湾と沖縄を取り巻く状況を一変させる。沖縄の戦後は沖縄本島の地上戦と米軍統治に始まり、身近だった台湾は新たな国境によって遠ざかった。

「沖縄の戦争」を現代史にどのように刻んでいくかは終わりのない作業のようにも思える。人々の戦争体験は沖縄そのもの、あるいは本土と対比する形で多く語られるが、沖縄戦がすべてではない。海外移民が盛んだった沖縄にとって、彼らの引揚げもまた風化させてはならない体験である。とりわけ歴史を共に紡いできた台湾で「琉球人」になってしまった人たちの記憶は重く切ない。本書によって「沖縄の戦争」の裾野が少しでも広げられたならばと思う。

副題の「台湾引揚者の悲哀」は、台湾の李登輝元総統が司馬遼太郎との対談（『街道をゆく 台湾紀行』朝日新聞社）で語っている「台湾人に生まれた悲哀」から言葉を借りた。台湾の民主化が軌道に乗り始めた時期に過去を振り返り、「台湾人として生まれ、台湾のために何もできない悲哀がかつてありました」と話した。台湾がこれまで甘受してきた過酷な営みはそのまま沖縄にもあてはまる。「台湾人に生まれた悲哀」は沖縄人の哀しみにどこか通じているのではないだろうか。台湾引揚者の気持ちを「悲哀」の中に言い表したかった。

私は二〇一三年から二年間、台湾に暮らした。日々の生活のなかで台湾社会に占める「琉球」の存在を不思議に思うことが度々あった。人々の多くは沖縄のことを琉球と表現、メディアでも琉球はポピュラーだった。ハブ空港の桃園空港で沖縄との離発着便を示すボードには琉球の名前があった。台湾の人たちに触発されるように、何気なく使っていた「沖縄」という言い方を「琉球」に置き換えてみると、そこに全く色合いの異なる風土が見えてきたことを覚えている。

台湾と沖縄は中国と日本という強大な国家に一方は対峙しながら、一方は一員として、その針路には苦しい選択肢しかないようにも感じる。北京、東京からみれば辺境の地も視点を変えることによって中心に成り得る。台湾人としてのアイデンティティはいまや確固たるものになっている。沖縄人、琉球人としてのそれもまた、大きくなってきているのではないか。この地域と人々の展望は、揺るぎのないアイデンティティを飛躍させることにこそあるように思える。

津田　邦宏

二〇一八年一二月

津田　邦宏（つだ・くにひろ）
1946年東京生まれ。早稲田大学法学部卒業。72年、朝日新聞社入社。香港支局長、アジア総局長（バンコク）を務める。著書に『観光コースでない香港・マカオ』（高文研）『香港返還』（杉山書店）『私の台湾見聞記』（高文研）などがある。

沖縄処分　台湾引揚者の悲哀

●二〇一九年　六月一日――――第一刷発行

著　者／津田　邦宏

発行所／株式会社　**高文研**
東京都千代田区神田猿楽町二―一―八
三恵ビル（〒一〇一―〇〇六四）
電話０３（３２９５）３４１５
http://www.koubunken.co.jp

印刷・製本／中央精版印刷株式会社

★万一、乱丁・落丁があったときは、送料当方負担でお取りかえいたします。

ISBN978-4-87498-682-0　C0021